AF645133

Samsung Galaxy A54 5G

Für Einsteiger ohne Vorkenntnisse

Verlag:
BILDNER Verlag GmbH
Bahnhofstraße 8
94032 Passau

http://www.bildner-verlag.de
info@bildner-verlag.de

ISBN: 978-3-8328-0614-9
Bestellnummer: 0631

Autoren: Andreas Lehner, Anja Schmid
Herausgeber: Christian Bildner

Druck: Digital Print Group, Neuwieder Straße 17, 90411 Nürnberg

Bildquellen:
Cover: ©Krakenimages.com
Seite 10: ©realstockvector - stock.adobe.com

© 2023 BILDNER Verlag GmbH Passau

Die Informationen in diesen Unterlagen werden ohne Rücksicht auf einen eventuellen Patentschutz veröffentlicht. Warennamen werden ohne Gewährleistung der freien Verwendbarkeit benutzt. Bei der Zusammenstellung von Texten und Abbildungen wurde mit größter Sorgfalt vorgegangen. Trotzdem können Fehler nicht vollständig ausgeschlossen werden. Verlag, Herausgeber und Autoren können für fehlerhafte Angaben und deren Folgen weder eine juristische Verantwortung noch irgendeine Haftung übernehmen. Für Verbesserungsvorschläge und Hinweise auf Fehler sind Verlag und Herausgeber dankbar.

Fast alle Hard- und Softwarebezeichnungen und Markennamen der jeweiligen Firmen, die in diesem Buch erwähnt werden, können auch ohne besondere Kennzeichnung warenzeichen-, marken- oder patentrechtlichem Schutz unterliegen.

Die in den Beispielen verwendeten Namen von Firmen, Personen, Produkten und E-Mail-Adressen sind frei erfunden. Jede Ähnlichkeit ist keinesfalls beabsichtigt, sondern zufällig. Das Werk einschließlich aller Teile ist urheberrechtlich geschützt. Es gelten die Lizenzbestimmungen der BILDNER Verlag GmbH Passau.

Einleitung 8

Was ist Android? 8
SIM-Karte kaufen 8
Nutzung von WLAN und mobilen Netzen 13
Nützliches Zubehör 13
Über dieses Buch 14

Spickzettel 15

Bedienelemente am Gehäuse 27

1 Handy einrichten und loslegen 28

1.1 SIM-Karte einlegen und Einrichtung starten 28

1.2 Das Google-Konto 33

Google-Konto im Einrichtungsprozess erstellen 33
Google-Konto nachträglich hinzufügen 35

1.3 Samsung-Konto einrichten 36

1.4 Die Smartphone-Oberfläche 38

Sperrbildschirm 38
Startbildschirm 39
Navigationsleiste 40
App-Bildschirm 41
Nachrichten und Unterhaltung in Google Discover 41

1.5 App anzeigen und wechseln 42

Erstes Starten einer App 42
Einstellungen aufrufen 43
Weitere App öffnen und wechseln 44
Kleine App-Auswahl für den täglichen Gebrauch 45

1.6 Bildschirmtastatur verwenden 47

Buchstaben, Sonderzeichen & Co 48
Texterkennung & Autokorrektur 49
Emojis bebildern Gefühle 50
Text mittels Spracheingabe 50
Tastatureinstellungen 52

1.7 Die Statusleiste - Informationen und Einstellungen 54
1.8 Smartphone aus- und einschalten 57

2 Das Smartphone schützen 59
2.1 Displaysperre mit PIN 59
2.2 Fingerabdruck hinzufügen 61
2.3 Schutz vor Schadprogrammen 63
2.4 Das verlorene Smartphone orten 64

3 Das Smartphone personalisieren 66
3.1 Bildschirm-Timeout festlegen 66
3.2 Einfachen Modus aktivieren 67
Menü-Schaltfläche 68
Vergrößerung 69
Bevorzugte Kontakte 69
3.3 Nachrichtenbereich und Seitenbildschirm 70
3.4 Schriftgröße bestimmen und Helligkeit anpassen 72
3.5 Eigenes Hintergrundbild auswählen 73
3.6 Klingelton einstellen 74
3.7 Startbildschirm anpassen 75
3.8 Widgets verwenden 77
3.9 Benachrichtigungen und Berechtigungen 81
Benachrichtigungen verwalten 81
Benachrichtigungsverlauf und weitere Funktionen 82
Berechtigungen kontrollieren 83

4 Alles rund um Apps 85
4.1 App im Play Store finden und installieren 85

4.2 App löschen 89

4.3 App auf dem Smartphone suchen 90

4.4 Standardapps festlegen 91

4.5 Updates 92

Android-Systemupdate und Sicherheitsupdates 92
Apps aktualisieren im Play Store 94

5 Tatsächlich telefonieren 96

5.1 Das Adressbuch verwalten 96

Kontakte abspeichern 96
Kontakte bearbeiten und löschen 98
Kontakt favorisieren 99
Hilfe im Notfall 100

5.2 Freunde und Familie anrufen 102

5.3 Anruf annehmen oder nicht? 104

6 Nachrichten und Fotos versenden 106

6.1 SMS versenden und empfangen 106

6.2 Über E-Mail kommunizieren 110

Neue E-Mail lesen und beantworten 110
Neue E-Mail schreiben 111
Foto oder Video versenden 112
E-Mail löschen 112

6.3 Nachrichten über WhatsApp 113

WhatsApp einrichten 113
Eine Nachricht versenden 115
Fotos/Videos versenden 116
Sprach- und Videoanrufe 117

7 Fotos und Videos 118

7.1 Fotos und Videos aufnehmen 118

Bedienoberfläche 118
Fotos knipsen 119
Selfie aufnehmen 122
Auswahl des Seitenverhältnisses 122
Video aufnehmen 124
Blitz einschalten 124
Weitere Aufnahmemodi im Überblick 125

7.2 Die Galerie-App 127

Bedienoberfläche 127
Die Kategorien Bilder, Alben und Storys 127
Bilder in der Einzelansicht anzeigen 128
Bilder bearbeiten 129
Videos abspielen 131
Bilder und Videos löschen 132

8 Merken und erinnern 133

8.1 Termine im Griff mit der Kalender-App 133

Termin eintragen 134
Termine bearbeiten oder löschen 136

8.2 Die App Uhr 137

Vom Smartphone geweckt werden 137
Das Smartphone als Eieruhr 139

8.3 Einkaufslisten und andere Notizen 140

Notiz erstellen 140
Notiz betrachten, bearbeiten und löschen 141
Notiz zu einem Foto erstellen 141
Screenshot erstellen 142

9 Gesucht & Gefunden 144

9.1 Im Netz surfen 144

Google-App verwenden 144

Google-Widget Suche ... 146
Google Lens: Nach allem was Sie sehen, können Sie suchen ... 146

9.2 YouTube - das Videoportal ... 147

Alles zum Thema Lautstärke ... 151

10 Verbindungen herstellen ... 153

10.1 Smartphone mit dem PC verbinden ... 153

10.2 Smartphone mit einem WLAN verbinden ... 156

10.3 Zubehör über Bluetooth koppeln ... 158

11 Unterwegs und im Urlaub ... 160

11.1 Navigation mit Google Maps ... 160

Eine Route festlegen ... 160
Offline-Wegbeschreibungen ... 162

11.2 Mit der Bahn verreisen ... 163

11.3 Das Wetter im Blick haben ... 164

11.4 Was sollten Sie im Ausland beachten ... 166

Was ist mit Roaming oder Daten-Roaming gemeint? ... 166
Daten-Roaming aktivieren bzw. deaktivieren ... 167
Offline-Modus ... 168

12 Daten übertragen ... 169

Vorbereitung ... 169
Back-Up ... 169
Smart Switch ... 170
Smartphone zurücksetzen ... 173

Glossar ... 174

Index ... 181

Einleitung

Wir möchten Ihnen die wichtigsten Einstellungen, Apps und Einsatzmöglichkeiten Ihres neuen Samsung Galaxys A54 näherbringen. Wir starten mit der Einrichtung Ihres Android-Smartphones, erklären grundlegende Einstellungen und zeigen Ihnen im Laufe des Buchs, wie das Smartphone zum täglichen, hilfreichen Begleiter werden kann.

Was ist Android?

Android ist das Betriebssystem Ihres Smartphones. Es bildet die Plattform zur Speicherung der Apps und zur Ausführung aller Gerätefunktionen. Hersteller, wie z. B. Samsung, Xiaomi, Sony, Nokia, Google Pixel etc., verwenden Android für ihre Smartphones.

Dennoch gleichen sich die Handys verschiedener Hersteller nicht. Grund hierfür ist, dass viele die Nutzeroberfläche von Android verändern und ein eigenes, androidbasiertes Betriebssystem installieren. So geht auch Samsung vor und nennt seine Nutzeroberfläche One UI.

Ihr Samsung Galaxy A54 wird mit Android 13 und One UI 5.1 ausgeliefert.

SIM-Karte kaufen

Neben dem Handy benötigen Sie noch eine SIM-Karte. Diese dient der Authentifizierung im Netz. Nur mit einer SIM-Karte können Sie telefonieren, unterwegs im Internet surfen, also kurz Ihr Smartphone sinnvoll nutzen. Dieses Kapitel umreißt grob Ihre Möglichkeiten beim Kauf einer SIM-Karte, erhebt aber keinen Anspruch auf Vollständigkeit.

Grundsätzlich sind zwei Arten von Verträgen zu unterscheiden: Laufzeitvertrag und Prepaid-Karte. Sie können sich in einem der vielen Telekommunikationsgeschäften oder Elektrofachmärkten beraten lassen und dort einen Vertrag abschließen. Natürlich ist auch eine Bestellung im Internet möglich, dann erhalten Sie die SIM-Karte und die weiteren Informationen per E-Mail und Post. Letztendlich können Sie auch eine Prepaid-Karte in einem Supermarkt oder Elektrofachmarkt mitnehmen. Unternehmen wie Telekom, Vodafone, O2 oder 1&1 bieten meist beide Optionen an, also Verträge mit einer Mindestlaufzeit und Prepaid-Tarife.

Laufzeitvertrag: Hier entscheiden Sie sich für ein Angebot aus Datenvolumen (für Internet, WhatsApp etc.) und Kosten für Telefonate/SMS. Zusätzlich wird meist ein einmaliger Bereitstellungsbetrag fällig. Oftmals werden Telefonate und das Versenden von SMS als „Flat" ausgewiesen, d.h. egal wie viele Anrufe Sie tätigen oder SMS schreiben, diese sind mit dem Zahlungsbetrag abgegolten. Zusätzliche Kosten können dennoch anfallen, z. B. bei Telefonaten ins Ausland. Der Vertrag kann eine Mindestlaufzeit von maximal 24 Monaten haben. Erst nach Ablauf dieser Zeit wird eine Kündigung wirksam oder können Konditionen geändert werden. Der Vertrag kann auch die Bereitstellung eines neuen Smartphones alle paar Jahre beinhalten.

Prepaid-Karte: Hier fallen in der einfachsten Form keine fixen monatlichen Kosten an, es gibt also keine Grundgebühr, keinen Mindestumsatz und keine Vertragslaufzeit. Sie kaufen eine Art Starterpaket, das bereits ein Guthaben enthält. Dieses verbrauchen Sie dann für Telefonate (Abrechnung pro Minute), SMS und wenn Sie unterwegs im Internet surfen, WhatsApp benutzen etc. (Abrechnung des verbrauchten Datenvolumens). Auch hier zahlen Sie meist einen einmaligen Betrag für die SIM-Karte. Wenn das Guthaben verbraucht ist, besser kurz davor, laden Sie neues Guthaben auf. Dieser Vorgang kann auch automatisiert werden.

Diese Prepaid-Verträge können oft erweitert werden, um weitere Telefon- bzw. Datenvolumenangebote. Die zusätzlichen Tarifoptionen gelten dann für die nächsten 4 Wochen und sind meist täglich kündbar. Damit ähneln sie dann schon mehr den Laufzeitvertragsangeboten.

Identifikationsverfahren

Beim Erwerb einer Prepaid-SIM-Karte müssen Sie sich mit einem Ausweisdokument identifizieren. Das ist gesetzlich vorgeschrieben und dient der Verbrechensbekämpfung. Wenn Sie die Karte in einem Mobilfunkgeschäft kaufen, können Sie das gleich vor Ort erledigen.

Wenn Sie eine Karte im Internet bestellen oder im Supermarkt kaufen, müssen Sie ein Identifikationsverfahren durchlaufen, bevor Sie die Karte nutzen können. Hierzu haben Sie entweder beim Kauf der Karte Informationen erhalten oder, wenn Sie die Karte online gekauft haben, wurden Ihnen diese via E-Mail zugesandt. Erst nach erfolgreicher Identifikation wird die Karte aktiviert. Es ist auch möglich, dass die SIM-Karte erst nach einem positiven Identifikationsverfahren versendet wird.

- **Video-Ident:** Sie benötigen Computer, Laptop oder Tablet mit Webcam, Lautsprecher und Mikrofon, sowie eine gute Verbindung ins Internet. Sie haben einen Link erhalten, über den Sie im Browser einen Videochat öffnen. Im Video müssen Sie dem Mitarbeiter des Unternehmens Ihr Ausweisdokument zeigen.
- **Post-Ident in der Postfiliale:** Sie suchen eine Postfiliale auf, hier zeigen Sie das mitgelieferte Formular vor, das die Informationen zum Mobilfunkvertrag enthält und Ihr Ausweisdokument.
- **Partnershop:** Das Unternehmen hat einen Partnershop oder eigene Shops in denen Sie das Identifikationsverfahren durchführen können, auch wenn Sie die Karte nicht dort gekauft haben.

SIM-Karte

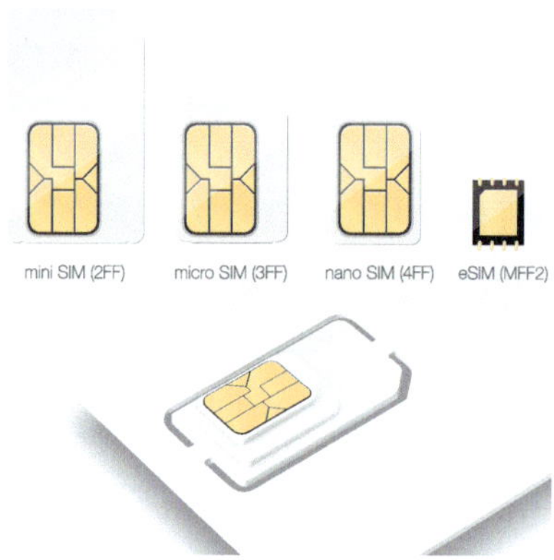

SIM-Karten gibt es in verschiedenen Größen: mini, micro und nano. Die derzeit gängigen Smartphones verwenden nano-SIM-Karten. Es ist möglich, dass Sie eine große Karte mit vorgestanzten Sollbruchstellen erhalten und Sie sich die passende Größe herausbrechen. Die neueste Errungenschaft - die eSIM - ist keine physische, auswechselbare Karte mehr sondern ein fest verbautes Modul im Smartphone, in der Smartwatch etc. Die notwendigen Teilnehmerinformationen werden dann via Internet auf die eSIM übertragen. Danach kann das Smartphone ganz normal genutzt werden. Nicht jedes Smartphone bietet die Möglichkeit der Verwendung von eSIM, aber das Samsung Galaxy A54 kann mit eSIM betrieben werden.

PIN und PUK

Zusammen mit Ihrer SIM-Karte erhalten Sie eine PIN und einen PUK. Die SIM-Karten-PIN geben Sie ein, wenn das Smartphone neu gestartet wurde. Diese dürfen Sie nur dreimal falsch eintippen, dann ist die Karte gesperrt. In diesem Fall benötigen Sie den PUK, den Sie ebenfalls zusammen mit Ihrer SIM-Karte bekommen haben. Diesen meist achtstelligen Code müssen Sie dann eingeben, um Ihr Smartphone wieder zu entsperren.

Netzabdeckung

Ein guter Handyempfang am Wohnort ist wichtig. Leben Sie in einer Stadt, müssen Sie sich um die Netzabdeckung nicht so viele Gedanken machen; auf dem Land sieht das oft anders aus. Hier sollten Sie überprüfen, ob und in welcher Qualität das Mobilfunknetz des gewünschten Anbieters verfügbar ist.

Mobilfunkstandard 2G, 4G oder 5G – was ist das?

2G, 4G oder 5G sind Bezeichnungen für die verwendete Technologie zum Austausch von Daten über das Mobilfunknetz. Dabei bezeichnet die jeweils höhere Zahl einen schnelleren und zuverlässigeren Standard.

Vielleicht haben Sie auch schon von LTE gehört? 4G und LTE werden heute synonym verwendet, obwohl es sich genau genommen nicht um die gleiche Technologie handelt. 4G ist in weiten Teilen Deutschlands verfügbar, 5G befindet sich gerade im Aufbau. Es fällt auf, das 3G fehlt. Dieses Netz wird sukzessive abgeschaltet (Die Telekom bietet es seit Mitte 2021 nicht mehr an). 2G wird nur noch zur Sicherheit angeboten. Damit kann man zwar telefonieren, das Surfen im Internet ist aber kaum möglich. Das Galaxy A54 ist 5G-fähig.

Welchen Mobilfunkstandard Sie nutzen, hängt von folgenden Faktoren ab: Smartphone, Vertrag und Verfügbarkeit am aktuellen Standort. Jedes neue Smartphone nutzt momentan 4G, einige sind schon 5G-fähig. Der abgeschlossene Vertrag muss Ihnen den Zugang zum jeweiligen Netz ermöglichen, wenn Sie das 5G-Netz verwenden möchten, müssen Sie momentan bei Vertragsabschluss darauf achten, das dieses inbegriffen ist. Zusätzlich muss das entsprechende Netz am Aufenthaltsort verfügbar sein. Das ist bei 5G noch nicht überall der Fall und selbst die 4G-Abdeckung ist bei einer Fahrt über Land nicht immer gegeben.

In Deutschland gibt es drei Mobilfunknetze:

Betreiber & Netz	Welcher Anbieter nutzt es auch:
Deutsche Telekom (D1-Netz)	Congstar (Telekom-Tochter), klarmobil.de
Vodafone (D2-Netz)	Lidl Connect, 1&1
Telefónica Deutschland (O2-Netz)	Aldi Talk, Blau, 1&1

Zur Überprüfung geben Sie beispielsweise die Suchbegriffe „Netzabdeckung Telekom" in Ihren Browser am Computer ein und rufen die passende Telekomseite auf (verfahren Sie analog mit den anderen Anbietern). Hier können Sie dann Ihre Adresse ❶ eintippen, um die verfügbaren Mobilfunkstandards ❷ an Ihrem Standort anzuzeigen. Wählen Sie, wenn möglich, ein Angebot mit 4G an Ihrem Wohnort aus.

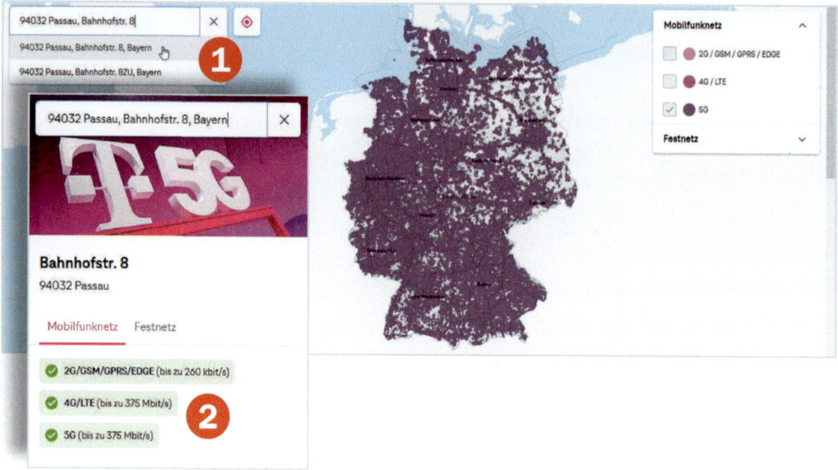

Die Bundesnetzagentur stellt unter folgender Adresse ebenfalls eine Übersicht zur deutschlandweiten Netzabdeckung zur Verfügung.

https://www.breitband-monitor.de/mobilfunkmonitoring/karte

Hier ist es möglich durch Auswahl der verschiedenen Netzbetreiber ❸ schnell anzuzeigen, welche Anbieter, was an Ihrem Standort zur Verfügung stellen. Links sehen Sie das Ergebnis für Telekom und rechts für Telefónica. Das D1-Netz bietet am eingekreisten Ort 5G (orange), 4G (lila), während Telefónica hier auf dem Land vermehrt nur 2G (blau) zur Verfügung stellt. Wahrscheinlich sind die Angebote im Netz von Telefónica etwas günstiger, die Netzabdeckung am beispielhaften Wohnort ist allerdings nicht so gut. Deshalb könnte das Telekom-Netz hier die bessere Wahl sein.

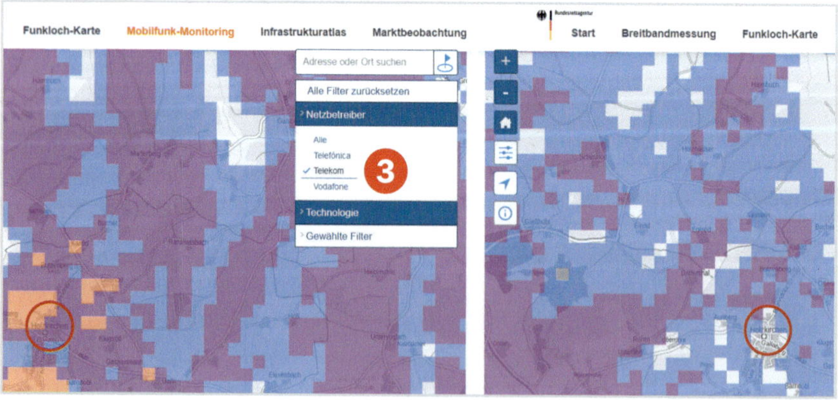

Nutzung von WLAN und mobilen Netzen

WLAN steht für Wireless Local Area Network, also ein kabelloses lokales Netzwerk. Für Zuhause haben Sie im Zuge eines Vertragsabschluss mit einem Provider (z. B. Vodafone, Telekom, 1&1 etc.) wahrscheinlich einen Router (Internetzugang über die Telefonleitung) oder ein Kabelmodem (Internetzugang über eine TV-Kabelverbindung) erhalten und eingerichtet. Mit diesem Gerät verbinden Sie Ihr Smartphone, aber auch den Computer, Laptop oder das Tablet und erhalten dadurch eine Verbindung zum Internet. Außerhalb eines WLANs verbindet sich das Smartphone über das Mobilfunknetz mit dem Internet (mobile Datenverbindung).

Mobiles Netz: Beim Erwerb der SIM-Karte wird Ihnen als Teil Ihres Vertrags ein bestimmtes Datenvolumen für den laufenden Monat zur Verfügung gestellt, z. B. 1 GB (ein Gigabyte) oder die Daten werden nach Nutzung abgerechnet. Sie verbrauchen Datenvolumen beispielsweise, wenn Sie **nicht** mit einem WLAN-Netzwerk verbunden sind und im Internet surfen oder WhatsApp verwenden. Sie nutzen dann eine mobile Datenverbindung. Wenn das festgelegte Datenvolumen aufgebraucht ist, ist die Nutzung der genannten Dienste zwar theoretisch noch möglich, aber praktisch zu langsam, da die Geschwindigkeit von den Anbietern „gedrosselt" wird. Manche Verträge sehen aber auch vor, dass das Datenvolumen für diesen Fall automatisch kostenpflichtig erweitert wird.

> Da Ihr Datenvolumen entweder begrenzt ist oder Sie für dessen Nutzung entsprechend der verbrauchten Menge bezahlen, ist es besser datenintensive Tätigkeiten im heimischen WLAN erledigen, z. B. YouTube-Videos anschauen, viele Fotos verschicken oder Updates durchführen.

Nützliches Zubehör

Ladegerät: Das Samsung Galaxy A54 wird nur mit einem USB-C-Kabel, jedoch ohne Netzteil ausgeliefert. Sollten Sie bisher noch kein passendes Ladegerät besitzen, das Sie weiterhin verwenden möchten, so achten Sie beim Kauf eines neuen Netzteils darauf, dass dieses die „Super Fast Charging"-Funktion unterstützt. Aktiviert werden kann die Schnellladenfunktion in den *Einstellungen* ⚙ unter *Akku und Gerätewartung* ▸ *Akku* ▸ *Weitere Akkueinstellungen*.

Hülle und Displayschutz: Schützen Sie Ihr Smartphone durch eine Hülle vor Schäden. Taschen und Schutzhüllen gibt es in allen Farben und Formen. Daneben gibt es auch Displayschutzfolien, die den Bildschirm gegen Kratzer und Bruch schützen und zusätzlichen Reflexionsschutz bieten können. Das blasenfreie Aufbringen der Schutzfolie kann unter Umständen Schwierigkeiten bereiten. Der Fingerabdrucksensor Ihres Smartphones befindet sich auf dem Display. In der Regel kann trotz Schutzfolie das Smartphone per Fingerabdruck entsperrt werden.

Eingabestift: Wenn Ihnen die Fingereingabe über den Bildschirm Probleme bereitet, empfehlen wir einen Eingabestift. Er erleichtert die Auswahl kleiner Symbole enorm. Vorsicht! Auf dem Markt gibt es günstige Eingabestifte mit Metallspitze, die das Display zerkratzen können.

Haltegriff/Handyhalter: An der Rückseite des Handys kann zusätzlich ein Griff angebracht werden, der das einhändige Halten des Smartphones erleichtert.

Externer Akku/Powerbank: Auf Reisen hilft ein externer Akku. Wenn gerade keine Steckdose in der Nähe ist, können Sie das Handy so wieder aufladen.

Je nachdem, wie Sie Ihr Handy nutzen, gibt es eine Reihe weiterer Hilfsmittel, z. B. Objektive und Stative für Smartphonefotografen, KFZ- und Fahrradhalterung für diejenigen, die mit dem Handy navigieren oder Bluetooth-Lautsprecher bzw. -Kopfhörer für Musikliebhaber.

Über dieses Buch

- Befehle und Bezeichnungen von Schaltflächen sind zur besseren Unterscheidung farbig und kursiv hervorgehoben, zum Beispiel: Öffnen Sie die Smartphone-*Einstellungen*.
- Die Nummerierungen ❶ im Text beziehen sich in der Regel auf die darunter aufgeführten Bilder. Auf Ausnahmen wird hingewiesen.
- Die meisten Möglichkeiten, um das Smartphone an Ihre Wünsche anzupassen, finden Sie in der App *Einstellungen* ⚙. Daneben verfügen auch die einzelnen Apps über einen Bereich für Anpassungen. Dieser wird in der Regel ebenfalls als Einstellungen bezeichnet und oft auch durch ein Zahnradsymbol visualisiert. Deshalb fügen wir zur besseren Unterscheidung für die App *Einstellungen* das Symbol ⚙ ein.
- Das Betriebssystem Android und die installierten Apps werden laufend aktualisiert. Das kann zu Abweichungen von den hier gezeigten Inhalten führen.
- Der **Glossar** bietet Hilfe, wann immer Sie im Text einen Begriff nicht verstehen.

Spickzettel

Schnelle Bedienungshilfen für das Smartphone.

Wichtige Bedienungsschritte haben wir für Sie auf Spickzetteln zusammengefasst. Ausführliche Erläuterungen finden Sie selbstverständlich auch im Buch. Die Spickzettel helfen, wenn Sie schnell etwas nachschauen möchten. Damit sie leicht zu finden sind, haben wir sie an den Anfang des Buchs gesetzt.

Auf den nächsten Seiten finden Sie Kurzanleitungen für folgende Themen:

1 **Fingersteuerung** 16

2 **Kleine Taschenlampe brenn!** 17

3 **Die Sprache der Apps verstehen** 18

4 **Freunde anrufen** 20

5 **In WhatsApp chatten** 21

6 **Videotelefonat in WhatsApp** 22

7 **Foto knipsen** 23

8 **Foto verschönern und versenden** 24

9 **Termin eintragen** 25

10 **Alarm für den nächsten Morgen** 26

1 Fingersteuerung

Tippen = Öffnen

Einmaliges, kurzes Tippen auf eine App, auf ein Symbol oder einen Menüeintrag ▶ öffnet die App, öffnet ein Auswahlmenü oder zeigt ein Untermenü an.

Tippen und halten = Kontextmenü anzeigen

Tippen und den Finger auf dem Bildschirm bzw. einer App halten ▶ öffnet ein Menü (Kontextmenü), welches Befehle anzeigt, die für das angetippte Element zur Verfügung stehen.

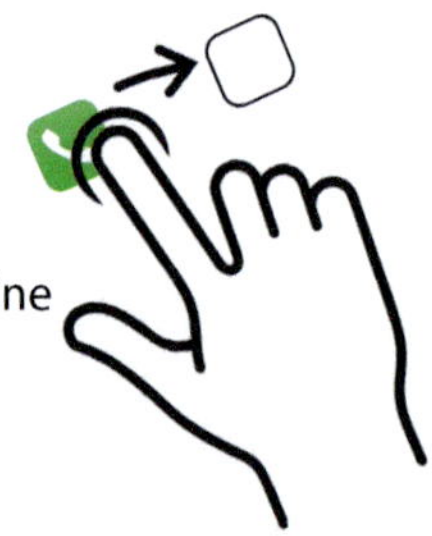

Tippen, halten und ziehen = Verschieben

Das App-Symbol antippen, gedrückt halten und an eine Position ziehen ▶ App verschieben.

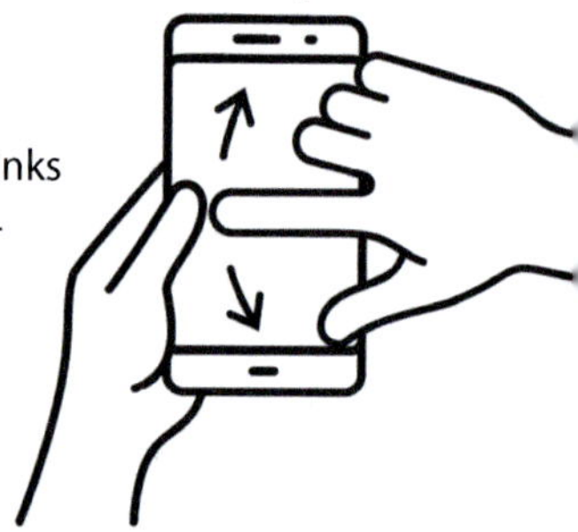

Wischen = Blättern, auch scrollen genannt

Mit dem Finger von unten nach oben bzw. von rechts nach links und natürlich auch jeweils umgekehrt über das Display streichen ▶ blättern zwischen verschiedenen Seiten oder Bildschirmen.

Zwei Finger auseinander ziehen = vergrößern, auch zoomen genannt

Ziehen Sie auf dem Bildschirm zwei Finger auseinander ▶ der angezeigte Inhalt wird vergrößert. Beim Zusammenziehen der Finger wird der Inhalt wieder verkleinert.

2 Kleine Taschenlampe brenn!

Wahnsinnig praktisch, wenn man draußen im Dunkeln mal schnell ein Licht benötigt, ist die Funktion Taschenlampe. Sie gehört zu den Schnelleinstellungen.

1 Wischen Sie vom oberen Rand über den Bildschirm und zeigen Sie die Schnelleinstellungen an. Wenn Sie nur einen Teil der Schnelleinstellungen anzeigen, befindet sich das Symbol in der obersten Zeile ❶.

2 Wenn Sie die gesamte Seite der Schnelleinstellungen anzeigen, befindet sich die Taschenlampe in der zweiten Reihe ❷.

3 Tippen Sie auf das Symbol, um diese zu aktivieren. Das Symbol wird blau hinterlegt. Wenn Sie etwas länger auf das Symbol tippen, können Sie die Helligkeitsstufe ❸ der Taschenlampe regeln.

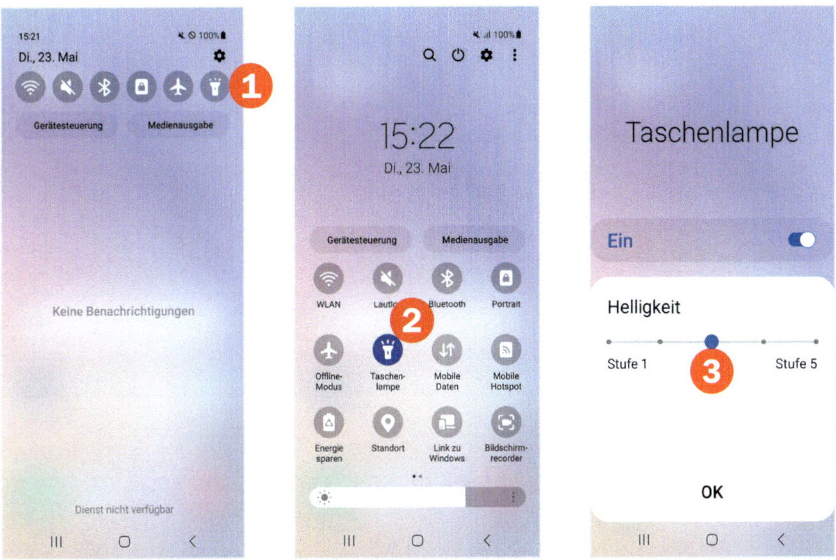

Über denselben Weg schalten Sie die Taschenlampe wieder aus.

Weitere Informationen finden Sie ab Seite 54.

3 Die Sprache der Apps verstehen

Apps haben ihre eigene Sprache. Wenn Sie diese verstehen, können Sie sich schnell auch in neuen Anwendungen zurechtfinden. Folgende Befehle werden immer durch ähnliche grafische Darstellungen gekennzeichnet.

Befehl	Symbol
Suchfunktion	
Menü: Anzeige von weiteren Bearbeitungsbereichen, z. B. Einstellungen oder Konto	 oder 
Teilen, Inhalte der App versenden via E-Mail, WhatsApp etc., auf einem Cloud-Speicher ablegen oder in eine andere Anwendung laden	
Löschen des markierten Elements	
Einstellungen der App aufrufen	
Schließen, z. B. eingeblendete Werbung	
Chat: Nachricht schreiben	
Kontaktinformationen hinterlegen oder einfügen	
Wecker oder Erinnerung ist aktiv	
Warenkorb/Einkaufswagen	
Favoriten: Das markierte Element kann als Favorit festgelegt werden und wird dadurch gesondert angezeigt.	
Video starten	
Video pausieren	
Kalender anzeigen	

Befehl	Symbol
Brief/E-Mail	
Dreieck mit Ausrufezeichen: Warnung	
Datei anhängen	
Anzeigen, z. B. eines Kennworts, und wieder verstecken	
Cloud (Wolke): zusätzlicher externer Speicherplatz	
Standortermittlung (GPS-Ortung) benötigen viele Apps, um passende Informationen bereitzustellen, z. B. Wetter.	
Offline-Modus, Schlafmodus oder Flugmodus: Alle Netzverbindungen, WLAN und Bluetooth werden deaktiviert.	
Startseite der App	
Über die Glühbirne erhalten Sie Tipps oder weitere Infos.	
Durch Antippen des Häkchens bestätigen Sie eine Eingabe.	
Bearbeiten eines Eintrags	
Neue Benachrichtigung	
Hinweis auf Funktionen, die mit dem letzten Update neu hinzugefügt wurden.	
Weitere Informationen	

4 Freunde anrufen

1 Öffnen Sie die App *Telefon* und wählen Sie unten *Kontakte* ❶ aus.

2 Tippen Sie auf die Kontaktdaten der Person, die Sie anrufen möchten. Dadurch wird die Telefonnummer ❷ des Kontakts angezeigt.

3 Tippen Sie auf das Telefonsymbol ❸.

4 Die Person wird angerufen. Durch Antippen des roten Hörers beenden Sie das Gespräch.

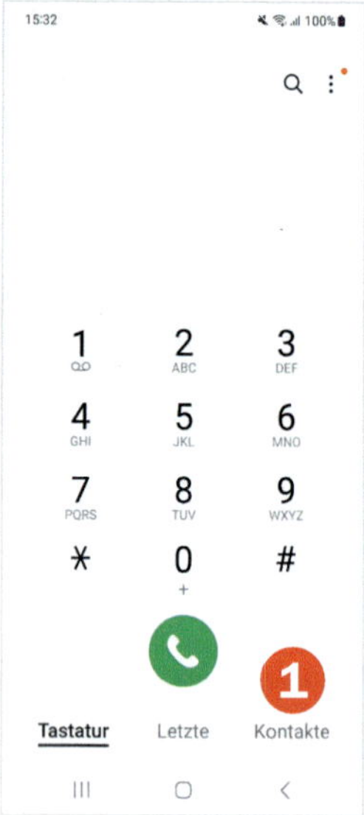

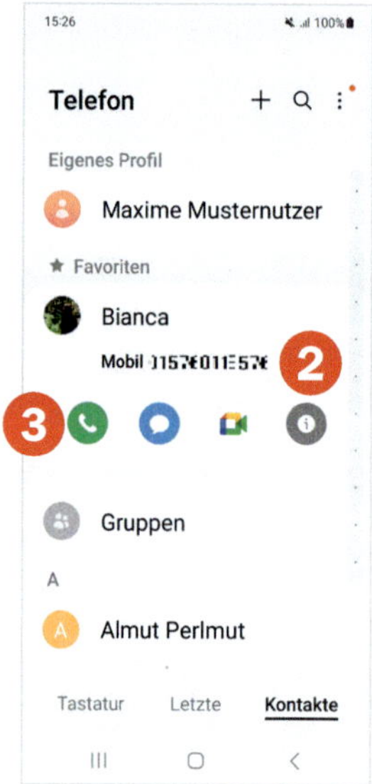

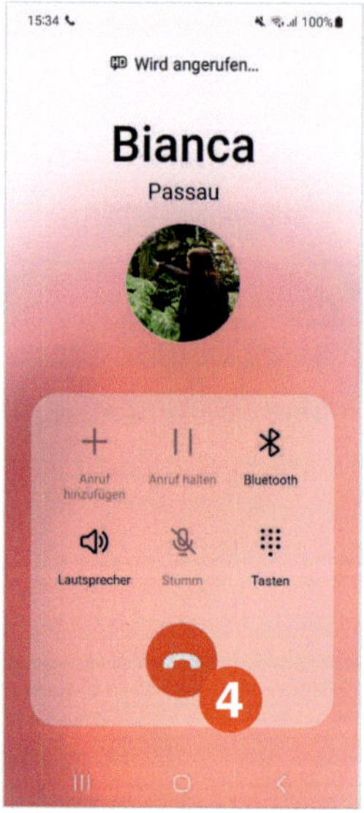

Wenn Sie versehentlich die falsche Person anrufen, können Sie durch Antippen des roten Hörers ❹ den Anrufversuch abbrechen.

Weitere Informationen finden Sie ab Seite 96.

5 In WhatsApp chatten

1 Öffnen Sie WhatsApp. Tippen Sie den Chat mit der Person an ❶, der Sie eine Nachricht schreiben möchten. Falls Sie sich mit einem Freund noch nicht ausgetauscht haben, tippen Sie auf *Neue Nachricht* ❷ und wählen dann den gewünschten Kontakt ❸ aus.

2 Tippen Sie in das Nachrichtenfeld ❹ und geben Sie Ihre Antwort ein. Über das Büroklammer-Symbol und Auswahl von *Galerie* können Sie auch ein Bild verschicken und mit ein Emoji einfügen.

3 Tippen Sie auf *Senden* ❺.

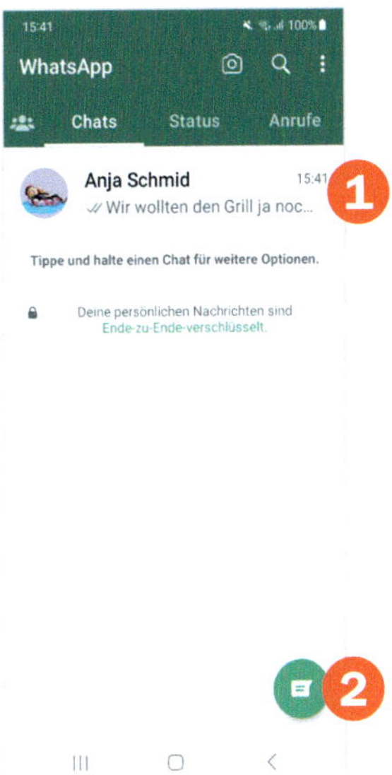

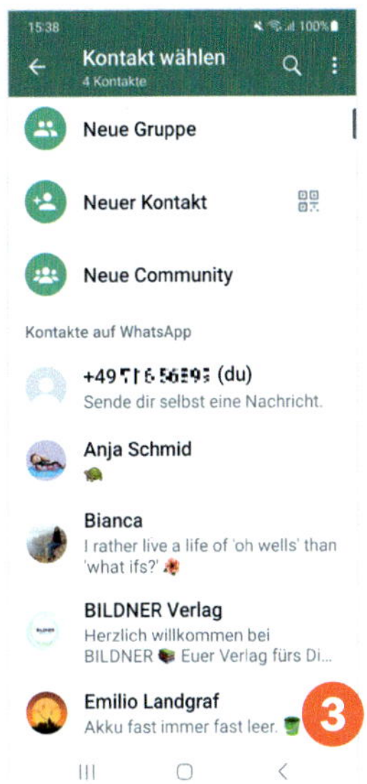

Weitere Informationen finden Sie ab Seite 113.

6 Videotelefonat in WhatsApp

4 Zeigen Sie den Chat mit der Person an, die Sie anrufen möchten.

5 Tippen Sie oben rechts auf das Videosymbol ❶ und bestätigen Sie mit Antippen von *Anruf*.

6 Am bequemsten ist es, wenn Sie das Smartphone auf dem Tisch an etwas anlehnen; vielleicht können Sie auch etwas zweckentfremden, z. B. einen Notenständer. Achten Sie darauf, dass die Frontkamera nicht verdeckt wird.

7 Zunächst sehen Sie sich selbst auf dem Bildschirm des Smartphones. Nachdem der Angerufene das Gespräch angenommen hat, erscheint dieser groß auf dem Bildschirm.

8 Durch Antippen des roten Hörers ❷ beenden Sie das Gespräch.

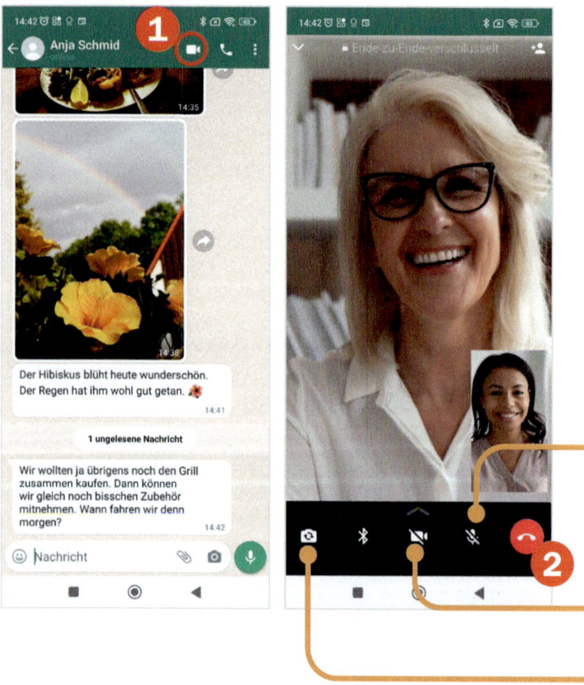

Mikrofon/Ton ausschalten; nochmaliges Antippen schaltet den Ton wieder an.

Bildübertragung ausschalten und wieder einschalten.

Wechsel von Front- zu Hauptkamera: Dadurch wird nicht mehr das eigene Bild gezeigt, sondern der Raum.

Weitere Informationen finden Sie ab Seite 113.

7 Foto knipsen

1 Öffnen Sie die App *Kamera* . Der Aufnahmemodus *Foto* ❶ ist ausgewählt.

2 Richten Sie das Smartphone auf das Motiv und wählen Sie das passende Objektiv ❷.

3 Tippen Sie mit dem Finger auf den Teil des Motivs, auf den scharf gestellt werden soll ❸.

4 Tippen Sie auf den Auslöser ❹.

5 Sie sehen, dass die Aufnahme funktioniert hat, wenn das geknipste Foto als Vorschaubild ❺ erscheint.

Weitere Informationen finden Sie ab Seite 118.

8 Foto verschönern und versenden

6 Zeigen Sie das Bild in der App *Galerie* an und tippen Sie auf das Stift-Symbol ❶ und dann auf das Filtersymbol ❷.

7 Wählen Sie einen Filter, z. B. *Ivory* ❸ aus und tippen Sie rechts oben auf *Speichern*.

8 Tippen Sie dann auf das Symbol für *Senden* ❹. Hier stehen verschiedene Optionen zur Verfügung, wie Sie das Foto verschicken können z. B. Gmail, WhatsApp oder auch Nachrichten sind möglich. Allerdings kann der Versand über Nachrichten, auch als MMS bezeichnet, zusätzliche Kosten verursachen. Wir wählen hier *Gmail* ❺, also den Versand als E-Mail-Anhang.

9 Geben Sie dann in Gmail die Empfängeradresse, einen Betreff und eine kurze Nachricht ein und tippen sie auf *Senden* ❻.

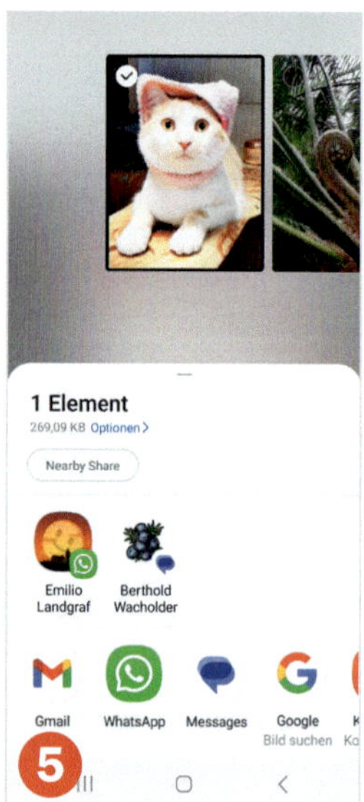

Weitere Informationen finden Sie ab Seite 127.

9 Termin eintragen

1 Öffnen Sie die App Kalender. Tippen Sie auf den Tag, für den Sie einen Termin eintragen möchten, und dann auf das Plus-Symbol ❶.

2 Geben Sie eine Bezeichnung für den Termin ein ❷.

3 Tippen Sie auf die Uhrzeit ❸ und dann nochmals auf die Uhrzeit, um die Zahlentastatur anzuzeigen. Geben Sie den Beginn und ggf. ein Ende des Termins ein.

4 Tippen Sie auf *Speichern* ❹.

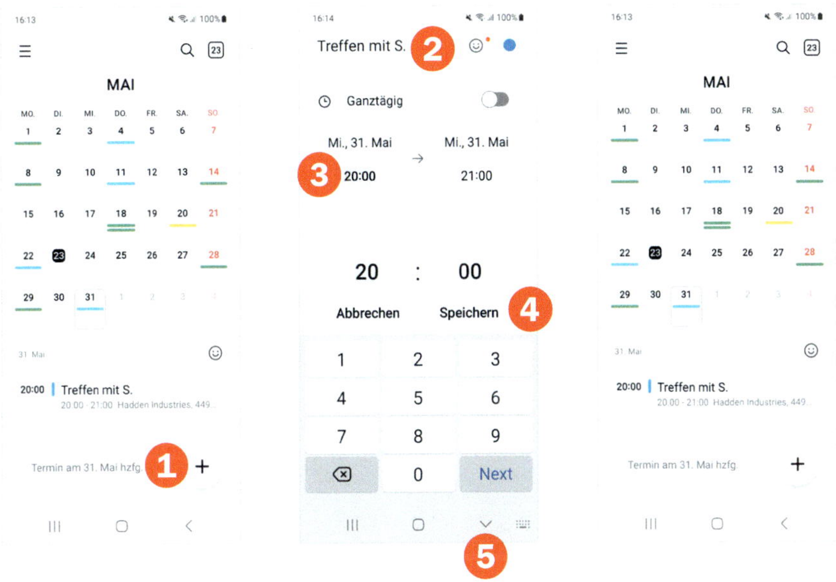

Tipp: Durch Antippen von ⌄ ❺ blenden Sie die Tastatur wieder aus und gelangen so leichter zu den weiteren Feldern des Terminformulars.

Weitere Informationen finden Sie ab Seite 133.

10 Alarm für den nächsten Morgen

5 Öffnen Sie die App Uhr und zeigen Sie den Bereich *Alarm* ❶ an.

6 Falls schon ein Alarm vorhanden ist, dessen Weckzeit passt, ziehen Sie den Regler ❷ auf die Position *Ein*.

7 Sonst tippen Sie auf das Plus-Symbol ❸ und stellen oben die neue Weckzeit ein. Tippen Sie dann auf *Speichern* ❹. Dieser Alarm ist nun aktiv.

8 Die Stunden ❺ werden angezeigt, nach deren Ablauf der Alarm ertönt. So können Sie verifizieren, dass der Alarm korrekt eingestellt ist.

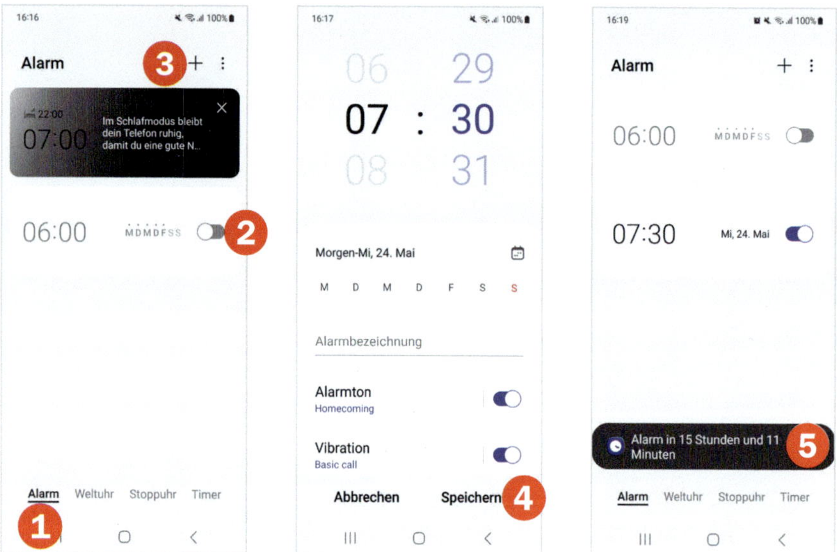

Weitere Informationen finden Sie ab Seite 137.

Für mehr Smartphone-Tipps besuchen Sie unseren YouTube-Kanal **BILDNER.TV**.

Bedienelemente am Gehäuse

Ist der Bildschirm schwarz, drücken Sie kurz die Funktionstaste, um diesen zu aktivieren.

1 Handy einrichten und loslegen

Wenn Sie Ihr neues Smartphone gerade aus seiner Schachtel befreit haben, dann gibt es jetzt einiges zu tun: SIM-Karte einlegen, Verbindung mit einem WLAN herstellen und Konto einrichten. Vielleicht wurde das alles schon für Sie erledigt, dann können Sie die nächsten beiden Kapitel überspringen und gleich auf Seite 38 fortfahren.

Diese Dinge sollten Sie parat haben, bevor Sie mit der Einrichtung Ihres Smartphones loslegen:

- SIM-Karte mit PIN
- Name Ihres WLANs und Kennwort
- Benutzername und Passwort für das Google-Konto. Falls Sie eine E-Mail-Adresse wie etwa *beispielname@gmail.com* oder *beispielname@googlemail.com* verwenden, dann haben Sie ein Google-Konto und können diese Adresse nutzen.

1.1 SIM-Karte einlegen und Einrichtung starten

- Laden Sie den Akku Ihres Handys ggf. auf. Legen Sie eine SIM-Karte ein. Dazu verwenden Sie den mitgelieferten Schlüssel und stecken diesen auf der unteren Seite des Smartphones in das kleine Loch des Kartenhalters. Dadurch wird dieser entriegelt und kann entnommen werden. Achten Sie darauf, nicht aus Versehen den Schlüssel in eine der Mikrofonöffnungen zu stecken. Diese sehen fast genauso aus, wie die Entriegelungsöffnung des SIM-Kartenhalters, befinden sich allerdings links und rechts der USB-C-Buchse. Es können gleichzeitig entweder zwei NanoSIM-Karten oder eine NanoSIM-Karte und eine microSD-Karte eingelegt werden.

- Drücken Sie zum Erststart die Funktionstaste länger und geben Sie, wenn erforderlich, Ihre PIN (vierstellige Zahl, die Sie zusammen mit Ihrer SIM-Karte erhalten haben) ein. Tippen Sie auf die blaue Start-Schaltfläche und wählen Sie anschließend Ihre Sprach und Nationalität aus. Bestätigen Sie mit *Weiter*.

- **Geschäftsbedingungen:** Durch Antippen von *Details* können Sie die einzelnen Informationen anzeigen und durchlesen. Durch Antippen des Pfeilsymbols links unten < gelangen Sie wieder zur vorigen Seite. Alle Einträge, die nicht mit *optional* gekennzeichnet sind, müssen angetippt ❶ werden, um fortfahren zu können. Erst dann können Sie auf *Akzeptieren* tippen.
- **Mit einem anderen Gerät einrichten:** Nun werden Sie gefragt, ob Sie Ihr neues Telefon mithilfe eines anderen Gerätes einrichten möchten. Folgend gehen wir davon aus, dass es sich hierbei um Ihr erstes Smartphone handelt. Klicken Sie daher auf *Überspringen* ❷. Wie Sie das Handy mit einem anderen Gerät einrichten, erfahren Sie ab Seite 169.
- **WLAN:** Verbinden Sie das Smartphone mit Ihrem WLAN. Hierzu wählen Sie aus der Liste der vorhandenen Netze das gewünschte aus ❸ und geben das Passwort ein. Tippen Sie dann auf *Verbinden*. Nach Verbindungsaufbau wird das Netzwerk blau hinterlegt. Tippen Sie auf *Weiter*.
- Als Nächstes folgt erneut eine Aufforderung *Apps & Daten zu kopieren*. Wir gehen davon aus, dass Sie als Einsteiger sind noch keine Apps und Daten besitzen. Tippen Sie links unten auf *Nicht kopieren*.

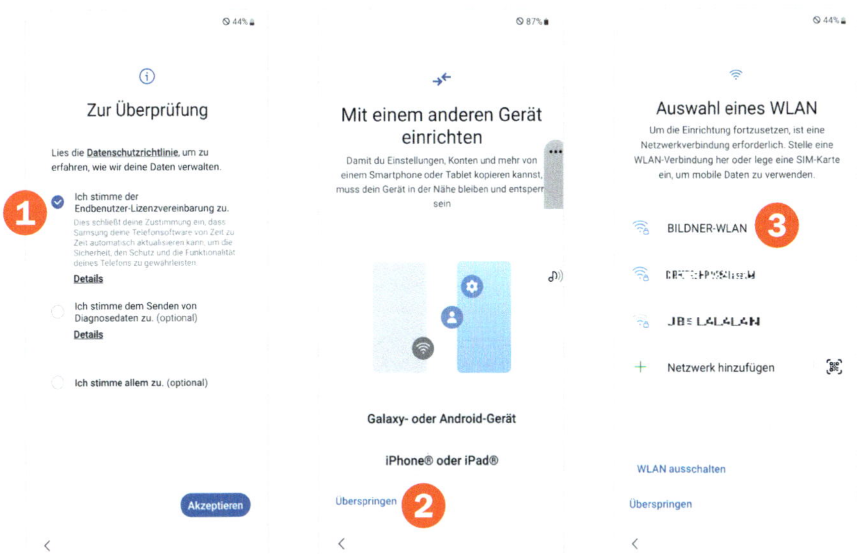

- **Konto hinzufügen:** Über das Google-Konto laden Sie Apps im Play Store herunter oder sichern Ihre Daten online. Falls Sie bereits ein Google-

Konto haben, geben Sie zunächst die E-Mail-Adresse ein ❹, tippen auf *Weiter*, tragen dann das Passwort ein und tippen erneut auf *Weiter*. Wenn Sie Fragen zur Tastatur haben, blättern Sie auf Seite 47. Falls Sie noch kein Google-Konto besitzen, tippen Sie auf *Konto erstellen*. Wie man ein Google-Konto erstellt, erfahren Sie gleich im Anschluss auf Seite 33.

- Im nächsten Schritt entscheiden Sie, ob Sie Ihre Handynummer für das Gmail-Konto hinterlegen möchten. Wenn Sie beispielsweise das Passwort für Ihr Gmail-Konto vergessen haben, kann Google Ihnen einen Bestätigungscode auf Ihr Smartphone schicken. So erhalten Sie wieder Zugriff auf das Konto. Wischen Sie von unten nach oben und wählen Sie entweder *Ja, ich stimme zu* oder *Überspringen* aus.
- Danach müssen durch Anklicken von *Ich stimme zu* die Nutzungsbedingungen von Google akzeptiert werden, um fortfahren zu können.
- In den weiteren Schritten werden Sie aufgefordert, einzelne *Dienste* zu aktivieren bzw. deaktivieren. Sie können die Sicherung Ihrer Daten auf *Google Drive* und die *Standortermittlung* (Position des Smartphones wird ermittelt) aktivieren.

  Viele Apps (Wetter, Google-Suche, Google-Maps, Fahrpläne etc.) nutzen diese Standortinformationen, um Ihnen passgenaue Informationen anzubieten. Mit *WLAN-Suche zulassen* verbessern Sie das Ergebnis der Standortermittlung.

  Alle Einstellungen, die Sie hier treffen, können nachträglich verändert werden. Wischen Sie von unten nach oben über das Display oder tippen Sie auf *Mehr* ❺, um die einzelnen Einträge anzuzeigen. Tippen Sie auf die einzelnen Schalter, um diese auszuschalten bzw. einzuschalten. Tippen Sie dann unten auf *Akzeptieren* ❻.
- Wählen Sie anschließend einen *Suchanbieter* aus, der für eine Internetrecherche verwendet werden soll. Wir schlagen vor, dass Sie hier *Google* ❼ antippen und dann mit *Weiter* bestätigen.

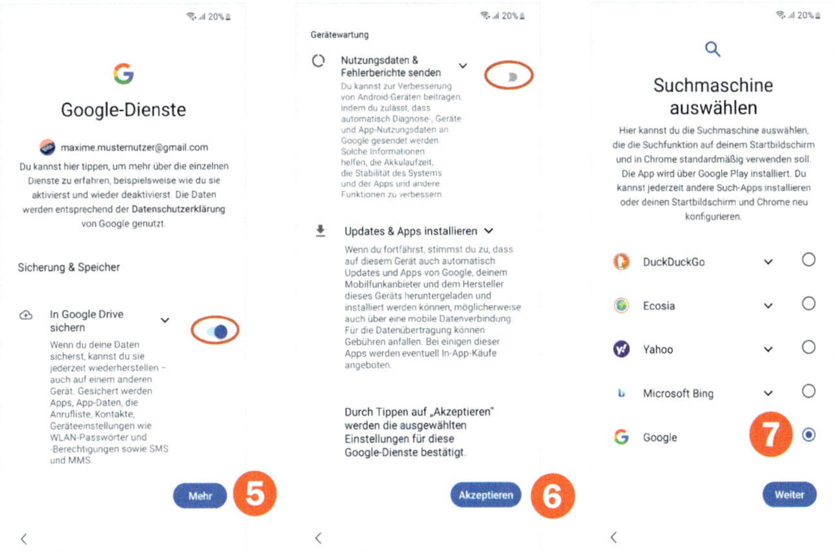

Im Bild links wird Google Drive verwendet - der Schalter ist auf Ein.
Im Bild in der Mitte werden keine Nutzerdaten gesendet - der Schalter ist auf Aus.

- Bei *Schutz Ihres Telefons* bestimmen Sie die Entsperrmethode Ihres Smartphones, z. B. eine Zahlenkombination, die Sie eingeben müssen, bevor Sie das Smartphone verwenden können. Wir wählen hier zunächst links unten *Überspringen* 8 aus, damit Sie es nach der Einrichtung leichter haben, das Gerät zu entsperren und etwas Geläufigkeit zu gewinnen. Dennoch sollten Sie **unbedingt** nachträglich den Geräteschutz aktivieren. Wie das geht, lesen Sie in Kapitel 2 ab Seite 59.
- Danach erhalten Sie Informationen über den Sprachassistent von Google, den Google Assistant. Mit ihm können Sie via Sprachbefehl verschiedene Funktionen am Smartphone aufrufen und ausführen. Wenn Sie ihn nutzen möchten, können Sie ihn auch später noch aktivieren und genauere Einstellungen treffen. Wischen Sie von unten nach oben und tippen Sie auf *Überspringen*. Bestätigen Sie anschließend erneut mit *Überspringen*.
- Nun erhalten Sie eine Liste mit weiteren Apps. Durch Anklicken der blau hinterlegten Häkchen entfernen Sie Apps aus der Auswahl und verhindern, dass diese auf dem Smartphone installiert werden. Be-

lassen Sie bei Samsung Uhr das Häkchen; wir verwenden die App im Buch. Bestätigen Sie Ihre Auswahl mit *OK* ❾. Unter Umständen werden Ihnen auf der nächsten Seite weitere Apps angeboten. Tippen Sie hier auf *Weiter*.

- Zu guter Letzt können Sie zusätzlich zu Ihrem Google-Konto auch ein Samsung-Konto erstellen. Damit können Sie den Dienst *Find my Mobile* nutzen, der Ihnen hilft, das verlorene Smartphone zu orten. Das Konto kann aber auch nachträglich eingerichtet werden. Klicken Sie hier auf *Überspringen* ❿ und bestätigen Sie mit *Überspringen*.

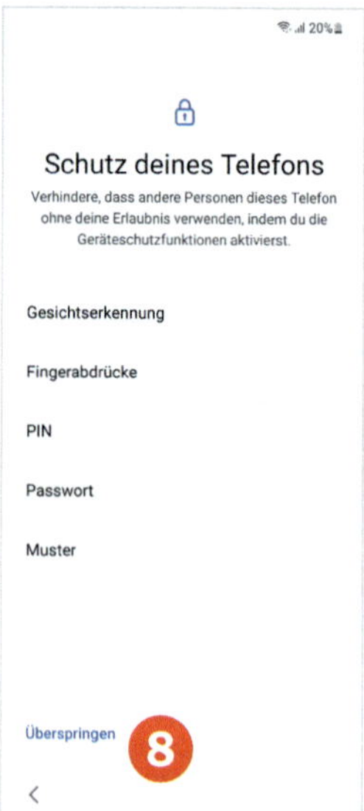

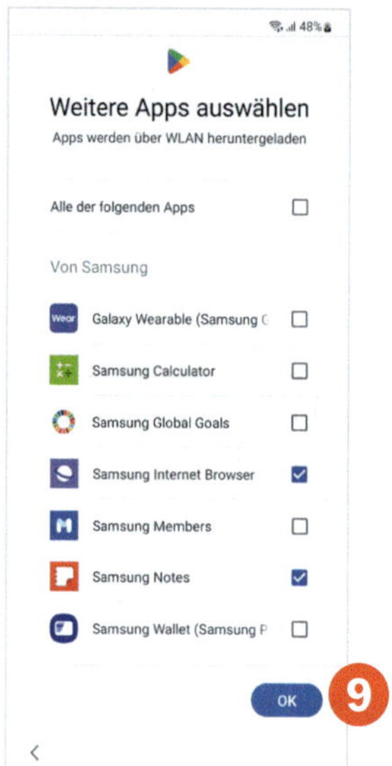

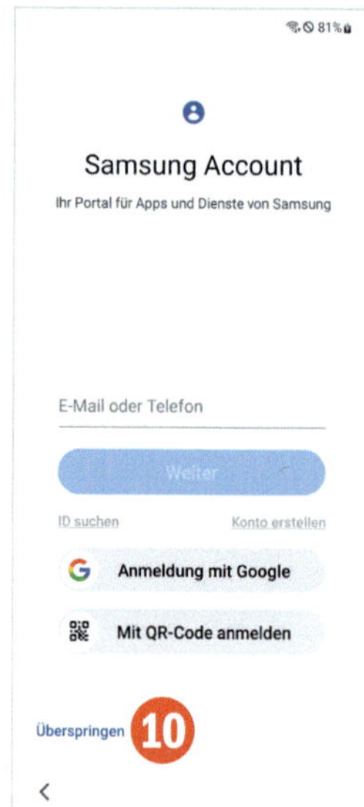

- Jetzt sind Sie fast am Ende der Einrichtung angelangt und müssen sich nur noch zwischen der hellen und dunklen Darstellung entscheiden. Der besseren Lesbarkeit wegen empfehlen wir Ihnen zu Anfang die Anzeige *Hell*. Tippen Sie auf *Beenden*. Falls Sie noch aufgefordert werden, neue Apps zu entdecken, klicken Sie rechts oben auf *Später* und bestätigen mit *Ok*.
- Sie erhalten eine Anzeige der SIM-Kartenverwaltung, der Sie darüber informiert, dass die SIM1 erkannt wurde. Wir gehen davon aus, dass Sie nur eine SIM-Karte nutzen. Deshalb sind hier keine weiteren Einstellungen notwendig. Tippen Sie unten auf *Fertig*.

1.2 Das Google-Konto

Ein Android-Smartphone ohne Google-Konto zu verwenden, ist möglich. Allein durch den fehlenden Zugriff auf Google-Dienste wie den Play Store (Herunterladen von Apps) raten wir aber davon ab.

Google-Konto im Einrichtungsprozess erstellen

Sie richten gerade Ihr Smartphone ein und haben noch kein Google-Konto? So geht's:

> Wenn Sie eine E-Mail-Adresse verwenden, die auf eine der folgenden Bezeichnungen endet: *@googlemail.com* oder *@gmail.com*, dann haben Sie bereits ein Google-Konto.

1. Klicken Sie im Einrichtungsprozess auf *Konto erstellen* und wählen Sie *Für mich selbst* aus.
2. Geben Sie Ihren Vor- und Nachnamen ein ❶ und tippen Sie auf *Weiter*.
3. Anschließend geben Sie Ihr Geburtsdatum und Ihr Geschlecht ein.
4. Sie erhalten Vorschläge für verfügbare Google-Mail-Adresse. Falls Ihnen eine der angegebenen Adressen gefällt, wählen Sie diese durch Antippen aus. Wenn Sie genaue Vorstellungen von Ihrer Adresse haben, tippen Sie auf *Gmail-Adresse erstellen* ❷. Geben Sie dann eine neue E-Mail-Adresse ein. Ihre Wunsch-E-Mail-Adresse muss noch verfügbar sein, d. h. es darf keine andere Person dieselbe Adresse nutzen. Wenn der Nutzername schon vergeben ist, versuchen Sie es mit einer anderen Namensvariation.

   Erstellen Sie ein Passwort (Kombination aus Groß- und Kleinbuchstaben, Sonderzeichen und Zahlen) ❸. Bestätigen Sie es in der nächsten Zeile. Durch Antippen von *Passwort anzeigen* können Sie nochmals kontrollieren, was Sie eingetippt haben. Notieren Sie schon während des Prozesses Ihre E-Mail-Adresse und Ihr Kennwort.

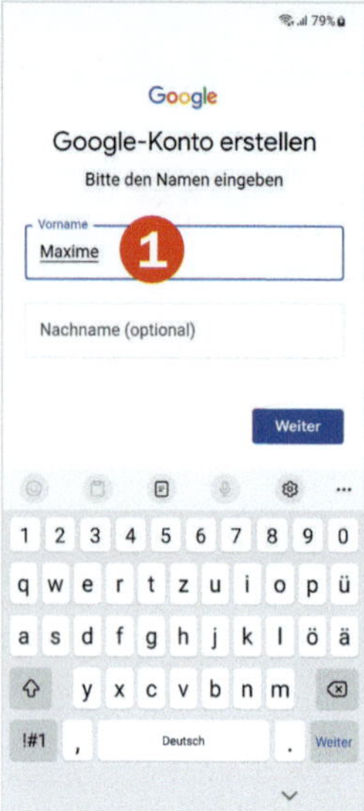

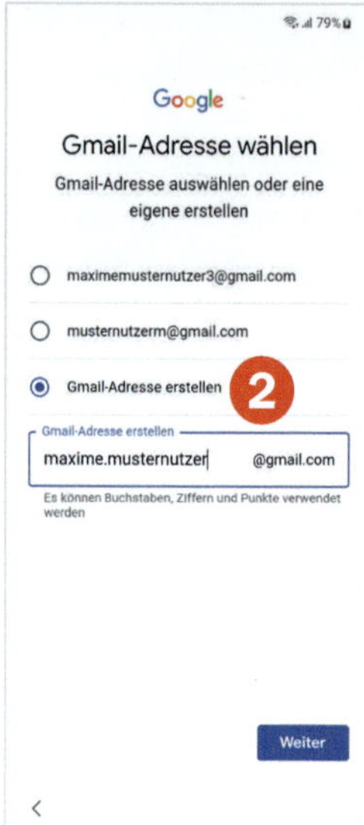

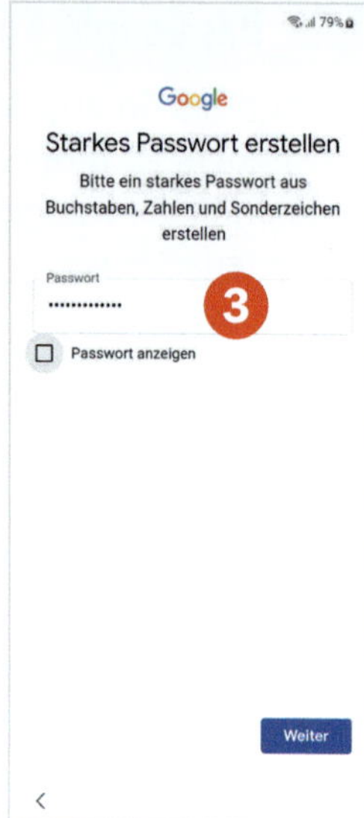

5 Wenn Sie möchten, können Sie Ihre Telefonnummer Ihrem Konto hinzufügen. So können Sie beispielsweise Ihr Passwort zurücksetzen, falls Sie es vergessen haben. Tippen Sie auf *Ja, ich stimme zu* ❹.

6 Im nächsten Schritt müssen Sie die Personalisierungseinstellungen festlegen: Mit der *Express-Personalisierung (1 Schritt)* ❺ sind Sie schnell fertig, stellen Google aber etwas mehr Informationen zur Verfügung, als unbedingt notwendig. Mit der manuellen Personalisierung gehen Sie die einzelnen Optionen durch und entscheiden, was Sie im einzelnen für Einstellungen ❻ treffen. Tippen Sie auf *Weiter* und im nächsten Schritt auf *Bestätigen*.

7 Danach bestätigen Sie Datenschutz und weitere Bedingungen mit *Ich stimme zu*.

8 In den weiteren Schritten werden Sie aufgefordert, einzelne *Dienste* zu aktivieren bzw. deaktivieren. Alle Einstellungen, die Sie hier treffen, können nachträglich verändert werden.

- Google Drive ist ein Cloud-Speicher für Ihre Daten, d. h. ein Teil Ihrer Daten wird in einem Rechenzentrum von Google gesichert. Bei einem Defekt Ihres Smartphones oder beim Umzug auf ein neues Handy haben Sie so Zugriff auf Ihre Daten. Ist der Schalter auf der Position *Ein*, werden Daten an Google übertragen. Wenn Sie das nicht möchten, ziehen Sie den Schalter mit dem Finger auf *Aus*. Wenn Sie mit dem Finger vertikal über das Display von unten nach oben streichen, zeigen Sie die weiteren Einstellungen an.

- Google Assistant: Mit diesem Dienst können Sie Ihr Smartphone per Sprachbefehl steuern. Mit *Aktivieren* stellen Sie dem Dienst mehr Informationen für eine bessere Bedienung zur Verfügung.

9 Tippen Sie abschließend auf *Konto erstellen*.

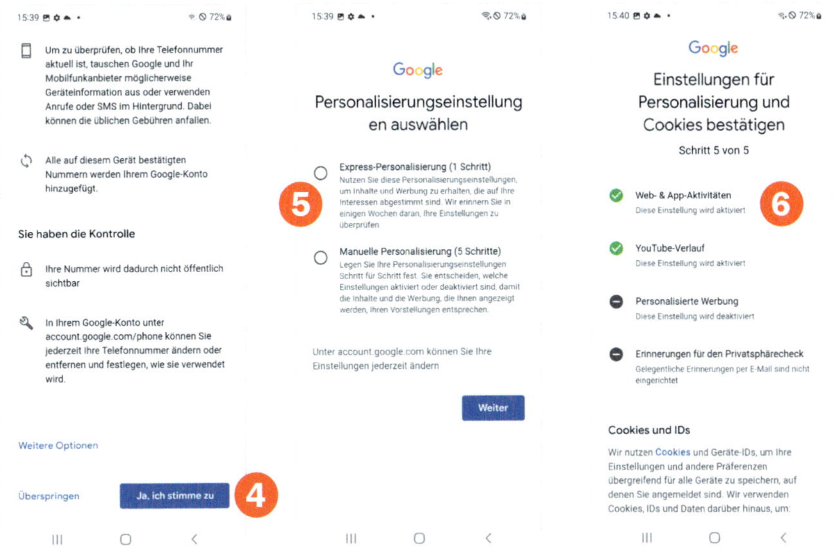

Google-Konto nachträglich hinzufügen

Normalerweise wird gleich bei der Einrichtung des Smartphones ein Google-Konto hinterlegt, das ist aber auch noch nachträglich möglich.

- Gehen Sie in die *Einstellungen* ⚙ Ihres Smartphones und suchen Sie hier den Menüpunkt *Konten und Sicherung* ❶ ▸ *Konten verwalten* (siehe Abbildungen nächste Seite). Anschließend tippen Sie auf *Konto hinzufügen* ❷ und wählen *Google* ❸ aus.
- Im nächsten Fenster geben Sie die E-Mail-Adresse Ihres Google-Kontos ein und dann das Kennwort. Oder Sie tippen auf *Konto erstellen* und folgen den Schritten, wie auf Seite 33 beschrieben.

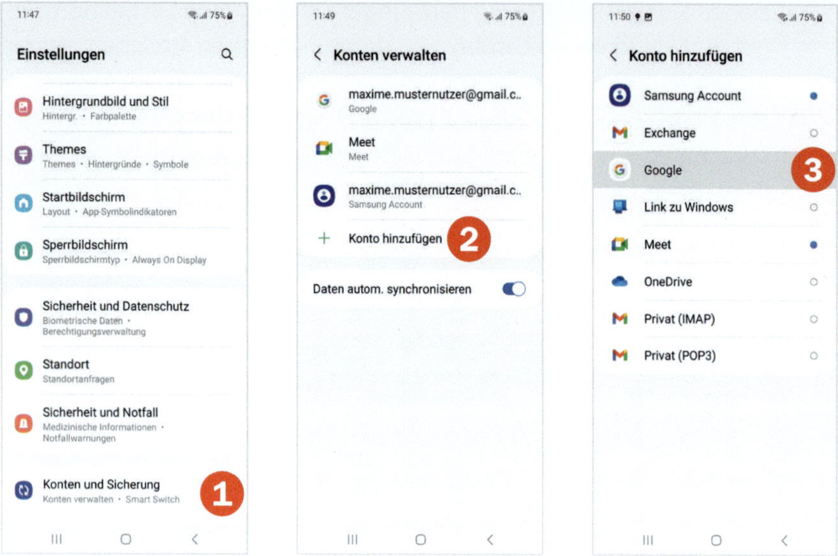

1.3 Samsung-Konto einrichten

Sie denken jetzt sicher: Nicht schon wieder etwas einrichten! Muss das sein? Nein, Sie können auch damit warten, bis Sie das Konto benötigen und etwas mehr Geläufigkeit mit dem Smartphone gewonnen haben.

Mit einem Samsung-Konto haben Sie Zugriff auf den Galaxy Store. Hier können Sie spezielle Angebote von Samsung nutzen und Apps herunterladen. Außerdem erhalten Sie Zugriff auf Funktionen, wie *Sicheres WLAN* sowie auf die Samsung-Cloud, einen externen, 15 GB großen Speicher. Ein weiteres Angebot, für den Sie das Konto benötigen, ist *Find my Mobile*. Wenn Sie Ihr Smartphone verlieren, können Sie es mit diesem Dienst orten. Wie das geht, erklären wir auf Seite 64.

- Rufen Sie die *Einstellungen* auf. Streichen Sie vertikal von unten nach oben über das Display, um *Konten und Sicherung* anzuzeigen und tippen Sie diese an.
- Wählen Sie dann *Konten verwalten* ❶ aus und tippen auf *Konto hinzufügen*. Nun wählen Sie *Samsung Account* ❷ aus.
- Da Sie noch kein Samsung-Konto haben, tippen Sie im nächsten Fenster auf *Konto erstellen* ❸. Alternativ können Sie hier auch direkt eine Anmeldung mit Ihrem Google-Account durchführen.

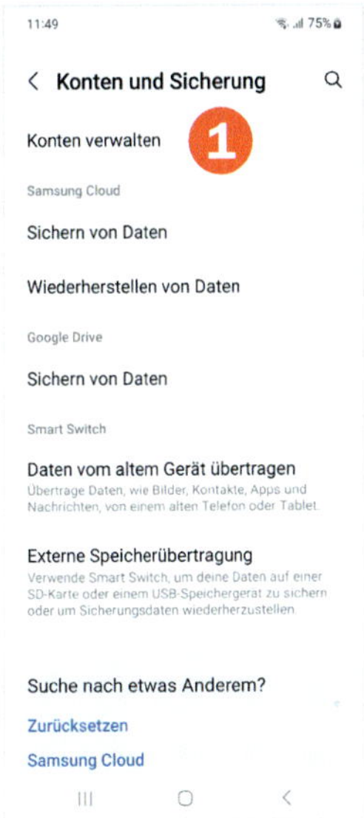

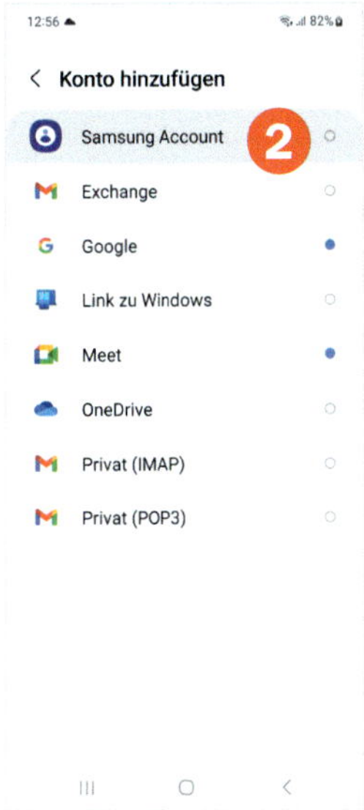

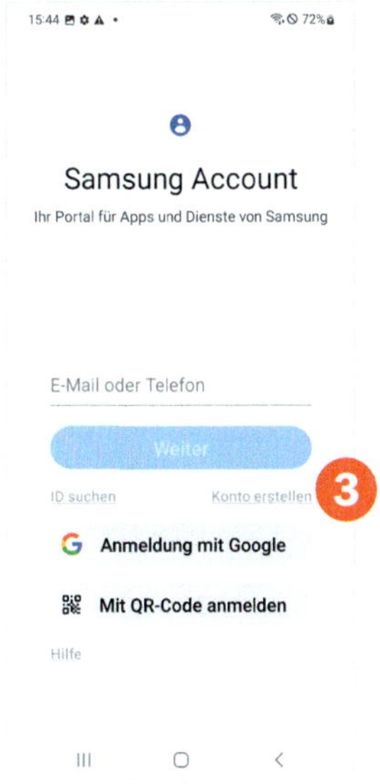

- Um fortzufahren, müssen Sie einigen Richtlinien und Bestimmungen zustimmen. Diese können Sie durchlesen, indem Sie auf die unterstrichenen Textteile tippen. Mit der Zurück-Taste zeigen Sie wieder die Übersicht an. Tippen Sie dann unten auf *Zustimmen* ❹.
- Geben Sie eine E-Mail-Adresse ❺ ein. Das kann Ihre Gmail-Adresse sein, muss es aber nicht. Denken Sie sich dann ein Kennwort aus. Notieren Sie sich beides. Das Kennwort muss aus mindestens acht Zeichen (Buchstaben, Ziffern und Symbole, z. B. ! oder +) bestehen.
- Tragen Sie in die Felder darunter Vorname und Nachname ein und tippen Sie auf *Geburtstag* ❻. Durch vertikales Wischen wählen Sie das Datum aus und tippen dann auf *Fertig*.
- Tippen Sie abschließend auf *Konto erstellen* ❼. Und bestätigen Sie Ihre Telefonnummer mit *OK*.
- Sie erhalten anschließend eine E-Mail mit einem Bestätigungslink, um Ihre E-Mail-Adresse zu verifizieren bzw. Ihr Konto zu bestätigen.
- Falls Sie noch eine Meldung von Samsung Pass, einem Dienst, der Anmeldungen ohne Kennworteingabe, sondern nur durch Authentifizierung über hinterlegte biometrischen Daten, wie z. B. den Fingerabdruck, ermöglicht, erhalten, tippen Sie hier auf *Abbrechen*.
- Tippen Sie auf die Home-Taste, um den Startbildschirm anzuzeigen.

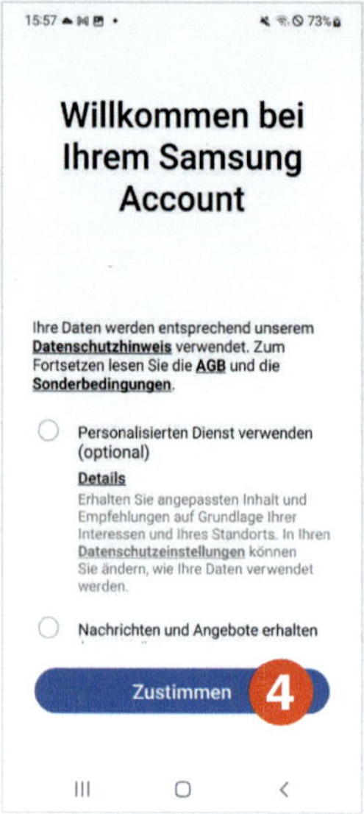

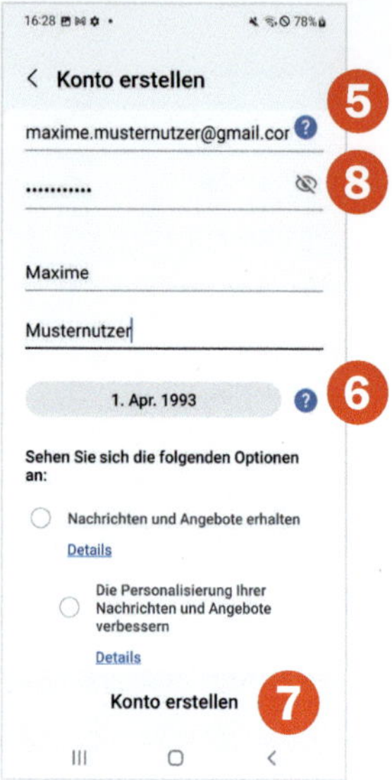

Passwort anzeigen

Eingegebene Kennwörter werden zu Ihrer Sicherheit nur als Punkte dargestellt. Tippen Sie auf das Symbol 8, um das Kennwort anzuzeigen und zu überprüfen.

1.4 Die Smartphone-Oberfläche

Nach der Einrichtung des Smartphones geht es jetzt darum, sich zurecht zu finden. Wichtig ist, dass Sie folgende drei Inhalte unterscheiden: Sperr-, Start- und App-Bildschirm.

Sperrbildschirm

Der Sperrbildschirm sichert Ihre Daten vor unerwünschtem Zugriff Dritter. Er wird mit Passwort, PIN, Muster oder Fingerabdruck- bzw. Gesichtserkennung ausgestattet (siehe ab Seite 59). Zudem hält er Informationen bereit, wie etwa die Anzeige von Datum, Uhrzeit, Akkustand, Benachrichtigungen etc. und verhindert eine ungewollte Bedienung, z. B. in der Tasche.

- **Smartphone entsperren:** Ein kurzes Drücken der Funktionstaste zeigt den Sperrbildschirm an, wischen Sie nach oben und geben Sie dann Ihre PIN ein. Wenn ein Fingerabdruck vereinbart wurde, kann auch mit diesem das Handy entsperrt werden. Der Startbildschirm wird dann angezeigt.
- **Smartphone sperren:** Sie haben einen Freund angerufen, jetzt wollen Sie das Smartphone wieder in die Tasche stecken. Dann aktivieren Sie den Sperrbildschirm durch drücken der Funktionstaste.

Verbindungsstatus, Akkustand

Uhrzeit und Datum

Benachrichtigungen: Wenn Sie darauf tippen, erscheint eine Liste mit allen Benachrichtigungen.

Da während des Einrichtungsprozesses kein Geräteschutz aktiviert wurde, reicht es aus, mit dem Finger über den Bildschirm zu streichen, um zum Startbildschirm zu gelangen.

Telefon- und Kamera-App, diese können vom Sperrbildschirm geöffnet werden.

Startbildschirm

Wenn Sie den Sperrbildschirm entsperren, gelangen Sie zum Startbildschirm. Hier finden Sie eine Auswahl wichtiger Apps (Anwendungen), z. B. die Internet-App oder die Kamera.

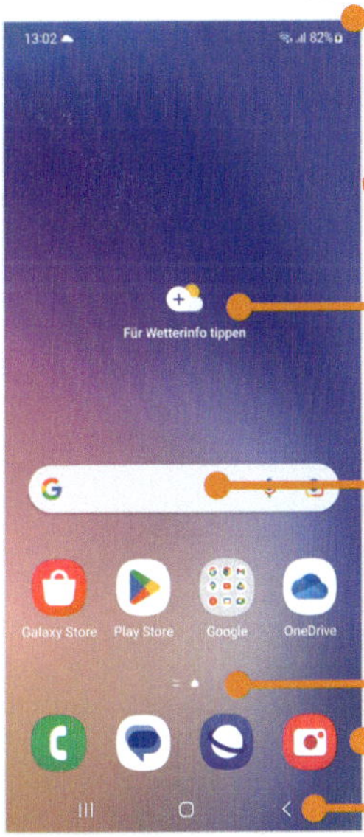

Statusleiste

Seitenbildschirm

Wetter-Widget (mehr zu Widgets auf Seite 77)

Google-Widget: Suchleiste

Bildschirmwechsel

Wichtige Apps

Navigationstasten

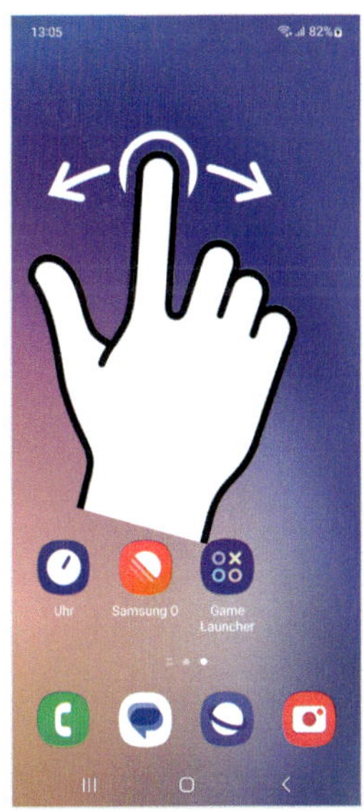

Der Startbildschirm kann aus mehreren Seiten bestehen. Auf dem zweiten Bildschirm können weitere Apps angeordnet werden. Der Bereich unten ist auf allen Startbildschirmen identisch. Wie viele zur Verfügung stehen und was gerade ausgewählt ist, sehen Sie bei Bildschirmwechsel.

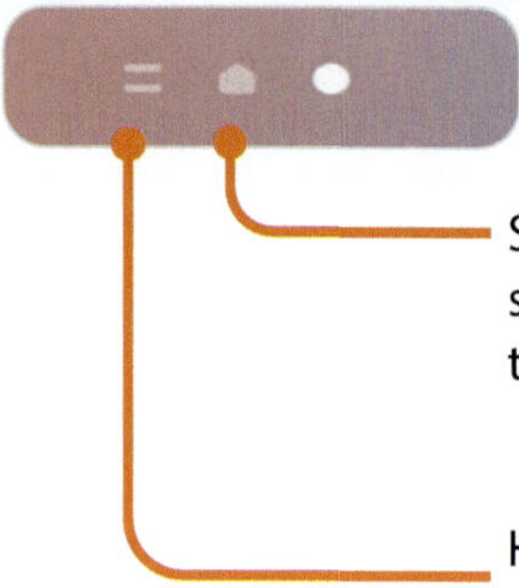

Bildschirmwechsel

Startbildschirm; wird durch ein Haussymbol dargestellt. Es können noch weitere Startbildschirmseiten vorhanden sein, für die die Kreise stehen.

Hier stehen aktuelle Informationen und Nachrichten zur Verfügung. Dazu gleich mehr auf Seite 41.

- Sie wechseln zwischen den Bildschirmen durch horizontales Wischen.

Navigationsleiste

Am unteren Bildschirmrand wird die Navigationsleiste angezeigt. Diese wird standardmäßig in der für Samsung üblichen Anordnung dargestellt mit der Zurück-Taste rechts außen.

Navigationstasten

- Die *Alle-Apps-Taste* ❶ zeigt eine Übersicht aller geöffneten Anwendungen an.
- Mit einem kurzen Tippen auf die *Home-Taste* ❷ zeigen Sie den Startbildschirm an.
- Mit der *Zurück-Taste* ❸ kehren Sie wieder zum vorigen Bildschirm zurück. Diese Taste hilft immer, wenn Sie einen Bereich wieder verlassen möchten.

Achtung! Sollte die Navigationsleiste einmal nicht angezeigt werden, wischen Sie vom unteren Bildschirmrand nach oben.

App-Bildschirm

Auf dem Startbildschirm finden Sie nur einen Teil der installierten Apps. Wenn Sie alle Apps anzeigen möchten, wischen Sie mit dem Finger vertikal über den Startbildschirm nach oben. So gelangen Sie zum App-Bildschirm. Je nach Anzahl der installierten Apps sind hier auch mehrere Seiten vorhanden, was Sie an der Anzahl der unten angezeigten Punkte ❶ erkennen. Zum Öffnen einer App tippen Sie diese einmal an.

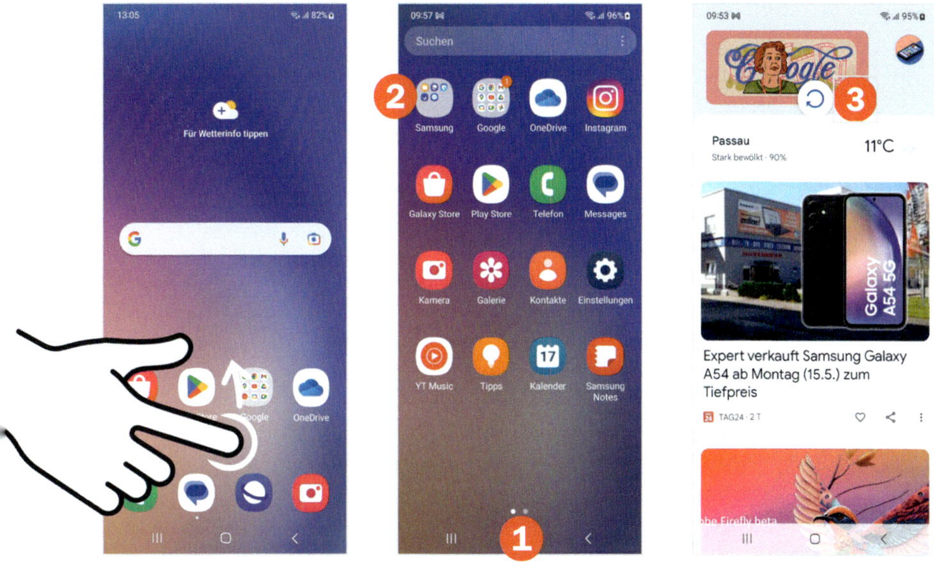

App aus Ordner öffnen

Neben den einzelnen Apps werden auf dem App-Bildschirm auch einige Ordner ❷ angezeigt, z.B. Samsung, Google und ggf. Microsoft, Spiele oder Social Media. Tippen Sie den Ordner an, um die darin enthaltenen Apps anzuzeigen. Dann tippen Sie die gewünschte App an, um diese zu öffnen. Ordner sind praktische Helfer, um die Übersicht zu behalten.

Nachrichten und Unterhaltung in Google Discover

Vom Startbildschirm mit einem Wisch nach rechts wird Google Discover angezeigt. Hier sind aktuelle Nachrichten und unterhaltsame Themen für Sie zusammengefasst. Wenn Sie die Informationen aktualisieren wollen, wischen Sie mit dem Finger auf dem Bildschirm von oben nach unten. Währende der Aktualisierung erscheint dieses Symbol ❸.

1.5 App anzeigen und wechseln

☛ Zum Öffnen einer App tippen Sie diese auf dem Start- oder App-Bildschirm an.

Erstes Starten einer App

Beim allerersten Start einer App müssen Sie in der Regel Zugriffsberechtigungen erteilen, Nutzungsbestimmungen bestätigen oder unter Umständen gleich mal die App aktualisieren. Unten sehen Sie drei Beispiele für Meldungen gleich nach dem ersten Start der App:

- *Google Fotos* (App zur Foto-Verwaltung und zum Hochladen in die Cloud) möchte auf Fotos und Videos zugreifen. Wenn Sie die App und deren Funktionen nutzen möchten, ist die Vergabe dieser Berechtigungen sinnvoll; tippen Sie auf *Zulassen*. Mehr zu Berechtigungen auf Seite 82.
- Für den Samsung *Galaxy Store* ist ein Update verfügbar. Tippen Sie auf *Aktualisieren* um die neue Version zu installieren. Sollte das Smartphone gerade nicht mit dem WLAN verbunden sein, verzichten Sie mit *Abbrechen* auf die Aktualisierung und führen diese später durch.
- Im letzten Bild verlangt die App *Internet* die Zustimmung zu den AGB. Wenn Sie die Anwendung verwenden möchten, stimmen Sie den AGB durch Antippen von *Weiter* zu.

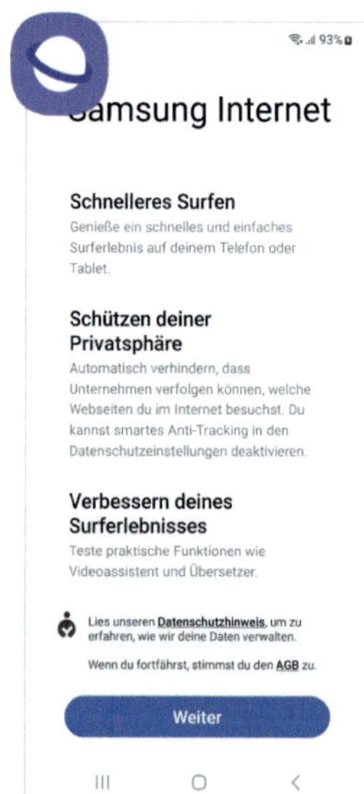

Einstellungen aufrufen

Wenn man ein neues Smartphone hat, verwendet man in den ersten Wochen häufig die App *Einstellungen*, um das Handy an die eigenen Vorstellungen anzupassen. Deshalb kommen wir auch in diesem Buch immer wieder auf die *Einstellungen* zurück. Damit Sie diese auf jeden Fall finden, hier eine ausführliche Darstellung:

- Rufen Sie den App-Bildschirm durch vertikales Streichen über den Startbildschirm auf.
- Auf dem App-Bildschirm tippen Sie auf *Einstellungen* ❶.
- Die App *Einstellungen* enthält eine Vielzahl von Kategorien von *Verbindungen* ❷ bis *Telefoninfo* ganz unten. Durch vertikales Wischen verschieben Sie den angezeigten Inhalt.
- Mit Antippen einer Kategorie zeigen Sie deren Inhalt an. Über den Pfeil ❸ links oben oder die Zurück-Taste kehren Sie wieder zur vorigen Seite zurück.

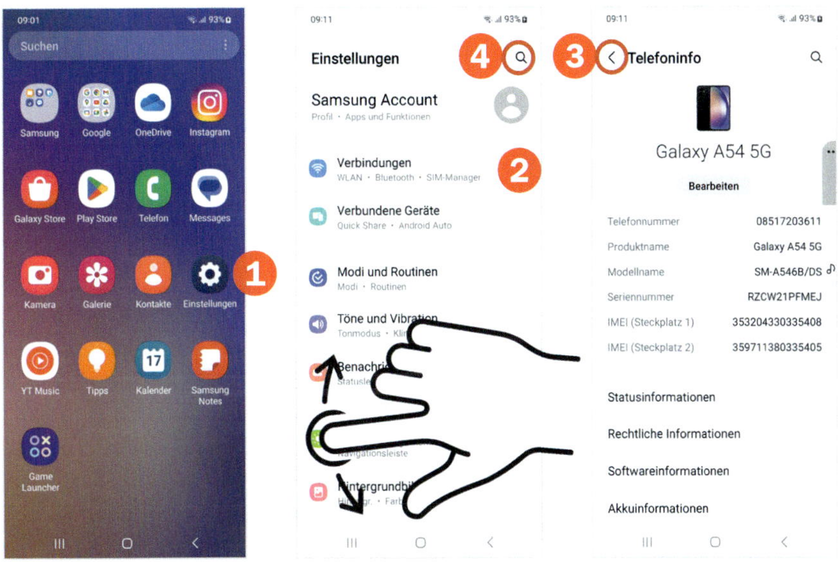

> **Tipp für Fortgeschrittene:** Über das Lupe-Symbol ❹ können Sie innerhalb der App nach Einstellungsoptionen suchen.

Weitere App öffnen und wechseln

Die App *Einstellungen* haben Sie gerade angezeigt. Drücken Sie jetzt auf die Home-Taste zur Anzeige des Startbildschirms und wählen Sie die App *Telefon* durch Antippen aus. Drücken Sie erneut die Home-Taste und öffnen Sie die App Play Store .

Sie haben jetzt drei Apps geöffnet, allerdings wird nur die App Play Store am Bildschirm angezeigt. Sie wechseln zu einer anderen geöffneten App durch Drücken der Alle-Apps-Taste ❶.

Streichen Sie horizontal ❷ über den Bildschirm, um den angezeigten Ausschnitt zu verändern. Durch Antippen einer anderen App, z. B. *Telefon* oder *Einstellungen*, wird diese wieder am Bildschirm angezeigt.

Apps schließen: Schieben Sie die App mit dem Finger nach oben ❸, sozusagen aus dem Smartphone hinaus. Dadurch wird sie geschlossen. Mit *Alle schließen* ❹ werden alle Anwendungen auf einmal geschlossen.

Kleine App-Auswahl für den täglichen Gebrauch

Telefon: App zum Telefonieren. Sie wählen entweder einen gespeicherten Kontakt aus oder tippen eine Nummer ein.

Kontakte: Hier speichern Sie alle Daten, Telefonnummern, postalische Adressen, Geburtstage etc. Ihrer Freunde.

Messages: App zum Schreiben von SMS und Chatnachrichten. Die Kurznachrichten (SMS) sind etwas aus der Mode gekommen. Heute verwenden viele WhatsApp oder Signal.

WhatsApp: Schreiben Sie Nachrichten, versenden Sie Fotos oder telefonieren Sie mit der Familie mit Übertragung eines Videos. Diese App muss heruntergeladen werden.

Kamera: Mit dieser App knipsen Sie Fotos oder nehmen Videos auf.

Galerie: Dient der Anzeige und Bearbeitung Ihrer Fotos und Videos. Die Galerie ist eine Samsung-App. Wir verwenden in diesem Buch die App Galerie.

Fotos: Das Google-Pendant zur Galerie heißt Fotos und befindet sich auch auf dem Handy. Sie finden die App im Google-Ordner.

Play Store: Hier können kostenlose aber auch kostenpflichtige Apps, Spiele, Filme und Bücher heruntergeladen werden. Dieser Store wird von Google zur Verfügung gestellt.

Galaxy Store: Das ist das Samsung-Einkaufszentrum für Apps. Auch hier gibt es ein kostenloses Sortiment; ein Besuch lohnt sich, aber das umfangreichere Angebot finden Sie im Play Store. Um im Galaxy Store Apps herunterzuladen, benötigen Sie ein Samsung-Konto.

Internet: Browser von Samsung, dient der Anzeige von Internetseiten.

Chrome: Browser von Google, mit dem Sie ebenfalls Seiten im Internet anzeigen.

Google: Die Google-App ist kein Browser im engeren Sinne, obwohl Sie auch mit dieser via Suchanfragen das Internet durchsuchen können. Darüber hinaus bietet sie noch weitere Funktionen, z. B. Zusammenstellung aktueller Nachrichten.

Maps: Karten-App von Google, hier können Sie nach Adressen suchen und eine Navigation von Ort zu Ort durchführen.

YouTube: Portal mit Videos zu fast allen Themen, kann kostenlos verwendet werden.

Gmail: Anwendung zum Empfangen und Versenden von E-Mails. Die Gmail-Adresse, die Sie bei der Einrichtung des Smartphones verwendet haben, ist hier bereits hinterlegt.

Uhr: Die App bietet einen Wecker, einen Timer, eine Stoppuhr und zeigt natürlich auch die Zeit an (auch mehrere Zeitzonen).

Kalender: Hier tragen Sie Termine ein und werden daran erinnert.

Samsung Notes: App zum Speichern von Notizen, wie z. B. einer Einkaufsliste. Es gibt Notizen-Apps wie Sand am Meer. Wenn Ihnen diese nicht zusagt, installieren Sie einfach eine andere.

Einstellungen: Hier finden Sie alle Optionen, die die einzelnen Funktionen Ihres Smartphones betreffen.

1.6 Bildschirmtastatur verwenden

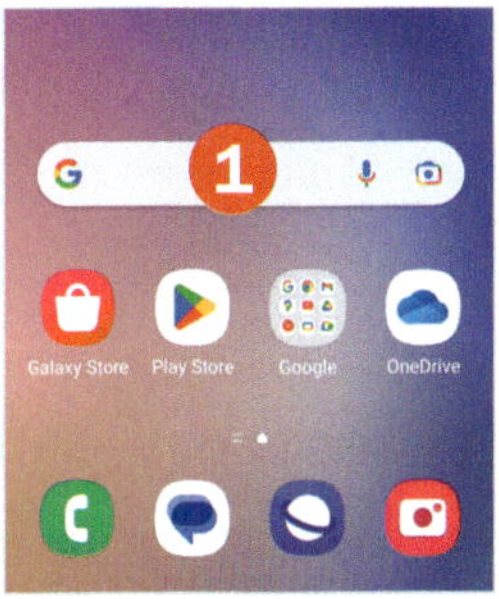

Sobald Sie in ein Texteingabefeld tippen, wird automatisch die Bildschirmtastatur eingeblendet.

Das Aussehen der Tastatur verändert sich je nach Anwendung. Im Bild links wurde durch Antippen der Suchleiste ❶ auf dem Startbildschirm die Google-App geöffnet. Hier finden Sie rechts unten das Suchsymbol ❷, welches Sie für die Internetsuche benötigen. Im mittleren Bild wurde die App Samsung Notes geöffnet. Hier können z. B. Einkaufslisten eingegeben werden, aus diesem Grund finden Sie rechts unten die Taste für eine Zeilenschaltung ❸. Im rechten Bild befinden wir uns in einem E-Mail-Programm im Eingabefeld für den Adressaten der E-Mail. Deshalb werden auf der Tastatur das @-Symbol und .com angezeigt. Mit der Taste *Weiter* ❹ (in anderen Apps auch *OK*) springen Sie ins nächste Feld. .

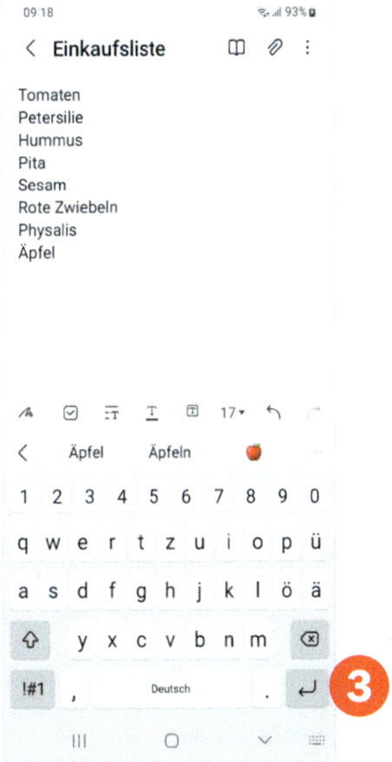

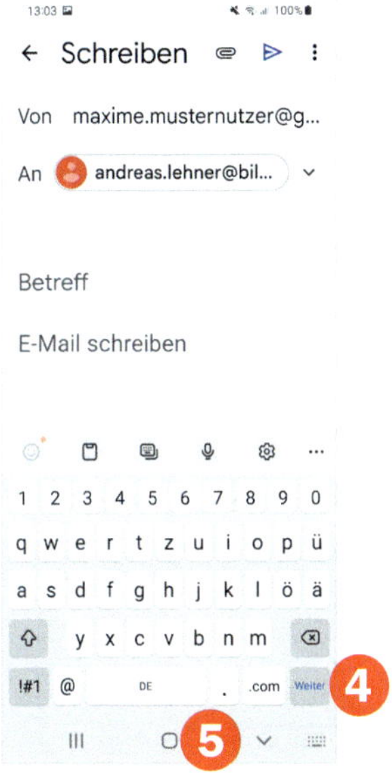

Tastatur ausblenden: Benötigen Sie mehr Platz um beispielsweise einen langen Text durchzulesen, kann die Tastatur durch Antippen von ⌄ ❺ ausgeblendet werden. Wenn Sie in ein Texteingabefeld tippen, zeigen Sie die Tastatur wieder an.

Buchstaben, Sonderzeichen & Co

Groß- und Kleinbuchstaben

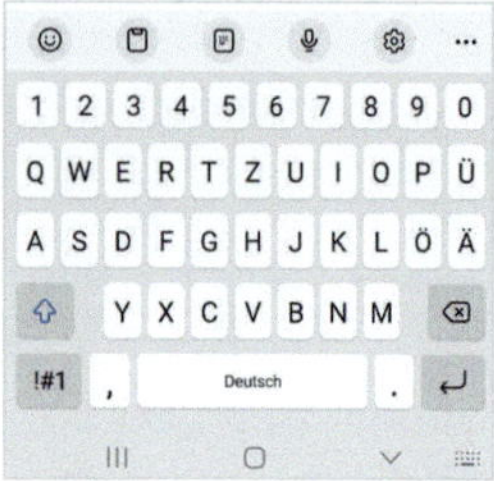

Vielleicht ist es Ihnen schon aufgefallen: Wenn Sie in einen Bereich zur Texteingabe tippen, wird der erste Buchstabe immer als Großbuchstabe eingegeben. Das ist automatisch so hinterlegt. Gleiches gilt für die Schreibung nach einem Punkt. Wenn Sie später einen Großbuchstaben eingeben möchten, benötigen Sie die Umschalt-Taste:

- Zur Eingabe von *Großbuchstaben* muss zuerst die Umschalt-Taste angetippt werden. Der Pfeil wird blau und der Buchstabe kann eingegeben werden.
- Bei längerem Drücken der Umschalt-Taste wird diese blau hinterlegt und die Großschreibung festgestellt, d. h. es wird alles in Großbuchstaben geschrieben, bis erneut die Umschalt-Taste angetippt wird.

Leerzeichen, Löschen und Cursorsteuerung

Die Texteingabe findet immer am Cursor (blinkender senkrechter Strich) statt:

- Um zwischen zwei Worten ein *Leerzeichen* einzugeben, tippen Sie auf die Leertaste .
- Mit entfernen Sie alle Zeichen links vom Cursor. Wenn Sie länger mit dem Finger auf der Taste bleiben, werden schnell mehrere Wörter gelöscht. Findet man einen Fehler mitten im Text, müsste man jetzt alle Wörter bis zum Fehler löschen. Hier hilft die Leertaste! Verbleiben Sie mit dem Finger etwas länger auf der Leertaste und ziehen Sie dann mit dem Finger den Cursor an die gewünschte Position.
- Mit der *Zeilenschaltung* erzeugen Sie eine neue Zeile und fügen einen Absatz ein.

Hier finden Sie weitere Satz- und Sonderzeichen

Die Taste !#1 schaltet auf ein Tastaturlayout zur Eingabe von *Sonderzeichen* um. Dort zeigen Sie mit der Taste 1/2 eine weitere Sonderzeichentastatur an. Die Taste ABC schaltet zurück zur Buchstabentastatur.

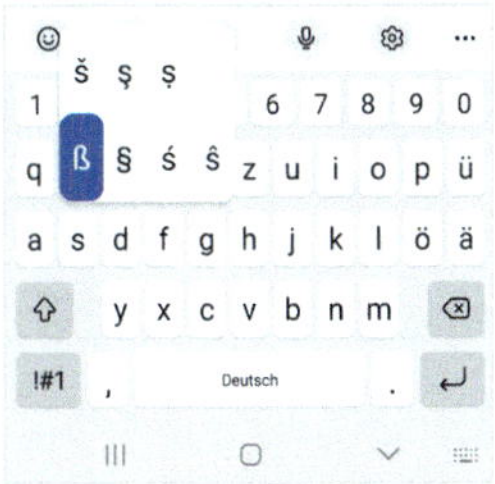

Wo ist eigentlich das ß?
Zur Eingabe spezieller Buchstaben, wie z. B. das spanische ñ, die französische Ligatur œ und natürlich alle Buchstaben mit Akzent, drücken Sie den Finger länger auf die entsprechende Taste. Es erscheint ein Zusatzfeld. Hier ist ein Buchstabe bereits ausgewählt. Dieser wird eingefügt, wenn Sie die Taste loslassen. Zur Auswahl eines anderen Buchstabens verbleiben Sie mit dem Finger auf dem Bildschirm, fahren nach oben in das Zusatzfeld auf den gewünschten Buchstaben und lassen dann los. Auf diese Weise finden Sie im Zusatzfeld der Taste S auch das ß.

Texterkennung & Autokorrektur

Über der Tastatur erhalten Sie für die aktuelle Eingabe Wort- bzw. Korrekturvorschläge, die durch Antippen übernommen werden können. Erscheinen Worte in blauer Schrift, werden diese automatisch durch Drücken der Leertaste eingefügt, z. B. *Freundin* ❶. Das ursprünglich eingegebene Wort wird ebenfalls auf der Leiste angezeigt. Sollten Sie lieber das behalten wollen, tippen Sie es an (hier *Fred*).

Die Eingabe langer Worte können Sie ebenfalls über die Vorschlagsleiste abkürzen, wie in unserem Beispiel *Fahrradfahren* ❷. Mit ⋯ können Sie weitere Vorschläge anzeigen. Falsch geschriebene oder nicht im Wörterbuch enthaltene Begriffe werden blau unterstrichen.

Darüber hinaus werden auf Grundlage des bereits eingegebenen Textes, passende Vorschläge für das nächste Wort angezeigt ❸, die Sie ebenfalls durch Antippen übernehmen.

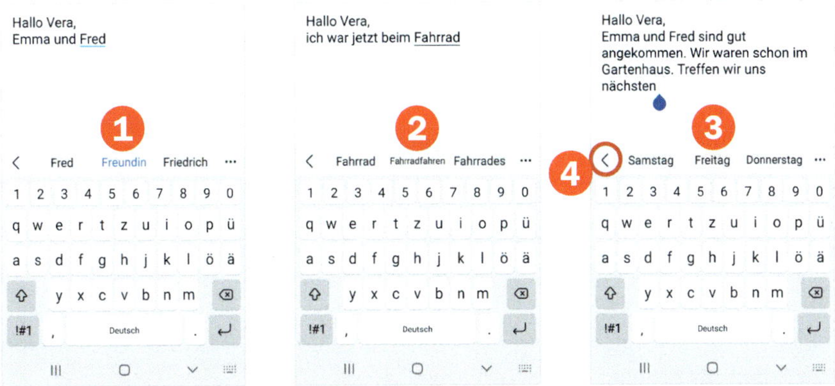

Wechsel zwischen Vorschlagsleiste und Bearbeitungsleiste

Bei der Eingabe von Text erhalten Sie auf der Leiste oberhalb der Tastatur Textvorschläge. Wenn Sie ein Emoji einfügen oder Text diktieren möchten, benötigen Sie jedoch wieder die Bearbeitungsleiste. Diese zeigen Sie durch Antippen von ‹ ❹ (Abbildung vorige Seite) an.

> **Tipp:** Durch Antippen von ··· in einem leeren Eingabefeld erhalten Sie statt Textvorschläge zusätzliche Optionen, wie einen Übersetzer oder Zugriff auf die Zwischenablage, in der Sie zuletzt kopierte Elemente, z.B. Adressen oder Screenshots, abrufen und einfügen können.

Emojis bebildern Gefühle

Emojis, wie lachende Gesichter oder Bilder von Gegenständen, machen Texte fröhlicher und vereinfachen die Eingabe. Mit Emojis drücken Sie Gefühle aus 😍 und ersetzen Worte, wie z. B. „Ich esse gerade 🌭:

- Zur Anzeige der Emojis tippen Sie auf ☺ ❶. Ist die Emoji-Taste nicht zu sehen ist, tippen Sie links oben auf ❷.
- Beachten Sie, dass mehrere Kategorien zur Auswahl stehen. Der Bereich 🕓 ❸ enthält die zuletzt verwendeten Grafiken. Dann folgen Smileys und Hände, Tiere und Pflanzen, Nahrungsmittel, Gebäude und Wettersymbole, Sportgeräte usw. In jedem Bereich können Sie durch vertikales Wischen weitere Elemente anzeigen.
- Mit ⌫ ❹ löschen Sie das Emoji wieder. Durch Antippen der Tastatur ⌨ ❺ links oben zeigen Sie wieder die Bildschirmtastatur an.

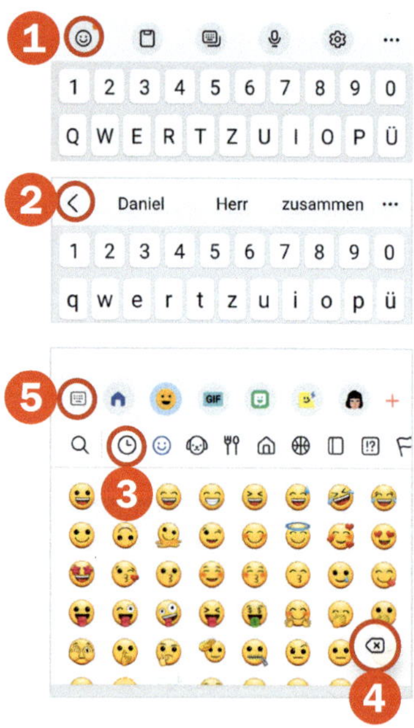

Text mittels Spracheingabe

Anstatt mühsam zu tippen, können Sie Ihren Text auch diktieren und transkribieren lassen. Voraussetzung hierfür ist, dass Sie Ihrer Tastatur bei Nutzung die Erlaubnis erteilen Audio aufzuzeichnen.

Diktat starten: Tippen Sie auf 🎙 ❶ und sprechen Sie Ihren Text. Wenn die Mikrofon-Taste nicht zu sehen ist, tippen Sie auf <. Satzzeichen können ebenfalls diktiert werden.

Diktat steuern: Um die Sprachaufnahme zu pausieren, drücken Sie auf das blau hinterlegte Mikrofon ❷. Zum erneuten Diktieren tippen Sie einfach nochmals auf das Mikrofon ❸. Zum Löschen einzelner Worte verwenden Sie ⌫ ❹. Um die Spracheingabe wieder zu verlassen, tippen Sie auf < ❺.

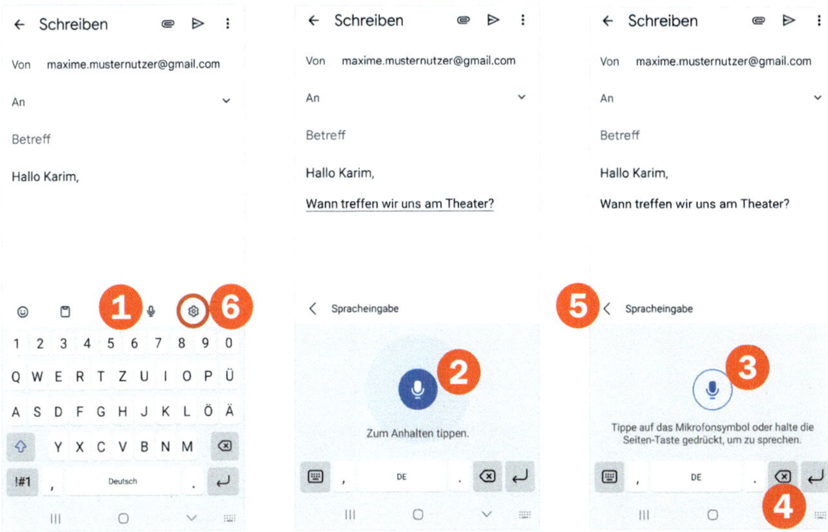

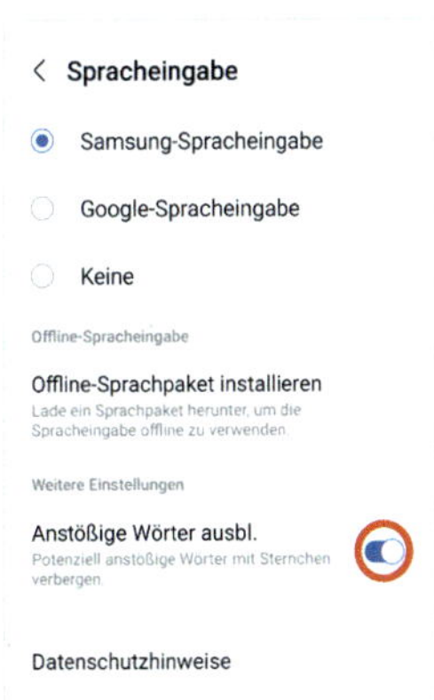

Spracheingabe-Auswahl

In den *Einstellungen* ⚙ ❻ der *Samsung-Tastatur* können Sie unter *Spracheingabe* zwischen dem Mikrofon von Samsung oder Google wechseln sowie möglicherweise anstößige Wörter automatisch im transkribierten Text durch Sternchen verbergen lassen.

Tastatureinstellungen

Manche der beschriebenen Funktionen können verändert werden und sind dann an Ihrem Smartphone vielleicht gerade nicht aktiv oder etwas anders. In diesem Buch wurden die Grundfunktionen der Samsung-Tastatur beschrieben, wie sie standardmäßig eingestellt sind. Änderungen nehmen Sie entweder in der Tastatur (Bild vorige Seite) oder in den *Einstellungen* unter *Allgemeine Verwaltung* ▸ *Samsung-Tastatur-Einstellungen* ❶ vor.

Hier können Sie beispielsweise die Eingabesprache bzw. den Tastaturtyp (Deutsch: Qwertz, Englisch: Qwerty) ändern oder die *Texterkennung* ❷ deaktivieren. Dadurch erhalten Sie dann keine vorgeschlagenen Wörter oder Autokorrekturen in der Vorschlagsleiste mehr. Die Vorhersage von Emojis oder Sticker lässt sich hier ebenfalls ausschalten.

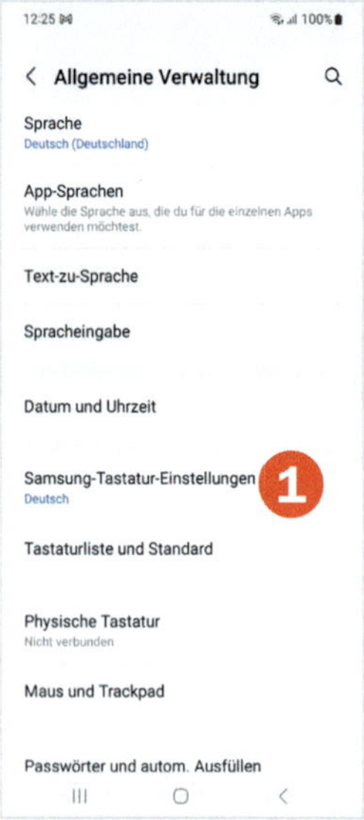

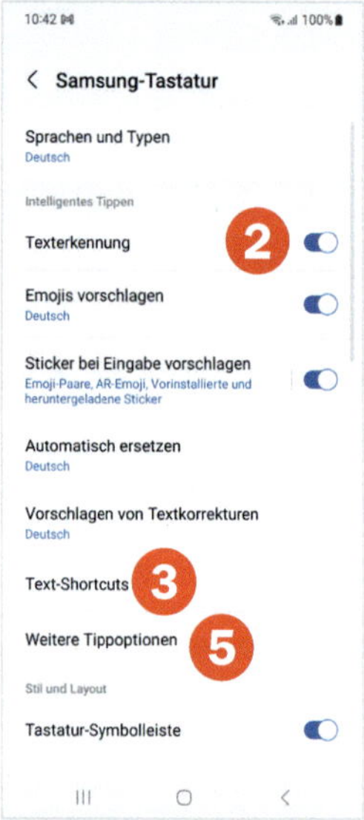

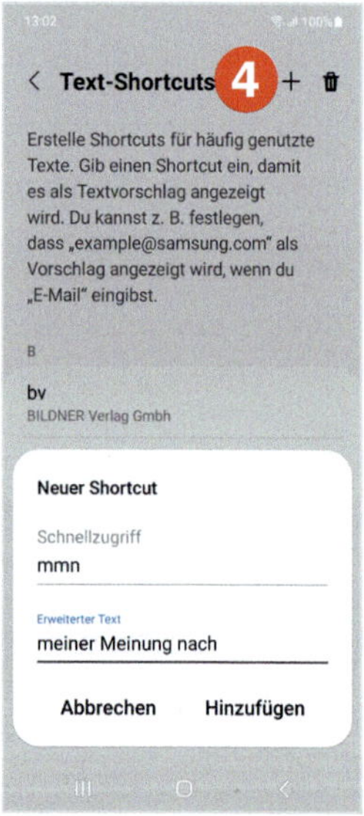

Mit *Text-Shortcuts* ❸ können Sie Abkürzungen für häufig genutzte, längere Wörter festlegen. Das spart mitunter Zeit. Tippen Sie hierzu auf + ❹ und geben Sie unter *Schnellzugriff* die Abkürzung und unter *Erweiterter Text* den gewünschten Vorschlag ein. Bestätigen Sie mit *Hinzufügen* . Ab sofort wird nun in der Vorschlagsleiste stets der von Ihnen festgelegte Text vorgeschlagen, sobald Sie den von Ihnen gewählten Shortcut eintippen.

Unter *Weitere Tippoptionen* ❺ können Sie festlegen, ob Großschreibung, Leerzeichen oder Punktsetzung automatisch erfolgen sollen.

Des Weiteren können Sie die *Tastatur-Symbolleiste* ❻ sowie die Zahlenleiste ❼ (zu finden unter *Layout*) ausblenden. Ohne Symbolleiste wird das Mikrofon oder die Tastatureinstellungen dann durch längeres Antippen der Taste links von der Leertaste aufgerufen ❽. Die Taste wird immer mit der Funktion bzw. dem Zeichen belegt, welches als letztes ausgewählt wurde. Mit deaktivierten Zahlentasten werden Ziffern über längeres Antippen der entsprechenden Buchstaben in der obersten Tastenreihe ❾ eingegeben.

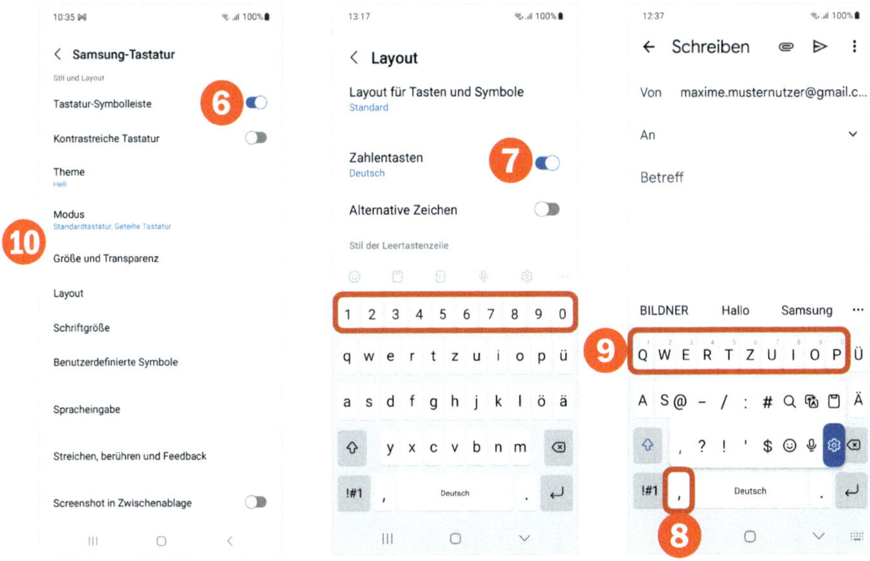

Neben einer kontrastreicheren Tastatur (siehe Seite 67) und verschiedenen Helligkeitsstufen lassen sich darüber hinaus noch verschiedene Modi für und die Größen ❿ der Tastatur einstellen.

Unter *Samsung-Tastatur-Einstellungen* ▸ *Zurücksetzen auf Standardeinstellungen* ▸ *Tastatureinstellungen zurücksetzen* stellen Sie die ursprüngliche Konfiguration der Tastatur wieder her.

Tipp zum längeren Antippen

Um spezielle Buchstaben oder Sonderzeichen anzuzeigen, muss oftmals länger auf bestimmte tasten gedrückt werden. Unter *Streichen, berühren und Feedback* finden Sie die Option *Tastatur-verz. bei Berühren/Halten*. Hier können Sie die Berührungsdauer für langes Antippen festlegen.

1.7 Die Statusleiste - Informationen und Einstellungen

Über die Statusleiste, die sich klein am oberen Bildschirmrand befindet, erhalten Sie eine Vielzahl an Informationen und können schnell verschiedene Funktionen Ihres Smartphones ein- bzw. ausschalten.

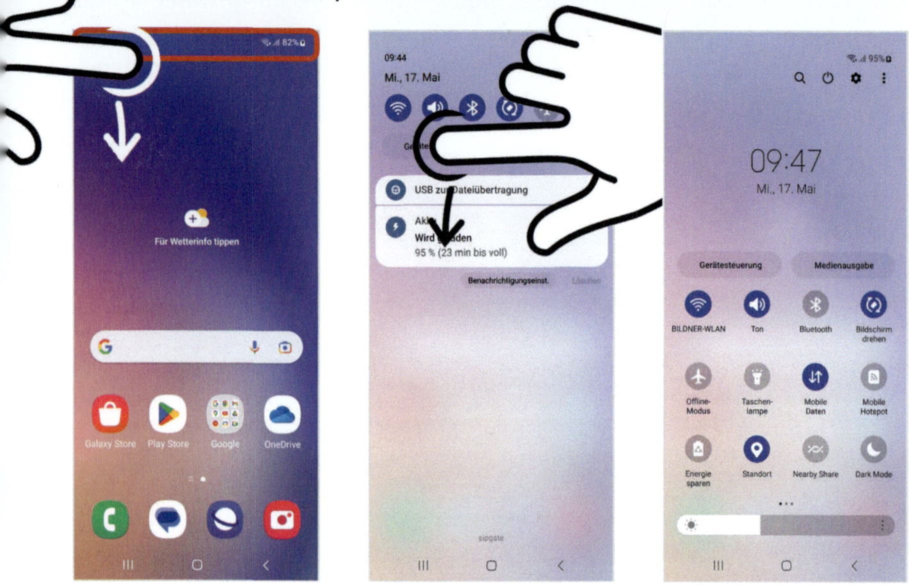

Die **Statusleiste** enthält links die Uhrzeit und rechts den Ladezustand des Akkus, die Signalstärke des Telefonempfangs und ggf. die WLAN-Verbindung.

Zwischen diesen Standardinformationen erhalten Sie Mitteilungen von Apps in Form von Symbolen.

☛ Sie erweitern die Anzeige der Statusleiste, indem Sie vom oberen Bildschirmrand nach unten streichen.

Hier sehen Sie **Benachrichtigungen** der einzelnen Apps: Dabei kann es sich um alles Mögliche handeln, z. B. eine WhatsApp-Nachricht, E-Mails, eine Geburtstagserinnerung oder einzelne Schlagzeilen.

Ganz oben wird ein Teil der Schnelleinstellungen angezeigt.

☛ Wischen Sie nochmals von oben nach unten, um den Bereich zu erweitern.

Über die **Schnelleinstellungen** (auch Quick Panel) schalten Sie bestimmte Funktionen Ihres Smartphones ein bzw. aus. Blau bedeutet, dass die Funktion aktiviert ist, im Beispiel oben WLAN, Ton und Standort drehen.

☛ Sie verlassen den Bereich wieder durch Drücken der Home-Taste oder indem Sie mehrmals von unten nach oben wischen.

Wichtige Symbole der Statusleiste und ihre Bedeutung:

Symbol	Bedeutung
	WLAN: Verbindung mit einem WLAN besteht. Die Balken symbolisieren die Stärke des WLANs (je mehr, desto besser).
	Mobile Daten: Ohne WLAN nutzen Sie die mobilen Daten für eine Internetverbindung. Die Bezeichnungen E (für EDGE), 4G/LTE oder 5G geben die Qualität der Verbindung an.
	Netzempfang: Je höher der Empfang, desto mehr Striche werden angezeigt.
	Akkustand: Die Füllhöhe zeigt den Ladezustand des Akkus an. Ein Blitz symbolisiert, dass der Akku derzeit aufgeladen wird.
	Bluetooth ist aktiv: Das Smartphone kann mit einem anderen Gerät verbunden werden, z. B. Musikbox, Kopfhörer.
	Flugmodus: Der Offline-Modus ist aktiviert, d. h. alle Funkverbindungen sind unterbrochen. Sie können unter anderem nicht mehr telefonieren oder das Internet nutzen.
	Standortdienst (GPS): Eine App ortet Ihren Standort, z. B. die Wetter-App oder Google Maps.
	Wecker: Sie haben einen Alarm gestellt.
	Lautlos ist eingeschaltet. Wenn Sie Anrufe oder Benachrichtigungen erhalten, ertönt kein Signal.
	Nachrichten: Sie haben eine neue SMS bzw. eine neue E-Mail erhalten.
	Anruf in Abwesenheit: Sie haben einen Anruf verpasst.
	SIM-Karte: Entweder ist keine SIM-Karte eingelegt oder sie kann nicht gelesen werden.

☛ Wenn eines dieser Symbole in der Statusleiste erscheint, können Sie zum Teil weitere Informationen über das Benachrichtigungsfeld einsehen. Streichen Sie vom oberen Bildschirmrand nach unten zur Anzeige aller Benachrichtigungen.

- Streichen Sie über die Benachrichtigungen vertikal nach oben, um ggf. weitere Meldungen anzuzeigen.
- Durch Antippen des Pfeilsymbols ❶ wird die Nachricht erweitert.

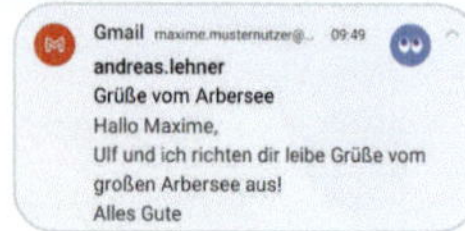

- Zum Öffnen der Meldung in der zugehörigen App, hier Gmail, tippen Sie die Meldung an.
- Benachrichtigungen entfernen: Wer mag, kann durch horizontales Streichen die einzelnen Benachrichtigungen nach rechts hinauswischen. Nicht alle Benachrichtigungen lassen sich so jedoch ausblenden.
- Hier löschen ❷ Sie alle entfernbaren Benachrichtigungen.
- Die blauen Schnelleinstellungen sind aktiviert, z. B. WLAN ❸. Durch Antippen aktivieren bzw. deaktivieren Sie die Einstellungen.
- Ein aktives WLAN bedeutet nur, dass verfügbare Netze angezeigt werden, nicht dass Sie mit einem WLAN verbunden sind. Die Anzeige von ❹ in der Statusleiste zeigt an, dass eine aktive Verbindung besteht.
- Mobile Daten: Ist momentan kein WLAN verfügbar, stellen Sie eine Verbindung über mobile Daten ❺ mit dem Internet her.
- Bildschirm drehen ❻: Sie können das Smartphone im Hoch- bzw. Querformat halten und der Bildschirminhalt wird entsprechend angezeigt. Mehr dazu auf Seite 150.
- Standort ❼ - siehe nächste Seite
- Es gibt noch weitere Schnelleinstellungen: Wischen Sie nach links, um die zweite Seite anzuzeigen. Mit + können Sie weitere Schaltflächen, wie z.B. *Sicheres WLAN*, hinzufügen.
- Unter ⋮ ❽ ▸ *Schaltflächen bearbeiten* lässt sich die Reihenfolge der Kacheln ändern.

Tipp Einstellungen anzeigen: Einige der Schnelleinstellungen bieten eine Weiterleitung zu den umfangreicheren Möglichkeiten der App *Einstellungen*. Drücken Sie z. B. etwas länger auf das WLAN-Symbol zur Anzeige aller verfügbaren Netzwerke.

Wozu wird mein Standort benötigt?

Einige Apps greifen auf Ihre aktuellen Standortdaten zu (sofern Sie das erlaubt haben), um dazu passende Informationen anzuzeigen, z. B. Wetter-Apps, um Vorhersagen zu Ihrem aktuellen Aufenthaltsort anzeigen zu können. Nun hängt es von Ihnen ab, welcher App Sie diese persönlichen Informationen zur Verfügung stellen möchten, da der Gerätestandort meist sehr genau bis zur Hausnummer ermitteln werden kann.

Deshalb fragen Apps beim ersten Öffnen ab, ob sie den Gerätestandort abrufen dürfen. Durch Antippen von *Nicht zulassen* verweigern Sie den Zugriff. Damit verzichten Sie vielleicht auf eine Funktion der App. Möchten Sie der App die genauen Standortdaten zur Verfügung stellen, tippen Sie auf *Genau* und dann auf *Bei Nutzung der App*. Das macht beispielsweise Sinn bei Navigationsapps, wie z. B. Google Maps. Es gibt allerdings zahlreiche Apps, z. B. auch Wetter-Apps, die gar nicht Ihren genauen Standort benötigen, um trotzdem gut zu funktionieren. Hier können Sie mit Auswahl von *Ungefähr* und *Bei Nutzung der App* dieser nur eine ungefähre Ortsangabe übermitteln. Wie Sie nachträglich kontrollieren, was die App darf und das auch ändern, lesen Sie auf Seite 83.

In den Schnelleinstellungen haben Sie die Möglichkeit den Standort durch Antippen zu aktivieren bzw. zu deaktivieren. Solange die Funktion deaktiviert ist, kann keine App auf den Standort zugreifen.

1.8 Smartphone aus- und einschalten

Zugegebenermaßen wird das Smartphone nicht oft ausgeschaltet. Manchmal schaltet man es im Theater oder Kino ab, um sicherzustellen, dass niemand gestört wird. Ein anderer Klassiker ist der niedrige Akkustand, der einen veranlasst, das Handy auszuschalten, um vielleicht am Zielort noch einen Anruf tätigen zu können. Wichtig ist, nach dem Einschalten benötigen Sie zum Entsperren des Handys die PIN Ihrer SIM-Karte.

> Die **PIN der SIM-Karte** erhalten Sie zusammen mit Ihrer Karte. Sie müssen diese PIN der immer dann eingeben, wenn das Smartphone neu gestartet wurde. Die SIM-Karten-PIN darf nur dreimal falsch eingegeben werden, dann ist die Karte gesperrt und Sie benötigen den **PUK**, den Sie ebenfalls zusammen mit Ihrer SIM-Karte bekommen haben. Diesen meist achtstelligen Code müssen Sie dann eingeben, um Ihr Handy wieder zu entsperren.

Smartphone ausschalten

- Um das Gerät abzuschalten wischen Sie zweimal vom oberen Bildschirmrand nach unten bis die Schnelleinstellungen vollständig angezeigt werden. Tippen Sie auf das Symbol zum Ausschalten des Smartphones ⏻ ❶, wenn Sie das Gerät für einige Zeit nicht verwenden möchten. Zur Bestätigung müssen Sie nochmals auf *Ausschalten* tippen.
- Wenn das Smartphone Probleme bereitet, hilft oft ein *Neustart* ❷.
- Zum Einschalten drücken Sie etwas länger auf die Funktionstaste, geben Sie dann die PIN der SIM-Karte ein und tippen auf *OK* ❸. Danach müssen Sie das Handy ggf. noch entsperren.

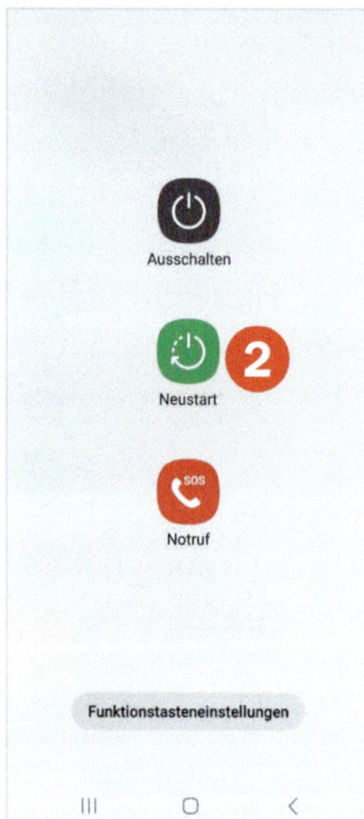

Funktionstaste zum Ausschalten verwenden

Wenn Sie die Funktionstaste etwas länger drücken, rufen Sie auf Ihrem A54 Samsungs Sprachassistent Bixby auf. Wir sind der Ansicht, dass es von Vorteil ist, auf diese Funktion zu verzichten und stattdessen festzulegen, dass bei längerem Drücken der Funktionstaste die Optionen zum Ausschalten des Smartphones angezeigt werden.

- Öffnen Sie die *Einstellungen* ⚙, tippen Sie auf *Erweiterte Funktionen* und wählen Sie dann *Funktionstaste* aus. Hier wählen Sie unter *Drücken und halten* den Punkt *Ausschalten-Menü*.

2 Das Smartphone schützen

Das Smartphone als ständiger Wegbegleiter enthält viele persönliche Daten. Deshalb sollten Sie es unbedingt vor unbefugtem Zugriff anderer schützen. Stellen Sie sich vor, Sie verlieren das Smartphone und jeder kann mit einem Wisch telefonieren, Ihre geknipsten Bilder betrachten oder Ihre Nachrichten lesen. Da wir das im Einrichtungsprozess übersprungen haben, ist es jetzt an der Zeit, das Handy zu schützen.

Das Smartphone bietet mittlerweile sehr viele Möglichkeiten: Muster, PIN, oder Passwort, Gesichtserkennung oder Fingerabdruck. Das automatische Entsperren mittels Gesicht oder Finger ist natürlich einfacher und macht die Eingabe eines Musters oder Passwortes überflüssig. Für welche Option Sie sich entscheiden, kommt auch auf die persönlichen Vorlieben an und ist letztendlich eine Abwägung zwischen Sicherheit und Praktikabilität. So ist die Eingabe eines Musters , dessen Spuren man noch auf dem Bildschirm sieht, nicht so sicher wie ein 8-stelliges Kennwort. Aber wer will ständig ein Kennwort eintippen? Wir stellen hier die Methoden PIN und Fingerabdruck vor.

2.1 Displaysperre mit PIN

- Öffnen Sie die Smartphone-*Einstellungen* ⚙ und anschließend den Punkt *Sperrbildschirm* ❶ (siehe Abbildung nächste Seite).
- Hier tippen Sie auf *Sperrbildschirmtyp* ❷. Dort haben Sie die Auswahl zwischen *PIN*, *Passwort*, *Muster*, *Streichen* oder *Keine*:
  - *Streichen*: Wenn Sie über den Sperrbildschirm streichen, ist das Smartphone sofort entsperrt. Diese Option bietet keinen Schutz, sondern verhindert nur, dass das Smartphone versehentlich in der Tasche bedient wird.
  - *Muster*: Sie zeichnen ein Entsperrungsmuster, das Sie auf dem Bildschirm eingeben, sobald Sie Ihr Smartphone nutzen wollen.
  - *PIN* oder *Passwort*: Eine Abfolge aus mindestens vier Ziffern (PIN) oder Zeichen (Passwort) schützen Ihr Smartphone vor Unbefugten.
  - *Keine*: Wenn Sie die Funktionstaste drücken, wird sofort der Startbildschirm angezeigt.

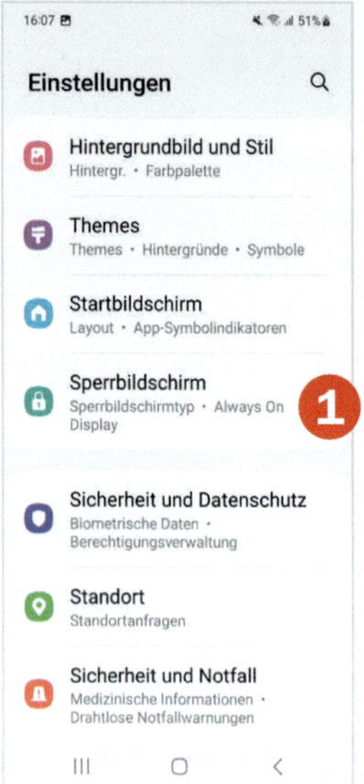

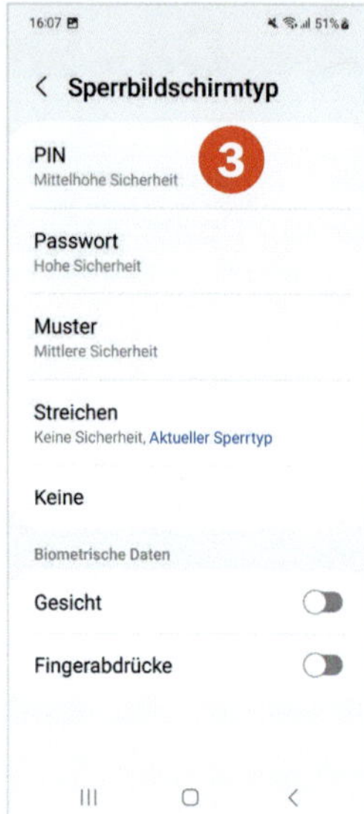

- Wählen Sie *PIN* ❸ aus und geben Sie eine Zahlenkombination ein. **Tipp:** Aktivieren Sie *PIN bestätigen ohne auf Ok zu tippen* ❹. Das spart Zeit beim Entsperren des Smartphones. Tippen Sie dann auf *Weiter*.
- Geben Sie nochmals die Zahlfolge ein und tippen Sie auf *OK*. So wird sichergestellt, dass Sie sich nicht vertippt haben.
- Danach könnten Sie die Benachrichtigungen, die auf dem Sperrbildschirm angezeigt werden, noch einrichten. Belassen Sie die Einstellungen und tippen Sie auf *OK*.
- Wenn Sie möchten, dass Ihre PIN bei Samsung gesichert wird, klicken Sie auf *Einschalten* ❺ - ansonsten auf *Abbrechen*. Wie Sie ein Samsung-Konto erstellen, erfahren Sie ab Seite 36.

Zum Entsperren des Smartphones streichen Sie über den Bildschirm und tippen die PIN ein. Je nach getroffener Einstellung müssen Sie anschließend noch mit *OK* ❻ bestätigen.

> Die PIN zum Entsperren des Sperrbildschirms haben Sie in diesem Prozess selbst festgelegt. Diesen können Sie so oft eingeben, wie Sie möchten. Es ist möglich, dass nach zahlreichen Falscheingaben eine Pause von 30 Sekunden eingeblendet wird. Verwechseln Sie diese Nummer nicht mit der PIN der SIM-Karte. Diese Nummer haben Sie mit der Karte erhalten und diese PIN benötigen Sie bei einem Neustart des Smartphones.

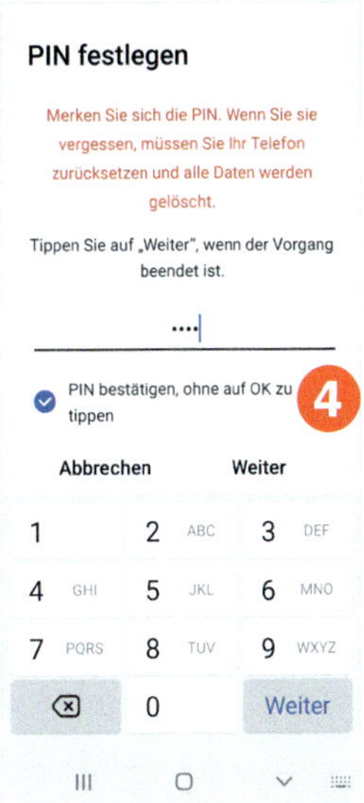

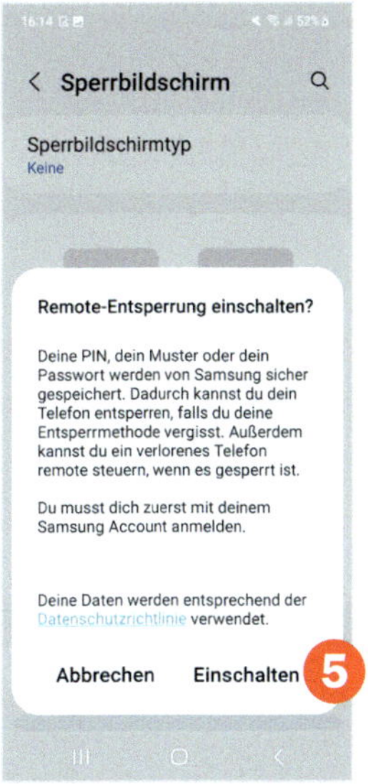

2.2 Fingerabdruck hinzufügen

Der Fingerabdruck wird immer zusätzlich zu einer sicheren Bildschirmsperre verwendet. Sie müssen also zunächst ein Muster, eine PIN oder ein Passwort festgelegt haben. Die alternative Methode dient unter anderem dazu, sicherzustellen, dass Sie das Smartphone auch dann entsperren können, wenn der Fingerabdruck einmal nicht funktioniert.

- Öffnen Sie die *Einstellungen* ⚙ Ihres Smartphones und tippen Sie auf *Sicherheit und Datenschutz*.
- Tippen Sie auf *Sperrbildschirm* und wählen Sie *Fingerabdrücke* ❶ und geben Sie anschließend Ihre PIN, ein und tippen dann auf *Weiter* und anschließend auf *Registrieren*.
- Im Folgenden wird der Fingerabdruck eingescannt. Wenn Sie dazu aufgefordert werden, drücken Sie den Finger auf den Sensor ❷ und heben ihn an, wenn der Prozentwert steigt. Wiederholen Sie diesen Vorgang mehrmals bis 100 % erreicht wurden.
- Sie können noch weitere Fingerabdrücke durch *Hinzufügen* ❸ registrieren lassen, z. B. den Zeigefinger der anderen Hand. Wenn Sie das nicht möchten, tippen Sie auf *OK*.

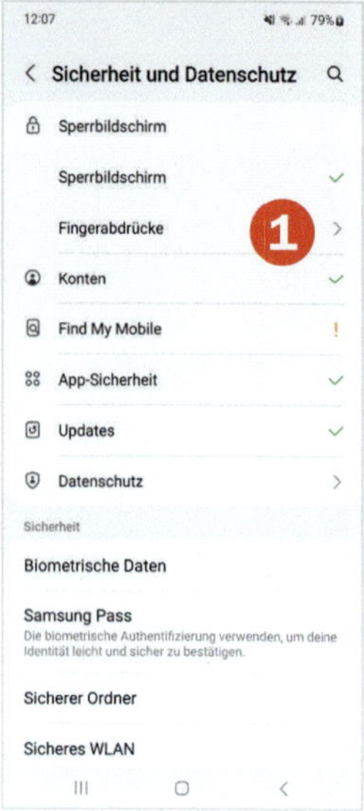

- Der Fingerabdruck wurde unter der Bezeichnung *Fingerabdruck 1* gespeichert.

> Wenn Sie Ihr Smartphone ausgeschaltet haben und es wieder einschalten, dann geben Sie zunächst die PIN der SIM-Karte ein. Danach muss der Sperrbildschirm entsperrt werden. Wenn Sie das normalerweise mit Fingerabdruck erledigen, ist das bei einem Neustart des Smartphones leider nicht möglich. Hier müssen Sie die PIN eingeben, die Sie festgelegt haben. Aus Sicherheitsgründen werden Sie alle 72 Stunden dazu aufgefordert zusätzlich zum Fingerabdruck auch die gewählte PIN, das Passwort oder Muster einzugeben.

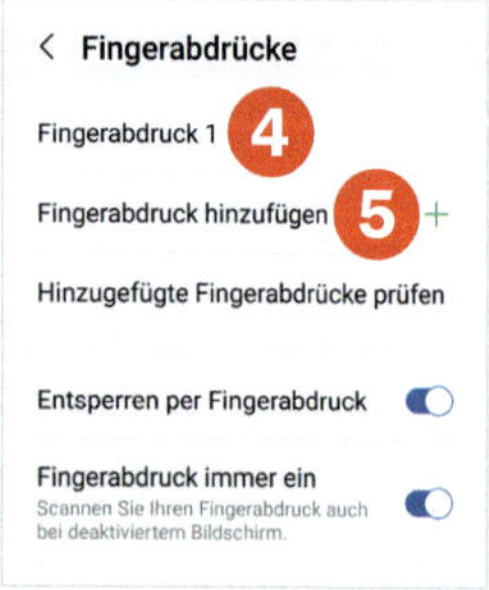

Fingerabdruck vom Smartphone löschen

Um einen Fingerabdruck zu entfernen, öffnen Sie die *Einstellungen* ▸ *Sicherheit und Datenschutz* und wählen die Unterkategorie *Fingerabdrücke* erneut aus. Geben Sie die PIN ein und bestätigen Sie mit *Weiter*. Tippen Sie auf den Fingerabdruck (hier im Beispiel *Fingerabdruck 1* ❹) und anschließend oben rechts auf *Entfernen*. Bestätigen Sie mit *Entfernen*.

Fingerabdruck nachträglich hinzufügen

Weitere Fingerabdrücke können, wie oben beschrieben in den *Einstellungen* mit *Fingerabdruck hinzufügen* ❺ registriert werden.

2.3 Schutz vor Schadprogrammen

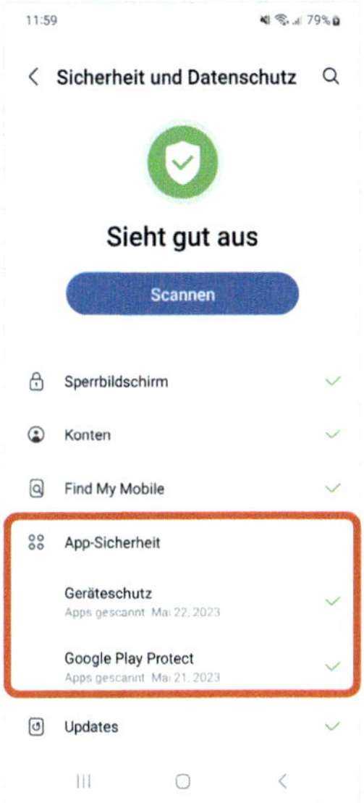

Nicht nur PCs, auch Smartphones können Ziele von Viren und Malware sein! Daher sollte man auf den Schutz der persönlichen Daten auch auf dem Smartphone achten. Bereits vorinstalliert ist Google Play Protect, das Sie gegebenenfalls über Sicherheitsrisiken informiert. Dabei wird ein Virenscan der installierten Apps durchgeführt, es erfolgt eine Prüfung der im Play Store angebotenen Apps vor dem Herunterladen und Sie werden vor möglicherweise gefährlichen Internetseiten gewarnt, sofern Sie mit dem Google Browser Chrome surfen.

Play Protect ist standardmäßig aktiv und scannt regelmäßig Ihr Handy. Um eine Überprüfung selbst anzustoßen, öffnen Sie in den *Einstellungen* ⚙ unter *Sicherheit und Datenschutz* ▸ *App-Sicherheit* ▸ *Google Play Protect* und tippen Sie auf *Scannen*.

Im Play Store gibt es zahlreiche weitere Apps, die ebenfalls Schutz vor Schadsoftware bieten, z. B. von Avira oder Bitdefender. In der kostenlosen Variante bieten die Apps nicht den gesamten Funktionsumfang und Sie müssen Werbeeinblendungen hinnehmen.

Ebenso wichtig ist es, einige Regeln zu beachten. Die folgende Auswahl ist nicht abschließend.

- Führen Sie die Android- und App-Updates regelmäßig durch (siehe Seite 92).
- Öffnen Sie keine Anhänge von E-Mails, deren Absender Sie nicht kennen.
- Seien Sie misstrauisch, wenn Sie im Browser aufgefordert werden, etwas anzuklicken, um Virenbefall zu vermeiden oder Sie in einer E-Mail einen Link anklicken sollen, um sicherheitsrelevante Eingaben für ein anderes Konto nachzutragen. Ihre Bank wird Ihnen niemals eine solche E-Mail zusenden.
- Hotspots, also kostenloses öffentliches WLAN, können ebenfalls eine Gefahrenquelle darstellen.
- Installieren Sie nur Apps aus dem *Play Store* oder aus dem *Galaxy Store*.

2.4 Das verlorene Smartphone orten

Zur Ortung muss das Smartphone über eine mobile Datenverbindung mit dem Internet verbunden sein. WLAN ist natürlich auch möglich, aber bei Verlust eher unwahrscheinlich. Das Smartphone ist eingeschaltet, die Standortermittlung muss aktiviert sein. Im folgenden stellen wir Ihnen die Ortungsdienste von Google und Samsung vor.

> **Wichtig!** Die Ortungsfunktion Ihres Smartphones bietet unseres Erachtens mehr Vor- als Nachteile. Wenn Sie das Gerät verloren haben, können Sie es so wiederfinden oder zumindest via Fernzugriff die Daten auf Ihrem Smartphone löschen. Ganz klar ist aber auch, dass jeder, der über Ihre E-Mail-Adresse und das dazugehörige Kennwort verfügt, über diesen Dienst sehen kann, wo sich Ihr Smartphone und in diesem Fall auch Sie sich gerade befinden. Deshalb ist es wichtig, diese Daten sicher zu verwahren.

Find my Device von Google

Einrichten

- **Am Laptop oder Computer:** Rufen Sie die folgende Seite im Browser auf: android.com/find

  Anmeldung für „Find my Device": Geben Sie die E-Mail-Adresse ein, die Sie bei der Einrichtung des Smartphones für das Google-Konto hinterlegt haben (siehe Seite 33). Mit der Anmeldung stimmen Sie den Nutzungsbedingungen und der Datenschutzerklärung zu. Durch Anklicken können Sie diese zunächst durchlesen.

- **Am Smartphone:** Sie erhalten eine Meldung auf dem Smartphone, ob Sie sich gerade für den Dienst angemeldet haben. Tippen Sie auf *Ja*.

- **Am Laptop oder Computer:** Im Browser erlauben Sie durch Anklicken von *Annehmen*, dass Google auf Ihren Standort zugreifen darf.

Smartphone verlegt oder verloren

Geben Sie erneut auf Ihrem Rechner diese Adresse android.com/find in den Browser ein und melden sich an. Sie erhalten dann einen Kartenausschnitt, der anzeigt, wo sich Ihr Smartphone gerade befindet ❶ bzw. zuletzt geortet wurde. Tippen Sie auf das Symbol um links die Koordinaten und gegebenenfalls auch eine Adresse anzuzeigen. Diese Informationen werden im Brower auf einer neuen Registerkarte angezeigt.

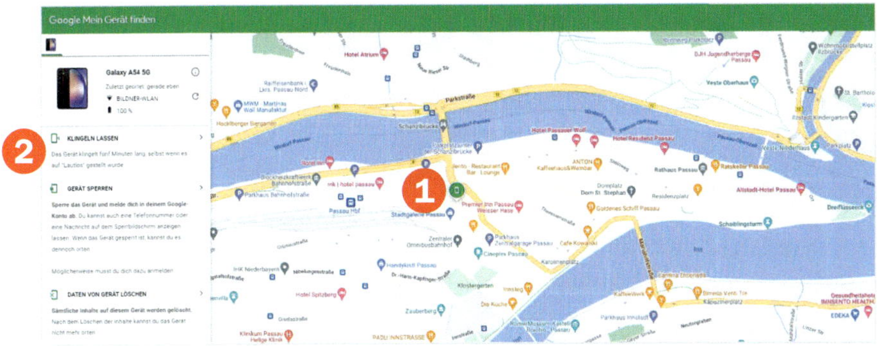

Tipp! Wenn sich das Handy unter dem Kissen auf dem Sofa versteckt, können Sie es mit der Funktion *Klingeln lassen* ❷ leicht wiederfinden. Das hat mir schon oft die Suche erspart.

Find my Mobile von Samsung

Einrichten

- **Am Smartphone:** Sie benötigen ein Samsung-Konto (siehe Seite 36). Öffnen Sie die *Einstellungen* ⚙, wählen Sie die Kategorie *Sicherheit und Datenschutz* und kontrollieren Sie, ob der Haken bei *Find My Mobile* grün ist. Tippen Sie ansonsten auf *Find My Mobile* und schieben Sie den Regler bei *Suchen dieses Telefons zulassen* auf *Ein*.

Smartphone verlegt oder verloren

- **Am Laptop oder Computer:** Rufen Sie die folgende Seite im Browser auf: *https://findmymobile.samsung.com*
- Klicken Sie auf *Anmelden* und geben Sie den Benutzernamen Ihres Samsung-Kontos, also die verwendete E-Mail-Adresse und das zugehörige Kennwort, ein. Die Datenschutzhinweise und AGB akzeptieren Sie durch Anklicken von *Fortsetzen*.
- Danach müssen Sie erlauben, dass Standortdienste zur Ortung Ihres Smartphones verwendet werden.
- Sie erhalten einen Kartenausschnitt, auf dem Sie sehen, wo sich Ihr Smartphone gerade befindet bzw. zuletzt geortet wurde.

3 Das Smartphone personalisieren

In diesem Kapitel erhalten Sie Tipps, wie Sie das Smartphone an Ihre Bedürfnisse anpassen.

3.1 Bildschirm-Timeout festlegen

Vielleicht passiert Ihnen das gerade - das Smartphone „geht ständig aus". Wenn Sie für kurze Zeit nichts am Smartphone machen, wird der Bildschirm ausgeschaltet und das Handy automatisch mit dem Sperrbildschirm geschützt. Diese Funktion nennt sich Bildschirm-Timeout.

Jetzt müssen Sie wieder die Funktionstaste drücken, den Bildschirm entsperren und dann kann es weitergehen - das nervt. Vor allem weil der Bildschirm-Timeout standardmäßig auf 30 Sekunden eingestellt ist. Das schont den Akku, ist aber am Anfang einfach zu kurz. So verlängern Sie den Zeitraum:

- Öffnen Sie die *Einstellungen* und tippen Sie auf *Anzeige* ❶.
- In der Kategorie *Anzeige* tippen Sie dann auf *Bildschirm-Timeout* ❷ und wählen einen längeren Zeitraum, z. B. *2 Minuten* ❸. Das geht etwas zu Lasten des Akkus, aber Sie können das jederzeit wieder ändern.
- Tippen Sie dann auf die Home-Taste, um die Einstellungen zu verlassen.

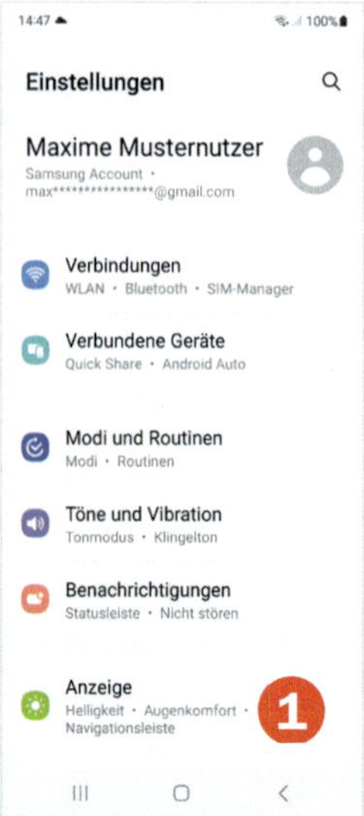

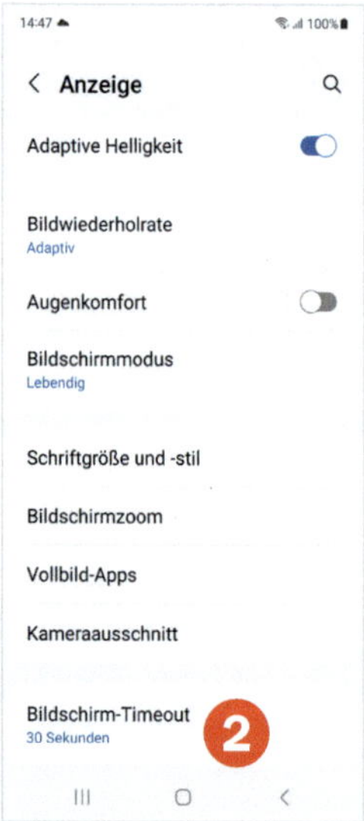

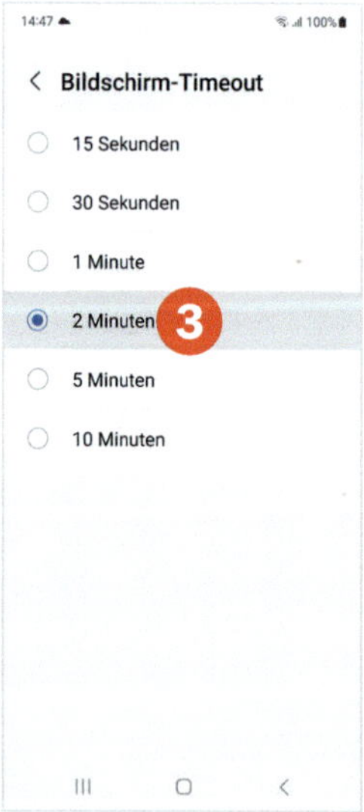

3.2 Einfachen Modus aktivieren

Im einfachen Modus werden Apps, Symbole und Texte auf dem Bildschirm größer dargestellt. Außerdem erhält die Tastatur ein kontrastreicheres Layout und die Berührungsdauer, die eine Aktion anstößt, wird verlängert. Darüber hinaus erhalten Sie schnellen Zugriff auf wichtige Kontakte und mit der App *Vergrößerung* eine Lupe. Wer die Darstellung der Inhalte auf dem Smartphone als zu klein und unübersichtlich empfindet, sollte diesen Modus ausprobieren. So schalten Sie ihn ein:

- Öffnen Sie die *Einstellungen* ⚙ und tippen Sie auf *Anzeige*. Wischen Sie dann vom unteren Bildschirmrand nach oben, bis Sie zum Menüpunkt *Einfacher Modus* gelangen. Tippen Sie ihn an.
- Tippen Sie den Regler bei *Einfacher Modus* an, um ihn einzuschalten (*An*) ❶.
- Wählen Sie dann *Kontrastreiche Tastatur* ❷ und entscheiden Sie sich für ein Tastaturlayout durch Antippen ❸. Falls Sie das Standardtastaturlayout behalten möchten, ziehen Sie den Regler ❹ auf aus.
- Tippen Sie auf die Home-Taste ❺, um den Startbildschirm anzuzeigen.

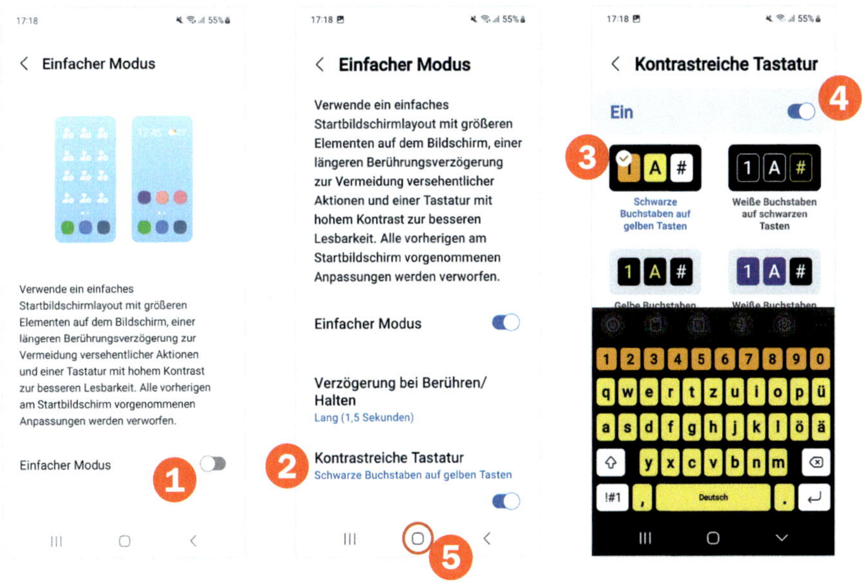

Im einfachen Modus erhalten Sie links vom Startbildschirm einen weiteren Bildschirm, auf den wichtige Kontakte ❻ gelegt werden können. Der Bildschirm rechts vom Startbildschirm enthält nun die nützliche Anwendung *Vergrößerung* ❼. Außerdem wurde der Startbildschirm um die Schaltfläche *Menü* ❽ ergänzt. Der Seitenbildschirm steht im einfachen Modus nicht zur Verfügung.

Sie können den einfachen Modus jederzeit wieder deaktivieren. Dabei werden jedoch die in der Zwischenzeit vorgenommenen Anpassungen nicht für die neue Darstellung übernommen.

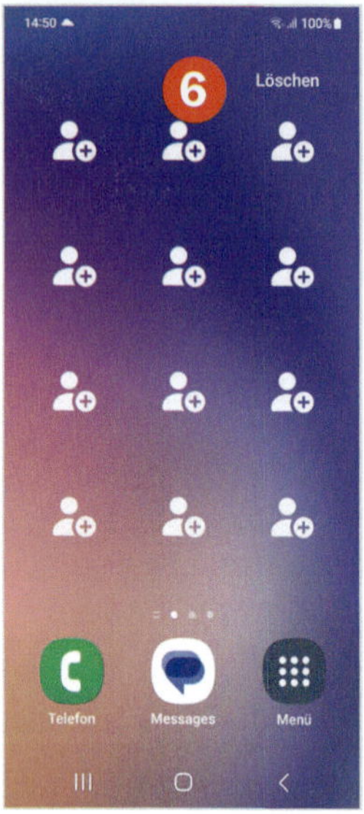

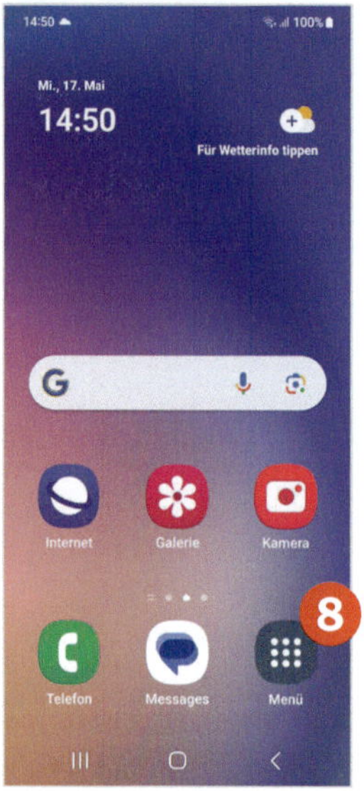

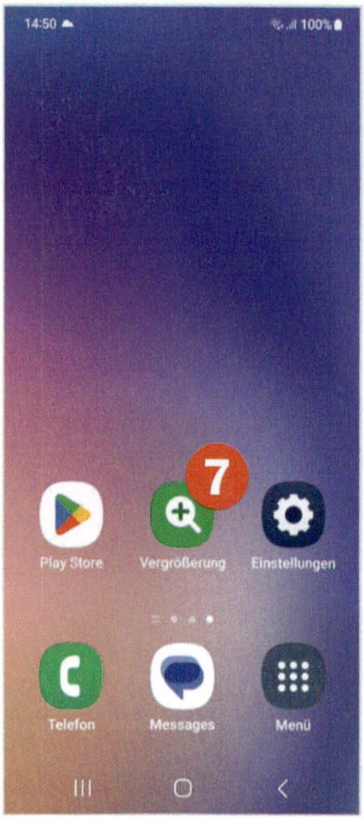

Menü-Schaltfläche

Mit der Schaltfläche *Menü* ❽ (oben) zeigen Sie den App-Bildschirm an und müssen nicht mehr vom unteren Bildschirmrand nach oben streichen.

Die Menü-Schaltfläche kann über *Einstellungen* ⚙ ▶ *Startbildschirm* jederzeit ein- bzw. ausgeblendet werden, auch wenn Sie den einfachen Modus nicht verwenden. Tippen Sie dazu auf *App-Bildschirm-Schaltfläche auf Startbildschirm anzeigen*, um den Schalter ein- bzw. auszuschalten.

Vergrößerung

Vergrößerung ⑦ funktioniert wie eine Lupe und nutzt dazu die Kamera. Beim ersten Öffnen erlauben Sie, dass diese Bilder und Videos aufnehmen darf.

- Über den Regler ⑨ stellen Sie den Vergrößerungsfaktor ein. Falls es zu dunkel ist, können Sie ein Licht ⑩ zuschalten.

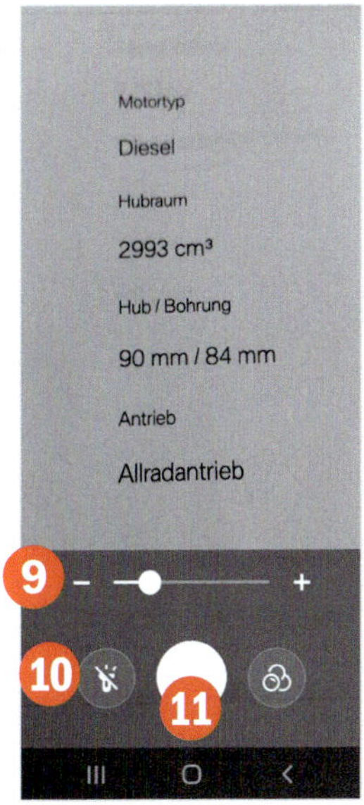

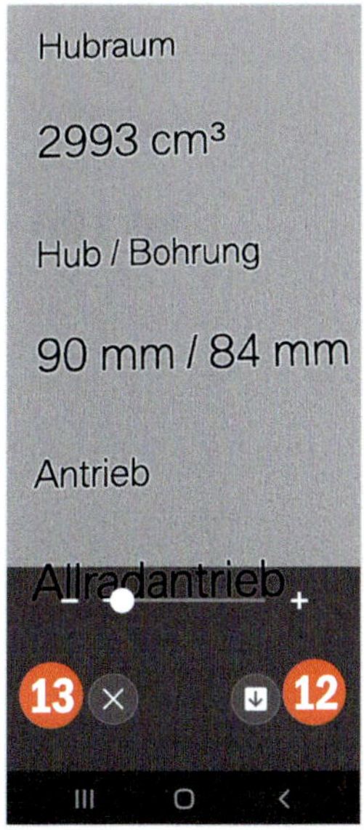

- Durch Antippen des Auslöser ⑪ knipsen Sie ein Foto. Das ist praktisch, wenn es mehr zu lesen gibt, dann verwackelt nichts mehr.
- Dieses Foto können Sie durch Antippen des Pfeilsymbols ⑫ abspeichern. Falls Sie das nicht möchten, tippen Sie auf das *x* ⑬.

Das Foto wird in der App *Galerie* im Album *Magnifier* (dt. Lupe) gespeichert. Mehr zum Aufbau und Benutzung der *Galerie* erfahren Sie ab Seite 127.

Bevorzugte Kontakte

Wischen Sie auf dem Startbildschirm horizontal von links nach rechts, um die Seite *Bevorzugte Kontakte* anzuzeigen. Diese steht automatisch im einfachen Modus zur Verfügung. Hier erhalten Sie schnell Zugriff auf die Kontaktinformationen wichtiger Personen, ähnlich einem Kurzwahlverzeichnis beim Telefon. Die Kontaktdaten, auf die Sie zugreifen, werden in die App Kontakte eingetragen, dazu mehr auf Seite 96.

Um einen Kontakt zu hinterlegen, gehen Sie so vor:

- Tippen Sie auf einen Kontaktplatzhalter ⑭. Beim ersten Mal müssen Sie den Zugriff auf die Kontakte erlauben. Tippen Sie auf *Zulassen*.

- Im nächsten Schritt wählen wir einen schon bestehenden Kontakt aus: Tippen Sie auf *Vorhandenen Kontakt hinzufügen* 15.
- Nun können Sie einen Ihrer Kontakte auswählen.

Die hinterlegten Kontaktinformationen können Sie nun durch Antippen des Eintrags 16 anzeigen. Mit 📞 rufen Sie die Person an.

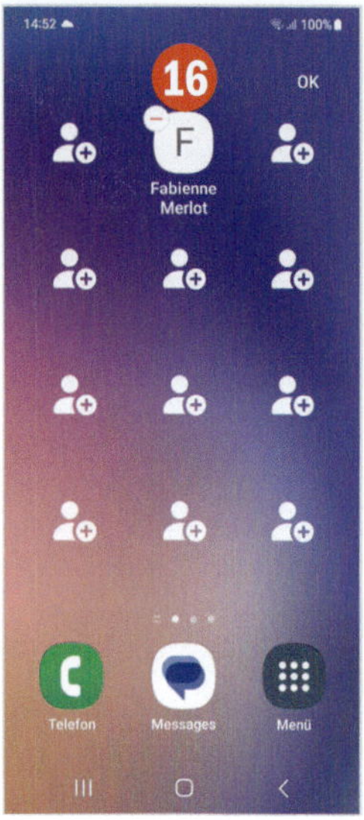

3.3 Nachrichtenbereich und Seitenbildschirm

Nachrichtenbereich deaktivieren: Mit einem Wisch von der Startseite nach rechts zeigen Sie *Google Discover* an. Es gibt zahlreiche Anbieter, die aktuelle Nachrichten zur Verfügung stellen, z. B. die Tagesschau, Zeit Online, Süddeutsche Zeitung und viele mehr. Sie können sich auch für ein regionales Angebot entscheiden. Um die Bildschirmseite vollständig auszublenden, gehen Sie wie folgt vor:

- Tippen Sie etwas länger auf eine freie Stelle des Startbildschirms bis diese Ansicht 1 erscheint.
- Wischen Sie dann auf dem Bildschirm horizontal nach rechts, um die Nachrichtenseite anzuzeigen.
- Tippen Sie auf den Regler 2 um ihn auszuschalten.
- Wischen Sie dann horizontal nach links, um wieder die Startbildschirmseite anzuzeigen und tippen Sie diese an.

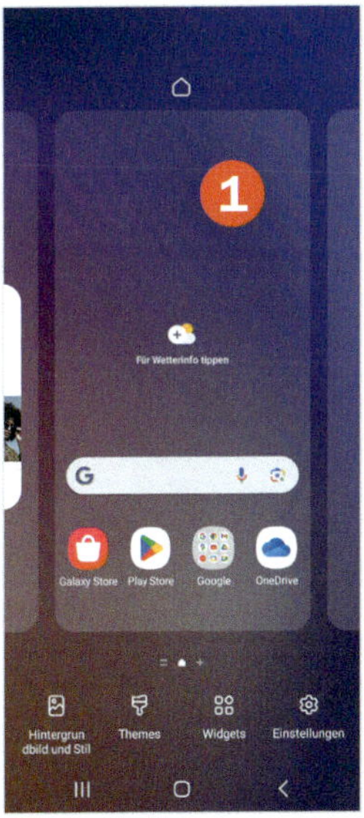

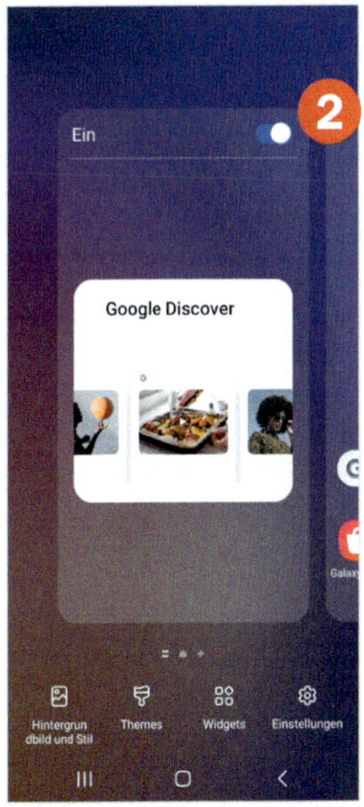

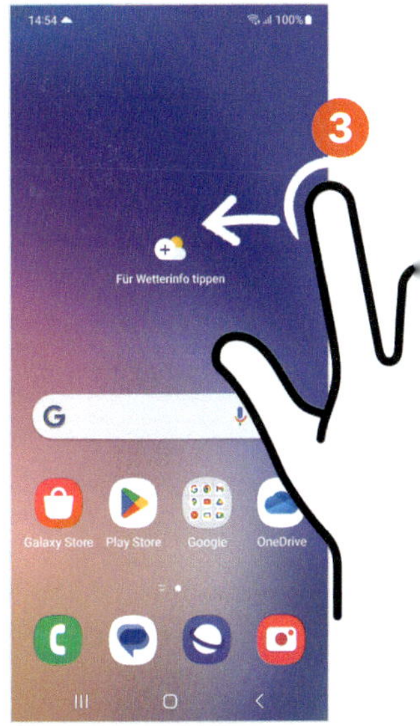

Seitenbildschirm verwenden:

Grundsätzlich wird das Seitenbildschirm-Paneel nicht benötigt, kann jedoch für manche Nutzer praktisch sein. Sie können hier zusätzlich Apps platzieren und schnell aufrufen. Auch andere Werkzeuge, wie z. B. ein Kompass, oder Kontakte können hier eingeblendet werden. Zur Anzeige des Seitenbildschirms wischen Sie auf Höhe der Lautstärketasten vom rechten Bildschirmrand nach links. Sie erkennen die richtige Position auch an dem schmalen Streifen ③ (siehe Bild oben rechts) der rechts eingeblendet wird. Um andere Seitenbildschirm-Apps festzulegen, tippen Sie auf *bearbeiten* ④. Unter Einstellungen können Sie weitere Paneele und Werkzeuge auswählen und aktivieren.

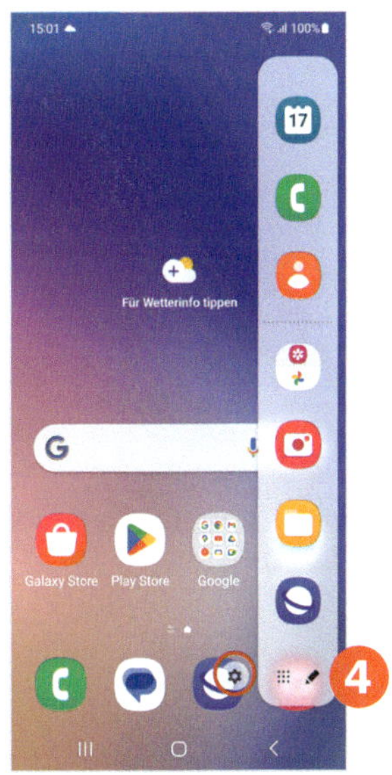

Um den Seitenbildschirm zu deaktivieren, öffnen Sie die *Einstellungen*. Tippen Sie dann auf die Kategorie *Anzeige* und tippen Sie auf den Schalter bei *Seiten-Paneele*, um diesen auszuschalten.

3.4 Schriftgröße bestimmen und Helligkeit anpassen

- **Schriftgröße verändern:** Rufen Sie die *Einstellungen* ⚙ auf und wählen Sie *Anzeige*. Tippen Sie dann auf *Schriftgröße und -stil* ❶. Hier können Sie mit dem Schieberegler die gewünschte Größe einstellen, ziehen Sie einfach den blauen Punkt ❷ etwas nach rechts. Dabei sehen Sie die Änderungen sofort und können gleich abschätzen, welche Schriftgröße für Sie angenehm ist.
- Zusammen mit der Schrift können auch die angezeigten Symbole, wie z. B. Menübefehle, Navigationstasten, etc., vergrößert werden. Dazu tippen Sie auf *Bildschirmzoom* ❸ und ziehen den blauen Punkt ❹ nach rechts.
- **Bildschirmhelligkeit:** Gute Lesbarkeit hat natürlich auch etwas mit der Helligkeit des Bildschirms zu tun. Über den Regler ❺ können Sie die *Helligkeit* des Bildschirms anpassen. Erinnern Sie sich an die Schnelleinstellungen? Hier finden Sie ebenfalls einen Helligkeitsregler ❻.
- Natürlich hat auch das Umgebungslicht Einfluss darauf, welche Bildschirmhelligkeit wir als angenehm empfinden. Die Funktion *Adaptive Helligkeit* passt die Helligkeit automatisch auf Grundlage der vorherrschenden Lichtverhältnisse an. Wenn Sie möchten, testen Sie die Funktion; dazu ziehen Sie den Regler ❼ nach rechts auf *An*.

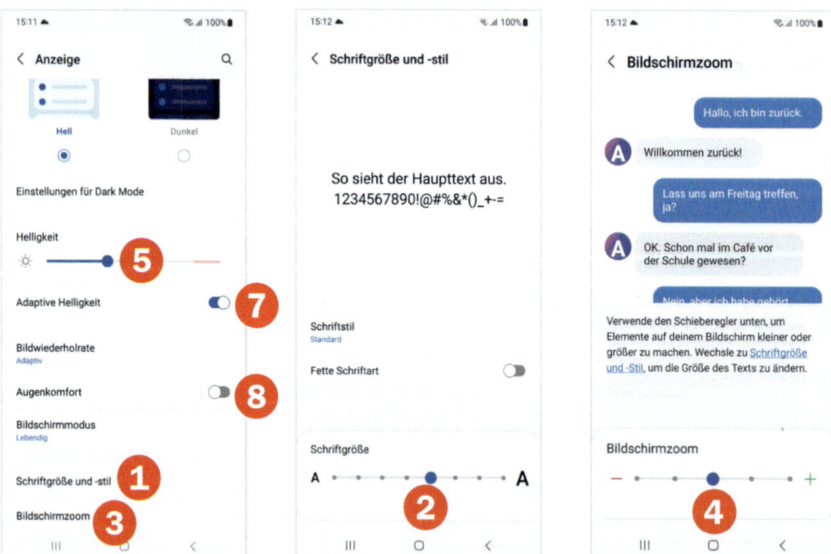

Was macht die Funktion Augenkomfort?

Augenkomfort filtert aus der Bildschirmanzeige blaues Licht, das Display erstrahlt rötlich-gelblich und dadurch wärmer. Die Idee dahinter ist, die Funktion zumindest abends einzuschalten, da das helle, blaue Licht als eine Art Muntermacher wirkt und das Einschlafen verzögern kann. Vollständig wissenschaftlich belegt ist das noch nicht, aber vieles deutet darauf hin. Sie finden die Funktion *Augenkomfort* ❽ zum einen in den *Einstellungen* unter *Anzeige*. Hier können Sie den Regler nach rechts auf die Position *Ein* ziehen. Damit ist die Funktion dauerhaft aktiv und passt sich der Tageszeit an. Um individuelle Einstellungen, wie Zeitplan oder Farbtemperatur festzulegen, tippen Sie den Menüpunkt an. Sie können den Augenkomfort aber auch einfach in den Schnelleinstellungen aktivieren (zweite Seite der Schnelleinstellungen), wenn Sie das Smartphone abends für längere Zeit nutzen. Zum Aktivieren tippen Sie auf das Symbol bei *Augenkomfort* ❾.

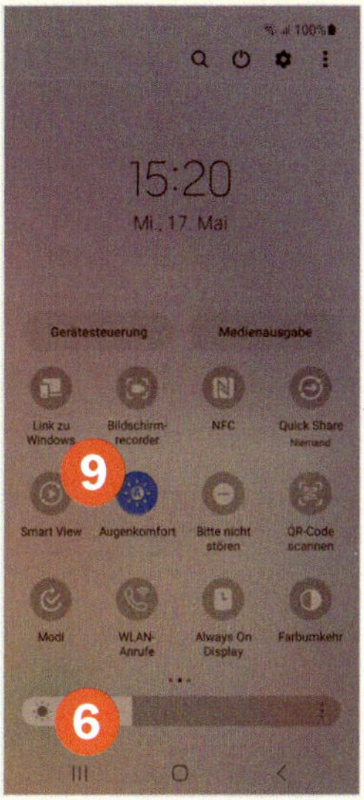

3.5 Eigenes Hintergrundbild auswählen

Persönliche Bilder als Hintergrund machen sich immer gut – seien es Fotos von den eigenen Haustieren, ein Urlaubsbild oder Aufnahmen von den Kindern oder Enkeln. Am einfachsten ist es, wenn Sie das Foto mit Ihrem Smartphone geknipst haben. Diese Variante stellen wir hier vor:

- Zeigen Sie in der Galerie-App das gewünschte Foto an (mehr zu dieser App erfahren Sie auf Seite 127). Es ist nicht leicht, ein passendes Bild zu finden, vielleicht müssen Sie mehrere ausprobieren.
- Tippen Sie rechts unten auf die drei Punkte ⋮ und wählen Sie *Als Hintergrund festlegen* ❶ aus.
- Anschließend legen Sie fest, wo das Hintergrundbild angezeigt werden soll ❷ - auf dem Startbildschirm, Sperrbildschirm oder auf beiden.
- Sie erhalten dann eine Vorschau. Durch Antippen des Fotos und ziehen, können Sie den Bildausschnitt ggf. noch ein wenig verändern. Tippen Sie dann *OK* ❸.

> Über *Einstellungen* ⚙, Auswahl der Kategorie *Hintergrundbild und Stil* und dann Antippen von *Hintergrundbild ändern* wählen Sie wieder den Standardhintergrund aus.

3.6 Klingelton einstellen

Sie mögen den Klingelton Ihres Telefons nicht? Das lässt sich ändern:

- Rufen Sie die *Einstellungen* ⚙ Ihres Smartphones auf und tippen Sie dann auf die Kategorie *Töne und Vibration* ❶.
- Tippen Sie auf *Klingelton* ❷.
- Hier können Sie aus einer Vielzahl von Klingeltönen auswählen. Tippen Sie einfach einen Eintrag der Liste ❸ an. Der gewählte Klingelton ertönt. Falls nicht, überprüfen Sie die Lautstärke (siehe Seite 151).
- Wenn Ihnen ein Ton gefällt, verlassen Sie das Auswahlmenü mit der Zurück-Taste. Der neue Ton ist jetzt bei Klingelton hinterlegt.

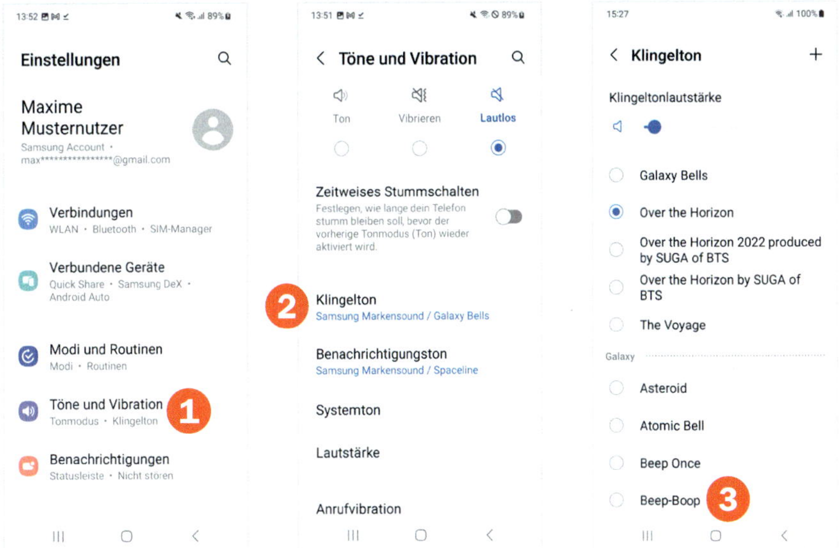

3.7 Startbildschirm anpassen

Mit einem aufgeräumten Startbildschirm lässt es sich besser arbeiten! Entfernen Sie alles vom Startbildschirm, was Sie jetzt nicht brauchen, Sie können es jederzeit wieder hinzufügen.

App vom Startbildschirm entfernen: In diesem Beispiel entfernen wir die Galaxy Store-App vom Startbildschirm. Diese App benötigen Sie nicht so häufig und Sie finden sie danach immer noch auf dem App-Bildschirm.

- Tippen Sie etwas länger auf die App, die Sie vom Startbildschirm entfernen möchten. Das Menü wird angezeigt. Wählen Sie *Entfernen* ❶.

App zum Startbildschirm hinzufügen: Wenn man ein neues Smartphone hat, gibt es viel einzustellen. Aus diesem Grund ist es praktisch, die App *Einstellungen* auf den Startbildschirm zu legen. Später können Sie sie wieder entfernen.

- Zeigen Sie den App-Bildschirm an und tippen Sie etwas länger auf die App *Einstellungen*. Wählen Sie im Menü *Zu Start hinzufügen* ❷ aus. Die App wird jetzt auf einen der vorhandenen Startbildschirme gelegt. Das muss nicht der erste sein. Wischen Sie horizontal über den Bildschirm, um die App zu finden. In unserem Beispiel befindet sich die App auf dem letzten Startbildschirm ❸. Jetzt kann sie verschoben werden.

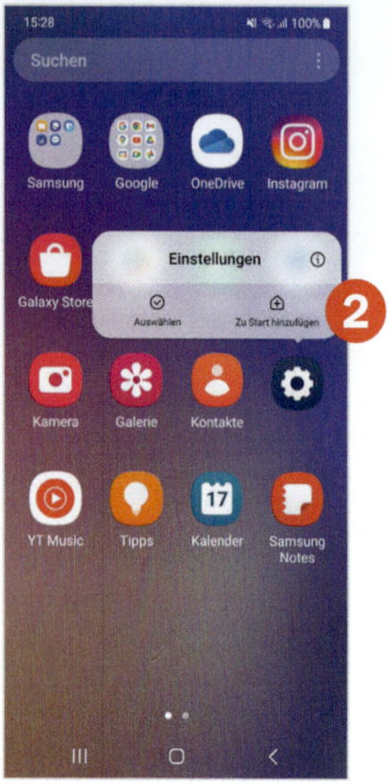

App verschieben: Die App kann von einem zum anderen Startbildschirm verschoben oder nur ihre Bildschirmposition verändert werden:

- Drücken Sie mit dem Finger auf eine App, bis das Menü angezeigt wird. Jetzt können Sie die App an die gewünschte Position ziehen.
- Wenn die App auf einem anderen Bildschirm sein soll, ziehen Sie sie an den Rand, bis der andere Bildschirm erscheint. Alternativ dazu tippen Sie die App etwas länger an, um das Menü anzuzeigen und tippen auf *Auswählen* ❹. Wechseln Sie jetzt zum Startbildschirm und tippen etwas länger auf die Position, an die die App verschoben werden soll.

Ordner: Manche Apps benötigen Sie öfter, sodass es unpraktisch ist, dass sich diese in einem Ordner verstecken, das gilt z. B. für die E-Mail-App *Gmail*.

- Öffnen Sie den Ordner *Google* durch Antippen. Tippen Sie etwas länger auf die App *Gmail* ❺ und ziehen Sie diese dann nach oben. Der Startbildschirm wird angezeigt. Positionieren Sie die App ❻ und lassen Sie los.

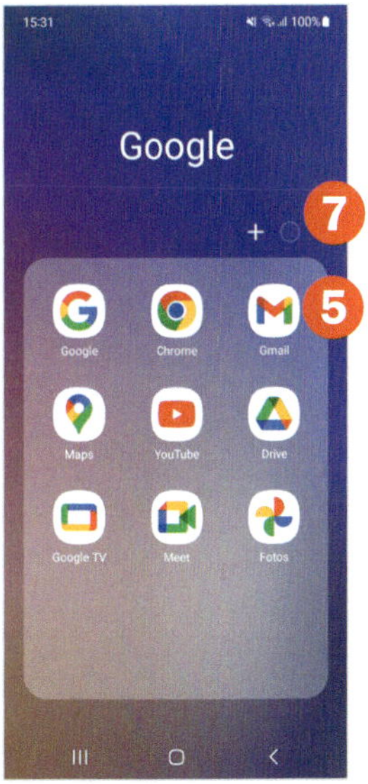

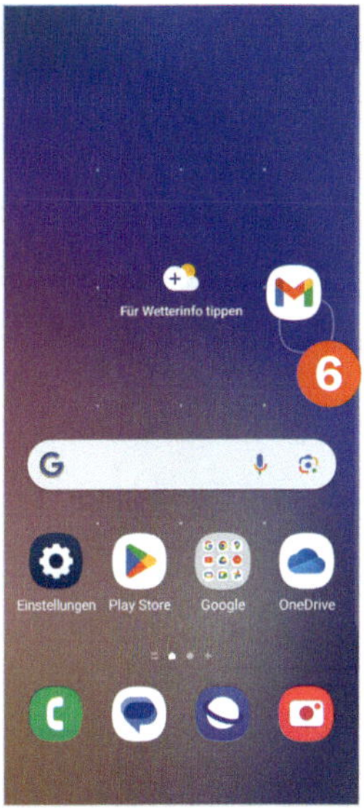

Profitipp! Eigenen Ordner anlegen: Ziehen Sie eine App auf eine andere, so wird ein Ordner angelegt. Wenn Sie auf den Ordner tippen und darin auf *Ordnernamen*, können Sie einen Namen vergeben. Die Farbe des Ordners können Sie übrigens mit ● ❼ festlegen.

3.8 Widgets verwenden

Mit Widgets werden aktuelle Informationen bereitgestellt oder ein schneller Zugriff auf Anwendungen ermöglicht. Diese finden Sie nur auf den Startbildschirmseiten. Über Widgets erhalten Sie z. B. das aktuelle Wetter, WhatsApp-Nachrichten oder einen Player zum Abspielen von Musik. Widgets sind Apps, die Sie nicht öffnen müssen, um das Wichtigste zu sehen. Sie können in verschiedenen Größen auf dem Startbildschirm angeordnet werden.

Zwei Widgets haben Sie bereits auf dem Startbildschirm - das Wetter-Widget und das Google Widget ❶. Für Google ist keine weitere Aktion mehr notwendig; das Wetter-Widget ❷ sollten Sie noch schnell einrichten oder, wenn Sie es nicht verwenden möchten, entfernen (siehe Seite 80).

Wetter Widget einrichten:

- **Standortzugriff zulassen:** Tippen Sie auf das Wetter-Widget und erlauben Sie dem Widget durch Antippen von *Zustimmen* auf die Standortinformationen zuzugreifen. Nach einer kurzen Aktualisierung zeigt das Widget nun den aktuellen Standort, samt Temperatur und Wetterhinweis an. Durch die Standortfreigabe erkennt die Wetter-App wo Sie sich gerade befinden und zeigt automatisch das passende Wetter an.
- Sie können der Wetter-App aber auch nur einen ungefähren Standort übermitteln. Wie Sie das geht, erfahren Sie auf Seite 83.

  Standortzugriff verbieten: Wenn Sie den Standortzugriff nicht erlauben möchten, dann wählen Sie *Ablehnen*. Tippen Sie dann Ihren Heimatort in das Feld *Suchen* ❸ ein. Sie erhalten eine Vorschlagsliste. Wählen Sie den passenden Ort durch Antippen aus und bestätigen Sie mit *Aktuellen Standort hzfg.* (Mehr zum Wetter-Widget auf Seite 164).
- Wenn Sie das Widget gedrückt halten, können Sie es auf den Startbildschirmseiten an eine Position Ihrer Wahl verschieben sowie Form und Größe anpassen. In den *Einstellungen* ❹ können Sie das Widget noch weiter anpassen, z. B. den Ort ändern ❺ oder die Transparenz anpassen.

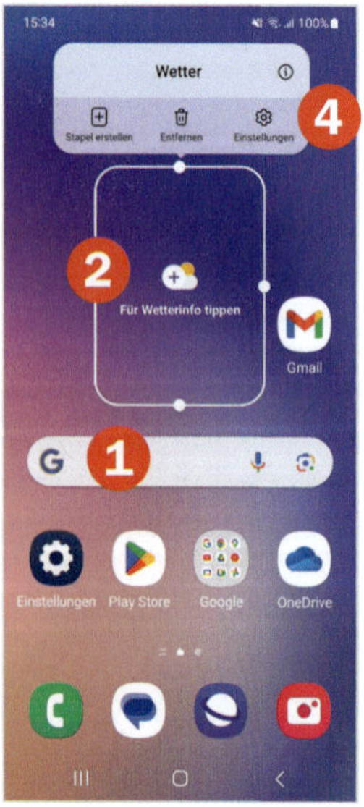

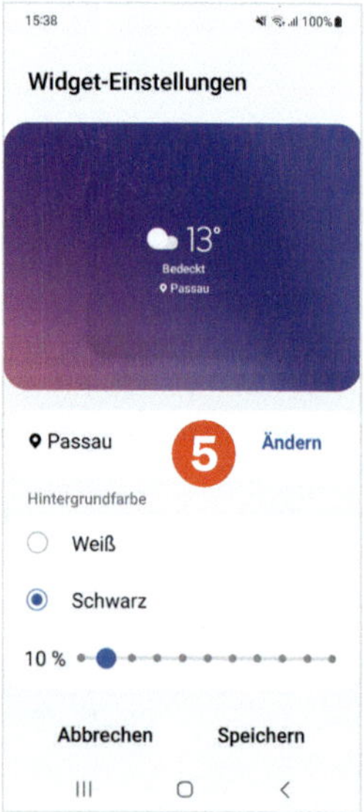

Widgets anzeigen und auswählen

Es gibt noch weitere Widgets und jede neue App, die Sie installieren, kann auch ein neues Widget mitbringen. Im nächsten Beispiel wollen wir das Widget der App *Uhr* auswählen. Mit diesem können Sie die Uhrzeit etwas größer auf dem Bildschirm anzeigen, z. B. als analoge Uhr, oder auch die Uhrzeit einer zweiten Zeitzone einblenden, nützlich wenn ein Teil der Familie im Ausland wohnt.

- Wenn Sie etwas länger mit dem Finger auf eine freie Stelle des Startbildschirms tippen, erscheint unten die Option *Widgets* ❶. Tippen Sie diese an, um eine Liste aller Widgets zu öffnen.
- Wischen Sie in der Liste nach unten bis Sie *Uhr* ❷ finden und wählen Sie sie aus. Ihnen werden nun verschiedene Anzeigeoptionen angeboten, z. B. eine große Analoguhr oder die *Dual-Uhr* zur Anzeige zweier Zeitzonen. Um diese auszuwählen, tippen Sie diese kurz an und bestätigen Sie mit *Hinzufügen* ❸.
- Die Dual-Uhr wird automatisch einer Seite des Startbildschirms hinzugefügt und zwei Zeitzonen hinterlegt. Um die Uhr zu verschieben, tippen Sie sie etwas länger an und ziehen sie an eine freie Stelle.

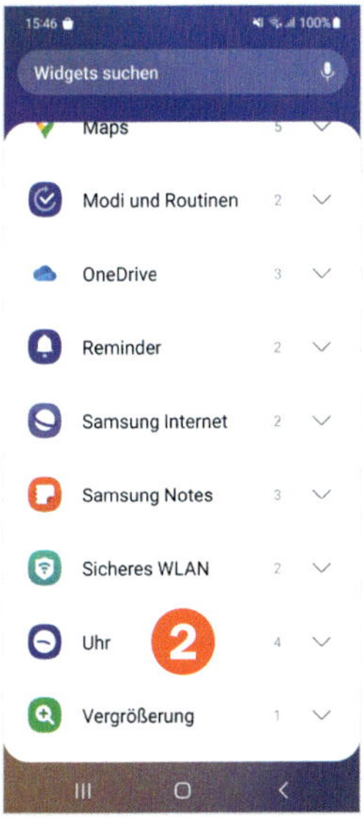

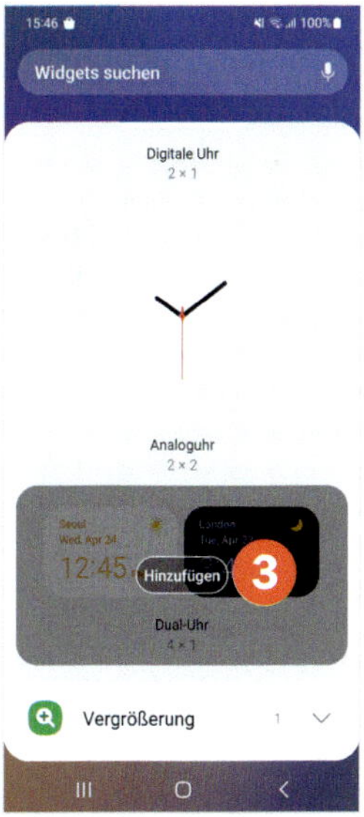

> **Tipp:** Das Widget *Vergrößerung* bietet Ihnen die Möglichkeit Ihr Smartphone als Lupe zu verwenden (siehe Seite 62).

- Um das Widget einzurichten und zu personalisieren, tippen Sie eine der Uhrzeiten an und geben Sie ggf. der Standort frei. Tippen Sie nun auf die zweite Zeitzone und auf die Lupe oben rechts ❹. Geben Sie nun eine Stadt bzw. ein Land ein und tippen Sie auf *Ändern* ❺.

Widgets stapeln

Um Platz auf Ihrem Startbildschirm zu sparen, können Sie auch mehrere Widgets übereinander stapeln.

- Halten Sie das Widget etwas länger gedrückt bis das Menü erscheint. Tippen Sie auf *Stapel erstellen* ❻ und wählen Sie ein weiteres Widget aus.
- Haben Sie ein Widget dem Stapel hinzugefügt, können Sie nun durch horizontales Wischen ❼ zwischen den verschiedenen Anwendungen, z.B. Wetter und Dual-Uhr, schnell hin und her wechseln.
- Halten Sie den Widget-Stapel nun etwas länger gedrückt, so erscheint die Option *Stapel bearbeiten*. Tippen Sie darauf, um die Reihenfolge im Stapel zu ändern, weitere Widgets hinzu zu fügen oder einzelne Widgets aus dem Stapel auch wieder zu entfernen.

Widget entfernen

- Tippen Sie etwas länger mit dem Finger auf das Widget und wählen Sie im Menü *Entfernen* aus.

3.9 Benachrichtigungen und Berechtigungen

Benachrichtigungen verwalten

Sie erhalten eine Vielzahl von Benachrichtigungen verschiedener Apps, z. B. über neue E-Mails, WhatsApp-Nachrichten, Infos aus dem Play Store und vieles mehr. In der Regel ertönt auch ein Signal. Falls Sie von einer App keine Benachrichtigung erhalten möchten, gehen Sie so vor:

- Öffnen Sie die *Einstellungen* ⚙ und tippen Sie auf *Benachrichtigungen*.
- Unter *App-Benachrichtigungen* ❶ sind alle Apps, die Benachrichtigung schicken können, aufgeführt. Durch Antippen des Reglers hinter einer App ❷ schalten Sie die Anzeige von Benachrichtigungen in der Statusleiste für diese App aus.
- Tippen Sie die App an, um exaktere Einstellungen vorzunehmen, wie bspw. um nur bestimmte Benachrichtigungstypen ❸ zuzulassen.
- Durch Antippen von *Alle* ❹ können Sie die Apps nach *Aktuell*, *Am häufigsten* und *Benachrichtigungen ausgeschaltet* filtern.

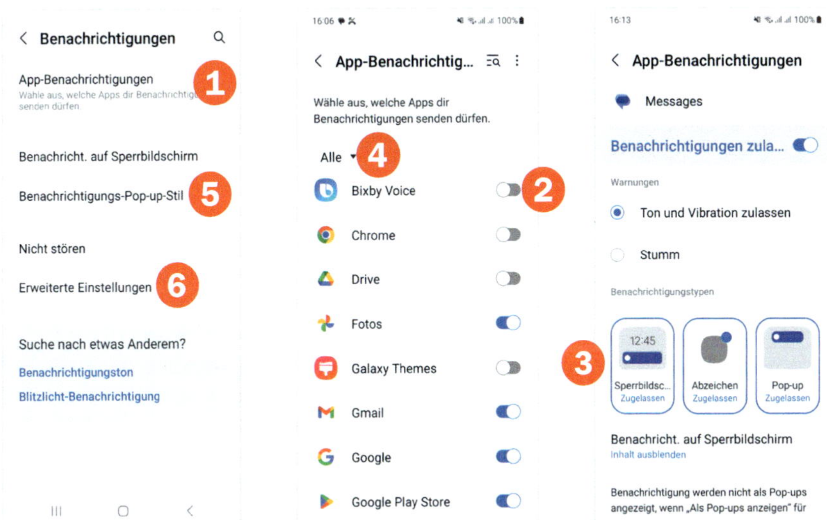

Im Bereich Benachrichtigungs-Pop-up-Stil ❺ legen Sie fest, wie viel einer Benachrichtigung auf dem Bildschirm angezeigt wird. Standardmäßig ist hier kurz ausgewählt, dann erscheint eine Benachrichtigung, wie sie rechts im Bild zu sehen ist.

Benachrichtigungsverlauf und weitere Funktionen

Oft sammeln sich viele neue Benachrichtigungen in Ihrem Benachrichtigungsfeld. Aus Versehen ist dann schnell mal etwas gelöscht. Mit dem Benachrichtigungsverlauf haben Sie die Möglichkeit, solche Benachrichtigungen wiederzufinden. Der Verlauf zeigt Ihnen in chronologischer Reihenfolge alle bisherigen Benachrichtigungen Ihres Smartphones an. Um diese Funktion nutzen zu können, müssen Sie diese zunächst aktivieren:

- Öffnen Sie *Benachrichtigungen* ▶ *App-Benachrichtigungen* und gehen Sie in die *Erweiterten Einstellungen* ❻ (Abbildung vorige Seite).
- Dort tippen Sie auf *Benachrichtigungsverlauf* ❼.
- Durch Antippen des Reglers schalten Sie die Funktion ein ❽. Ab dem Zeitpunkt der Aktivierung werden alle Benachrichtigungen dokumentiert und können hier erneut eingesehen werden.

Weitere interessante Optionen in den Benachrichtigungseinstellungen:

- Mit *Schlummerschaltfläche* erhalten Sie im Benachrichtigungsbereich eine Glocke, mit der Sie sich an einzelne Benachrichtigungen nach einem gewählten Zeitraum erneut erinnern lassen können.
- Mit dem *App-Symbolindikator* stellen Sie ein, ob eine Nummer oder ein Punkt ❾ am entsprechendem App-Icon angezeigt werden soll, falls es in dieser App eine oder mehrere neue Benachrichtigungen gibt.
- Um in Notfällen eine Warnung zu erhalten, empfiehlt es sich zu prüfen, ob in der *Notfallwarnung* unter ❿ auch alle Regler eingeschaltet sind.

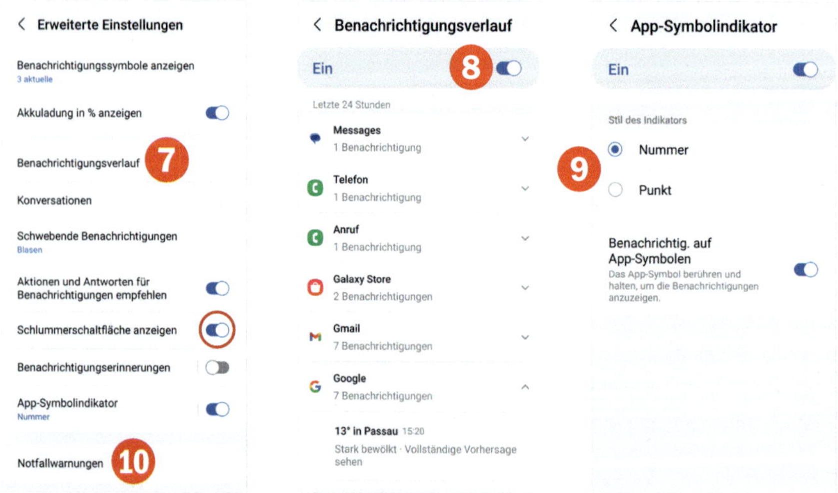

Berechtigungen kontrollieren

Vielleicht kennen Sie das jetzt schon: Beim Öffnen von Apps oder beim Ausprobieren einer speziellen App-Funktion erscheint eine Meldung, die Sie auffordert den Zugriff auf einen bestimmten Bereich des Smartphones zuzulassen. Dabei ist es schwer pauschal zu sagen, auf was eine App zugreifen darf. Beispielsweise benötigen Messenger-Apps, wie z. B. WhatsApp oder Signal, Zugriff auf Ihre Kontakte. Wenn ein Spiel auf Ihre Kontakte zugreifen möchte, ist das zumindest ungewöhnlich.

- Unter *Einstellungen* ▶ *Apps* finden Sie alle installierten Anwendungen aufgelistet. Tippen Sie hier eine App an, deren Berechtigungen Sie kontrollieren möchten, z. B. *Kamera*, und tippen Sie dann auf *Berechtigungen* ❶. Jetzt sehen Sie auf welche Bereiche die App *Kamera* zugreifen darf. Vielleicht wundert man sich zunächst über das *Mikrofon*, aber das wird für die Audioaufnahme beim Videodreh benötigt.
- Wenn Sie möchten, können Sie nun Zugriffe entziehen oder auch erlauben. Dazu wählen Sie entweder im Bereich *Zugelassen* ❷ oder *Nicht zugelassen* die entsprechende Berechtigung, z.B. *Standort* ❸, aus. Hier können Sie mit *Nicht zulassen* den Zugriff unterbinden bzw. den *Nur während der Nutzung der App zulassen* ❹. Die Anzahl und Bezeichnung der aufgeführten Optionen können variieren.

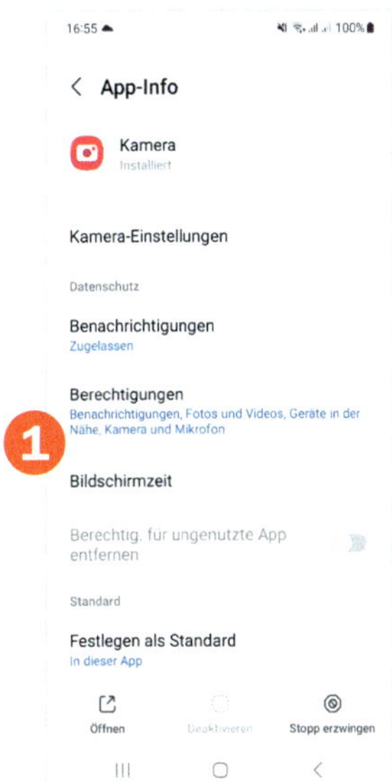

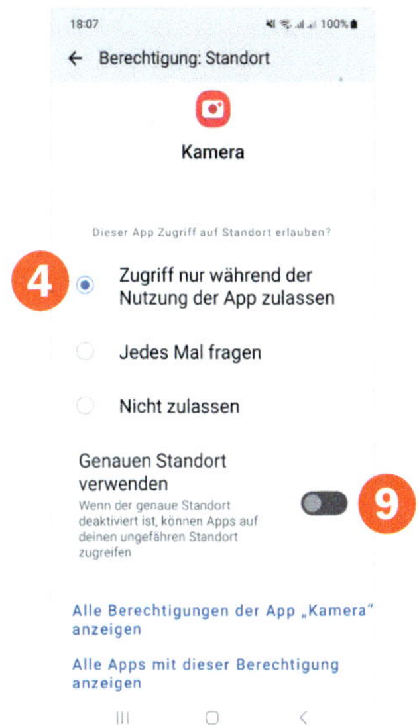

Eine detaillierte Auflistung aller Berechtigungen und Apps finden Sie in den *Einstellungen* ⚙ unter *Sicherheit und Datenschutz* ▶ *Datenschutz*. Dort sehen Sie unter *Alle Berechtigungen anzeigen* ❺ den Berechtigungsnutzungsverlauf, also wann Apps welche Berechtigungen genutzt haben. Für genaue Informationen tippen Sie die entsprechende Berechtigung an. Im Beispiel hatte die Kamera-App zuletzt um 17:45 Uhr Zugriff auf den *Standort* ❻.

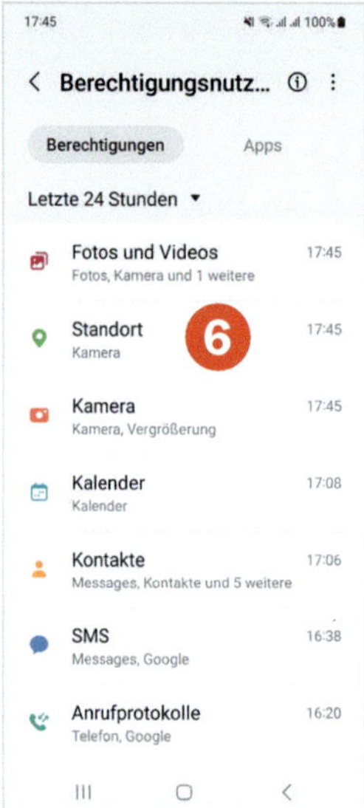

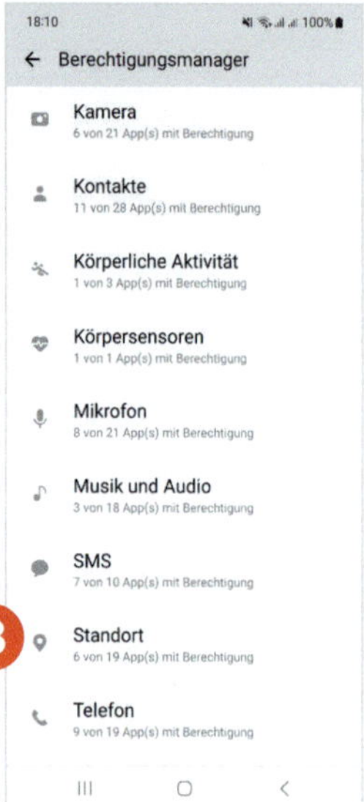

In der *Berechtigungsverwaltung* ❼ erhalten Sie einen Überblick über alle Berechtigungen und wie viele Anwendungen ❽ (z.B. *Standort*: sechs Apps) mit diesen Berechtigungen ausgestattet sind. Um eine Berechtigungsart genauer zu untersuchen, tippen Sie die gewünschte Berechtigung an.

Besonderheit Standort: Wie bereits auf Seite 57 erläutert, können Sie einer App den genauen oder nur einen ungefähren Gerätestandort zur Verfügung stellen. Ist der Schalter bei *Genauen Standort verwenden* ❾ (vorige Seite) aktiv, so wird im Falle der *Kamera* das Foto mit exaktem Aufnahmeort (Straße, Hausnummer) gespeichert. Ähnliche Informationen erhalten Sie auch beim ungefähren Standort, nur weichen diese um einige hundert Meter ab. Analog können Sie bei der Wetter-App verfahren. Auch dieser können Sie durch Deaktivierung des Schalters nur den ungefähren Standort zur Verfügung stellen.

4 Alles rund um Apps

Ohne Apps ist das Smartphone nicht zu gebrauchen. Wie man Apps findet, installiert und verwaltet, erfahren Sie in den nächsten Abschnitten.

> **Was sind eigentlich Apps?**
> Eine App (Application) ist eine Anwendungssoftware mit unterschiedlichen Funktionen. Sie können mit Apps Ihr Smartphone erweitern, sodass es zu einem ganz individuellem Gerät wird.

4.1 App im Play Store finden und installieren

Apps erhalten Sie im Galaxy Store und im Play Store. Teilweise werden Ihnen Apps auch über Webseiten angeboten. Davon würden wir abraten, da Sie so die Kontrollfunktionen des Stores nicht nutzen und es wahrscheinlicher wird, sich samt der App Schadsoftware zu installieren. Wir zeigen Ihnen hier, wie Sie den Play Store von Google verwenden. Hier finden Sie alle Apps, die Sie benötigen. Öffnen Sie die App *Play Store*:

- **Stöbern:** Unterteilt ist der Store in die Kategorien *Spiele*, *Apps*, *Angebote* und *Bücher* ❶. Damit treffen Sie schon mal eine grobe Auswahl. Durch vertikales Wischen zeigen Sie die verschiedenen Inhalte an. Wenn Sie ein Bereich interessiert, tippen Sie auf → ❷. Die Kategorien sind oben mit weiteren Registern ❸ untergliedert, durch die Sie die Auswahl konkretisieren.
- **Etwas Bestimmtes finden:** Tippen Sie in das Suchfeld ❹ und geben Sie über die Tastatur den Namen der App ein, z. B. WhatsApp. Wenn das Suchfeld nicht angezeigt wird, wischen Sie vertikal leicht nach unten. Sie müssen das meist gar nicht ausschreiben, weil eine Liste mit Vorschlägen ❺ angezeigt wird, aus der Sie durch Antippen auswählen.

  Wenn Sie den App-Namen ausgewählt haben, erscheint in der Regel keine Liste möglicher Apps, sondern sofort die gesuchte ❻. Wählen Sie hier entweder gleich *Installieren* oder tippen Sie für mehr Informationen auf den Namen der App.

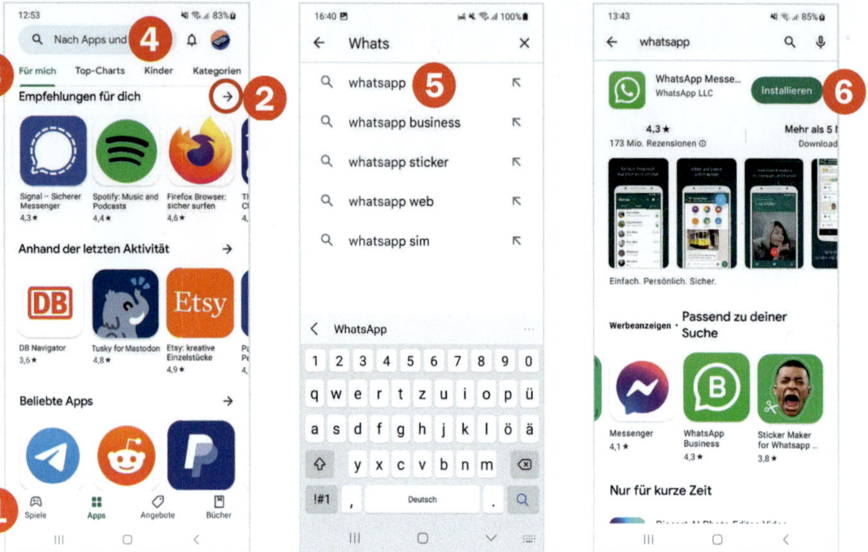

- **Suchanfrage mit Trefferliste:** Anstatt des Namens der App können Sie in das Suchfeld auch eingeben, was Sie tun möchten, z. B. Vögel bestimmen ❼ (siehe nächste Seite). Sie erhalten eine Trefferliste mit passenden Apps ❽, aus der Sie eine auswählen können.

- **App auswählen und installieren:** Durch Antippen einer App erhalten Sie weitere Informationen:
  - Wählen Sie *Über diese App* → ❾. Sie erhalten eine ausführliche Beschreibung zur App. Mit der Zurück-Taste gelangen Sie wieder zur vorigen Seite.
  - Viele Downloads bedeuten, dass eine große Anzahl an Menschen die App installiert hat. Das ist nicht immer ein Qualitätskriterium, aber als Hinweis nützlich.
  - Wischen Sie vertikal über den Bildschirm und zeigen Sie die *Bewertungen & Rezensionen* an. Die Meinung anderer Nutzer ist oft hilfreich.
  - Wenn Ihnen die App gefällt, tippen Sie auf *Installieren* ❿.
- Sollten Sie die App nicht installieren wollen, gelangen Sie mit der Zurück-Taste oder dem Pfeil links oben ← wieder zur Trefferliste und dann zur Startseite.

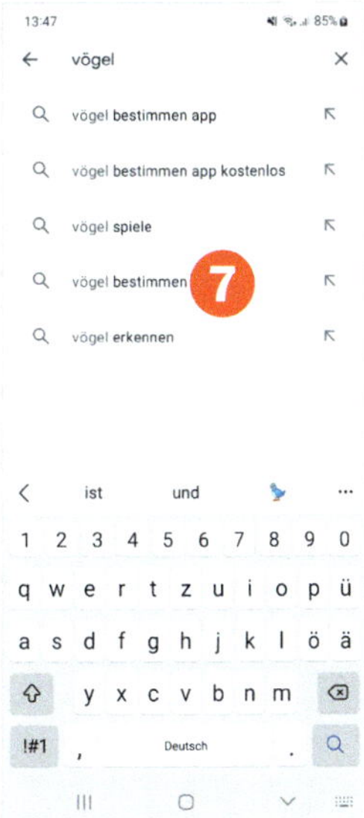

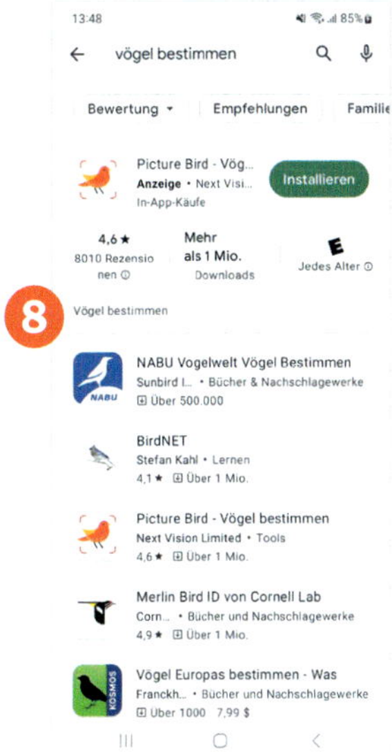

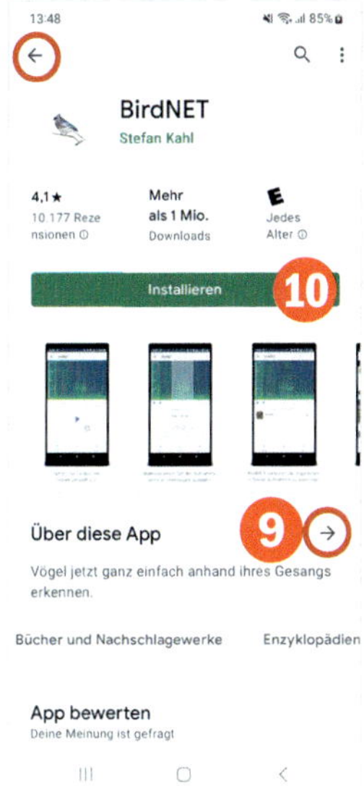

Geschenkkarte einlösen

Im Play Store gibt es viele kostenlose Apps. Sie werden also nicht sofort in die Verlegenheit kommen, für eine App bezahlen zu müssen. In der Kategorie *Bücher* sieht das natürlich anders aus. Kostenlose Apps beinhalten oft Werbung oder bieten In-App-Käufe an. Damit erwerben Sie Zusatzfunktionen, die mehr oder weniger notwendig für die Verwendung der App sind. Manche Apps können auch nur als kostenlose Testversion heruntergeladen werden. Dann steht die App nur für einen bestimmten Zeitraum zur Verfügung und kann dann nicht mehr verwendet werden, außer sie wird gekauft.

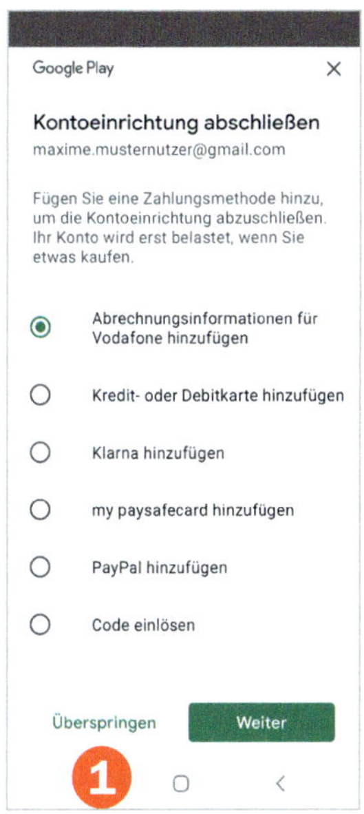

Unter Umständen werden Sie gebeten die Kontoeinrichtung für den Play Store abzuschließen. Sie müssen aber keine Zahlungsmethode hinterlegen, wenn Sie nicht möchten. Wählen Sie einfach, falls die Meldung erscheint *Überspringen* ❶ aus.

Es gibt eine Reihe von Zahlungsmöglichkeiten, die für den Play Store hinterlegt werden können, z. B. Kreditkarte oder PayPal. Wir empfehlen die Google Play Geschenkkarte mit Gutscheincode. Diese kann in Super- und Elektromärkten sowie Drogerien gekauft werden. Es gibt sie schon ab einem Preis von 5 €, der in der rechten oberen Ecke ❷ des Gutscheins abzulesen ist.

- Um den Wert der Geschenkkarte Ihrem Konto gutzuschreiben, klicken Sie im Play Store oben rechts auf Ihr Profilbild bzw. Ihre Initialen ❸ und wählen *Zahlungen und Abos* ❹ und anschließend *Gutscheincode einlösen* aus. Hier geben oder scannen Sie den freigerubbelten Code ❺ Ihrer Gutscheinkarte ein und tippen dann auf *Einlösen* ❻.

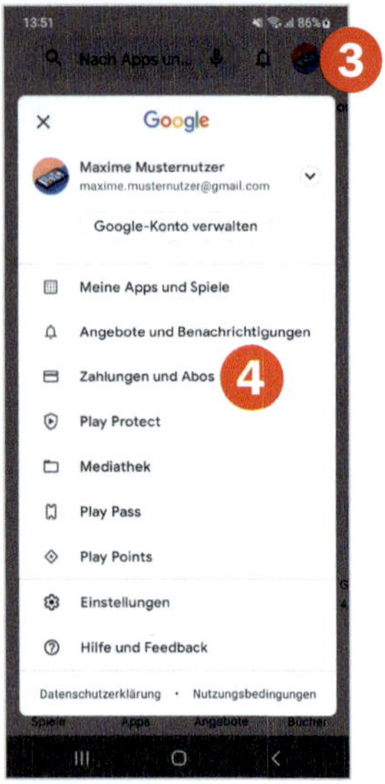

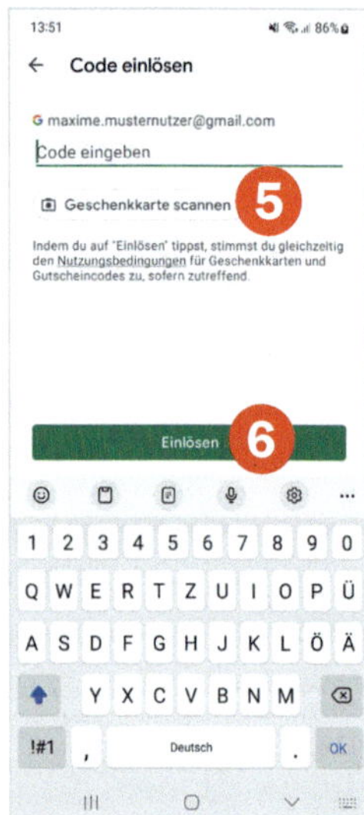

App installieren

- **Kostenlose App:** Durch Anklicken der Schaltfläche *Installieren* ❶ starten Sie die Installation. Nach Abschluss tippen Sie auf *Öffnen*.
- **Kostenpflichtige App:** Tippen Sie auf die Preis-Schaltfläche ❷. Dann tippen Sie auf *Zustimmen*. Im nächsten Fenster sehen Sie nochmals den Preis der App und wie viel Guthaben Ihnen zur Verfügung steht.

  Tippen Sie auf *Tippen & Kaufen* ❸ und dann auf *OK*. Unter Umständen erhalten Sie einen Hinweis auf ein Google Play Pass Probeabo. Tippen Sie auf *Nein, danke*. Warten Sie bis die Installation beendet ist, dann kann die App geöffnet werden.

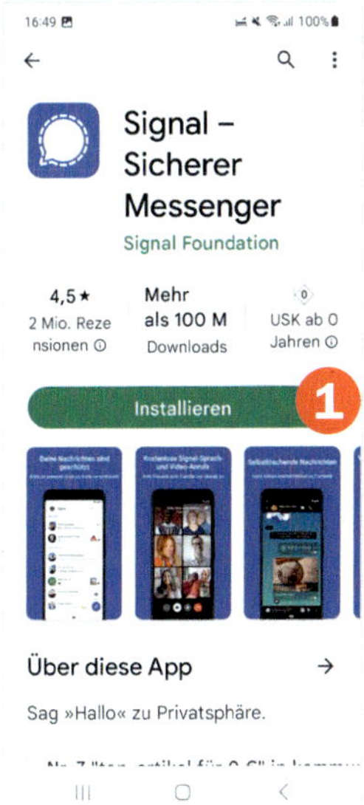

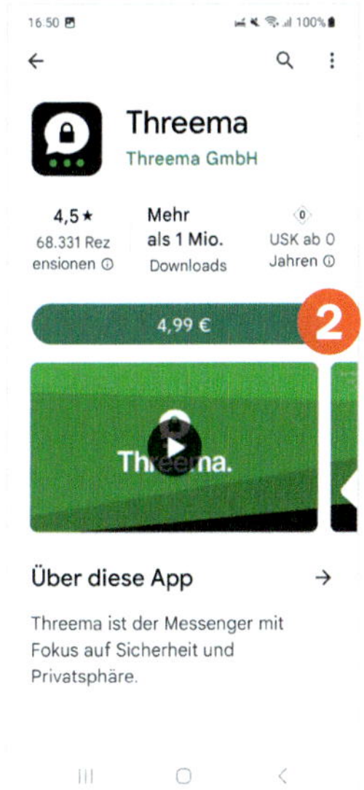

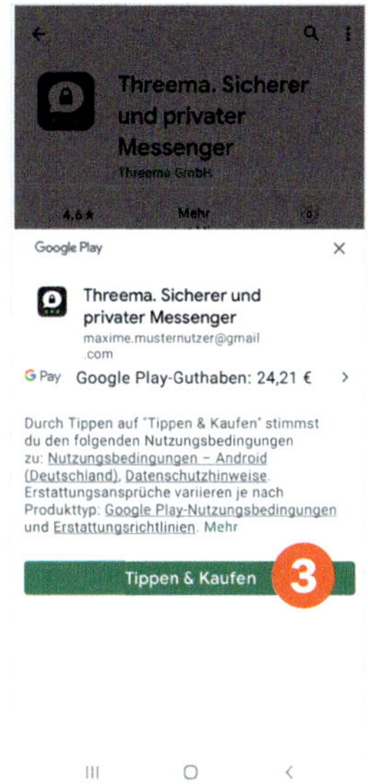

4.2 App löschen

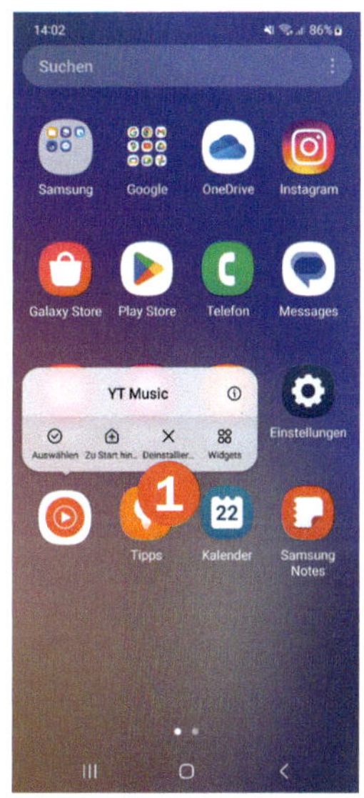

Eine Reihe von Apps sind schon auf Ihrem Smartphone installiert und werden auch dringend benötigt, z. B. Telefon, Kontakte, Kamera, Einstellungen etc. Diese können gar nicht deinstalliert werden.

Andere vorinstallierte Apps, wie z. B. YT Music, können Sie entfernen, wenn Sie diese nicht verwenden möchten. Auch alle von Ihnen installierten Apps können jederzeit wieder deinstalliert werden.

- Dazu tippen Sie etwas länger auf das App-Symbol. Dabei ist es unerheblich, ob Sie die App auf dem Startbildschirm oder App-Bildschirm antippen. Wählen Sie dann *Deinstallieren* ❶ aus. Und bestätigen Sie mit *Ok*.

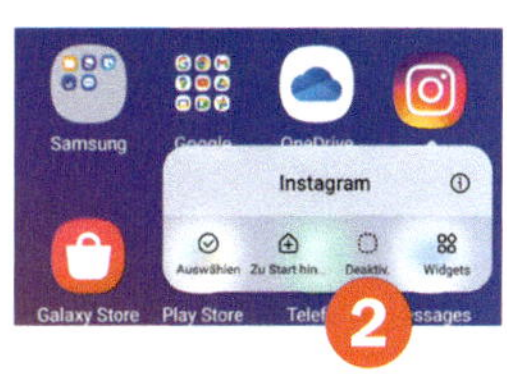

Ärgerlich ist, dass einige Apps nicht deinstalliert, sondern nur deaktiviert ❷ werden können. Besser als nichts, dadurch verhindern Sie, dass Sie Updates für diese Apps herunterladen und sie verschwinden zumindest aus der Übersicht.

4.3 App auf dem Smartphone suchen

Alle installierten Apps werden auf dem App-Bildschirm angezeigt. Je mehr Apps da sind, umso schwieriger wird es, die gewünschte zu finden. Vielleicht versteckt sie sich auch in einem Ordner. Hier hilft die Suchleiste, die oben auf dem App-Bildschirm angezeigt wird:

- Zeigen Sie den App-Bildschirm an und tippen Sie oben in die Suchleiste den Namen der App ein. Dazu passende Apps werden automatisch angezeigt. Tippen Sie die gewünschte App ❶ an, um diese zu öffnen.
- Über dieses Suchfeld können Sie auch Einstelloptionen ❷ finden, die auf die App *Einstellungen* verweisen und über das Suchfeld schnell aufgerufen werden können.
- Wenn Sie die App nicht nur öffnen, sondern auch wissen möchten, wo sie sich befindet, verbleiben Sie mit dem Finger etwas länger auf der gefundenen App, bis die Option *App finden* ❸ angezeigt wird. Tippen Sie sie an. Nun wird entweder der Ordner angezeigt, in dem die App zu finden ist oder der passende App-Bildschirm; auf diesem bewegt sich die gesuchte App, um auf sich aufmerksam zu machen.

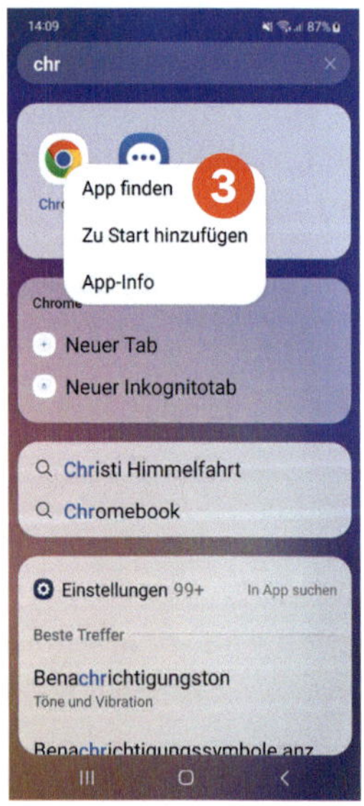

4.4 Standardapps festlegen

Zur Anzeige von E-Mails benötigen Sie eine E-Mail-App. Um PDF-Dateien zu betrachten, wird ein PDF-Viewer gebraucht und um Internetseiten aufzurufen, eine Browser-App. Immer wenn mehrere Anwendung für eine Aufgabe zur Verfügung stehen werden Sie gebeten eine Standardapp auszuwählen.

Beispiel 1: Dateien können je nach Format mit mehreren, unterschiedlichen Apps geöffnet werden. So lassen sich PDF-Dateien entweder mit dem vorinstallierten *Samsung Notes PDF-Reader*, dem *Google Drive-PDF-Reader*, *OneDrive* oder jeder anderen installierten PDF-Reader-App öffnen.

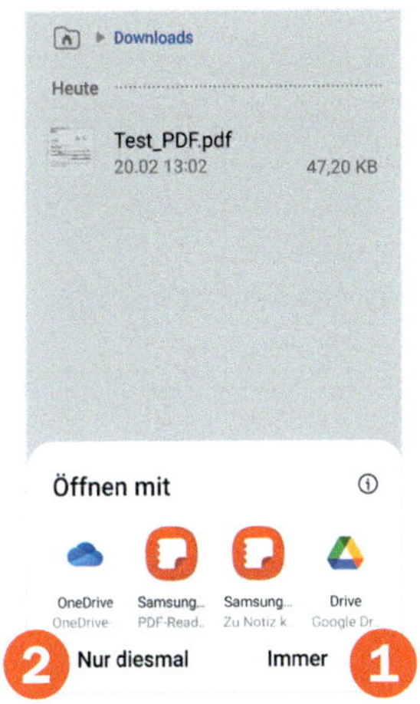

- Möchten Sie PDFs zukünftig stets mit derselben App öffnen, wählen Sie die entsprechende App aus und bestätigen Sie mit *Immer* ❶.
- Wer sich nicht sofort festlegen möchte, wählt eine aus und tippt dann auf *Nur diesmal* ❷.

Beispiel 2: Internetseiten können Sie sowohl mit der App *Samsung Internet* als auch mit *Google Chrome* anzeigen. Beide sind auf Ihrem Smartphone vorinstalliert und werben um Ihre Gunst.

- Damit die App nicht jedes Mal nachfragt, müssen Sie entscheiden, ob Sie lieber mit Chrome oder Samsung Internet arbeiten. Tippen hierzu im entsprechenden Browser auf *Festlegen* ❸.
- Wer sich noch nicht gleich entscheiden mag, tippt einen Browser an und dann auf *Nicht jetzt* ❹. Das bedeutet aber auch, dass Sie beim nächsten Mal wieder gefragt werden.

> Diese Entscheidung treffen Sie nur für den Fall, dass die App automatisch aufgerufen wird. Wenn Sie selber etwas suchen, können Sie Chrome, Samsung Internet oder jeden anderen Browser verwenden. Die Wahl der Standard-App lässt sich in den *Einstellungen* ▶ *Apps* ▶ *Standard-Apps auswählen* bzw. in der *App-Info* unter *Festlegen als Standard* ändern.

4.5 Updates

Sowohl die installierten Apps als auch die Systemsoftware Ihres Smartphones Android bzw. OneUI erhält von Zeit zu Zeit Aktualisierungen, um Sicherheitslücken zu schließen, Fehler zu beheben, bestehende Funktionen zu verbessern oder neue hinzuzufügen. Die Updates im Auge zu behalten, ist nicht nur aus Gründen der Sicherheit wichtig. Updates sollten auch in regelmäßigen Abständen heruntergeladen werden, um den vollen Funktionsumfang zu erhalten. Wenn zu viele Updates über einen langen Zeitraum verpasst werden, treten vermehrt Fehler auf.

Android-Systemupdate und Sicherheitsupdates

Software-Updates werden bei bestehender WLAN-Verbindung automatisch heruntergeladen. Diese Option ist standardmäßig in den *Einstellungen* unter *Software-Update* eingeschaltet ❶ (Abbildung nächste Seite). Auf die Notwendigkeit, ein Softwareupdate Ihres Smartphones durchzuführen, werden Sie dann durch eine automatische Einblendung auf dem Bildschirm aufmerksam gemacht.

- Wenn Sie das Update durchführen möchten, tippen Sie auf *Jetzt installieren* ❷. Beachten Sie aber unbedingt:
  - Sie können während des Updates das Smartphone nicht verwenden.
  - Das Handy wird neu gestartet, Sie benötigen also die PIN der SIM-Karte, um das Gerät zu entsperren.
  - Sie sollten das Update nur durchführen, wenn Ihr Smartphone mit einem WLAN verbunden ist. Wenn Sie gerade unterwegs sind, verschieben Sie es.
  - Das Update nimmt keine Änderung an Ihren gespeicherten Daten (Fotos, Nachrichten, Adressen) vor. Bei jeder Installation verbleibt allerdings ein Restrisiko. Sie können also Daten vorher sichern.
- Wenn Sie das Update momentan nicht durchführen möchten, klicken Sie einfach auf den Home-Button.
- Natürlich ist aufgeschoben nicht aufgehoben. Sie sollten das Update zeitnah installieren. Sie werden in den darauffolgenden Tagen auch erneut darauf hingewiesen.

- Alternativ zeigen Sie die *Einstellungen* ⚙ an, wischen vertikal über das Display und wählen *Software-Update* aus. Tippen Sie hier auf *Herunterladen und installieren* ❸. Das Update wird heruntergeladen, danach tippen Sie auf *Jetzt installieren* ❷.

- Während der Installation kann der Bildschirm zeitweise auch schwarz werden. Die meiste Zeit sehen Sie das Android-Symbol und einen Fortschrittsbalken ❹. Am Ende der Installation wird das Smartphone neu gestartet. Geben Sie jetzt die PIN der SIM-Karte ein.

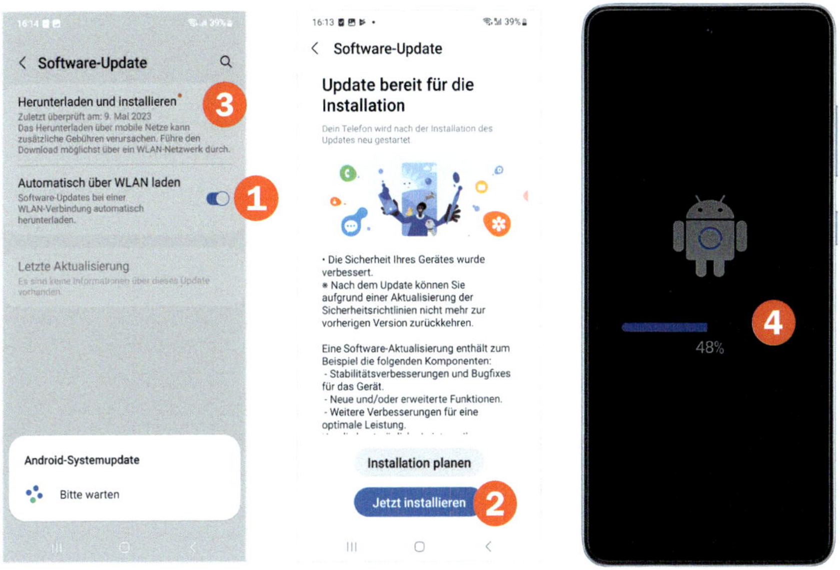

Tipp: Wird in den Einstellungen ein oranger Punkt angezeigt, so ist dies immer ein Hinweis auf etwas Neues - in diesem Fall bei *Herunterladen und Installieren* ein Update.

Apps aktualisieren im Play Store

Updates Ihrer installierten Apps erhalten Sie über den Play Store. Hier sollten Sie festlegen, dass Updates nur automatisch heruntergeladen werden, wenn Ihr Smartphone mit einem WLAN verbunden ist. Das ist die Standardeinstellung. So vergewissern Sie sich, dass diese auch bei Ihnen festgelegt ist:

- Öffnen Sie den Play Store und tippen Sie rechts oben auf Ihr Profil ❶.

- Tippen Sie dann auf *Einstellungen* ❷ und anschließend auf *Netzwerkeinstellungen*: Bei *Apps automatisch aktualisieren* ❸ sollte folgender Text stehen: *Automatische App-Updates nur über WLAN zulassen*. Sie sollten Updates nur über WLAN installieren, da sonst das Datenvolumen des Mobilfunkvertrags zu stark belastet wird.
- Falls das nicht der Fall ist, tippen Sie auf *Apps automatisch aktualisieren* und wählen *Nur über WLAN* ❹ aus. Bestätigen Sie durch Tippen auf *FERTIG*. Die Einstellungen verlassen Sie über die Zurück-Taste.

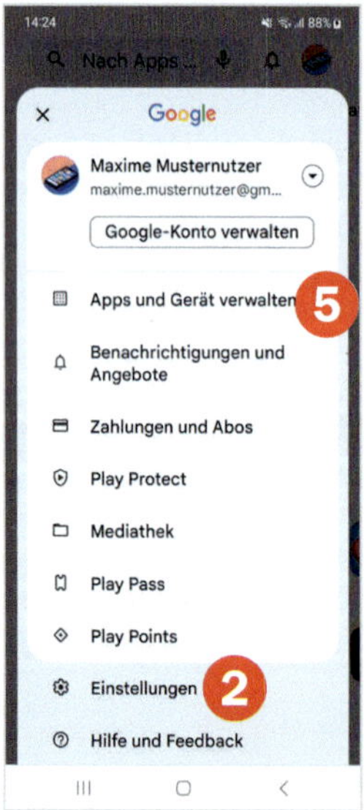

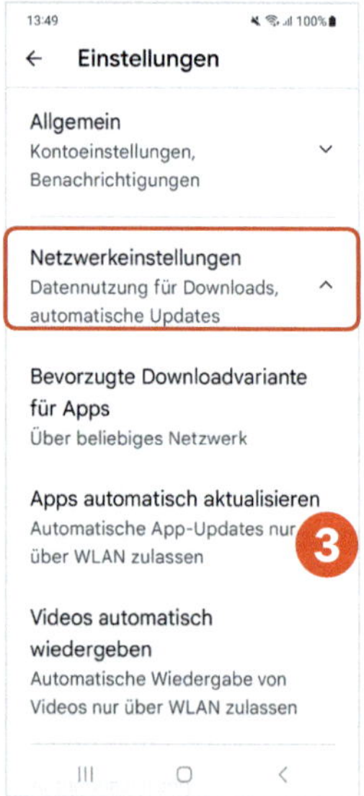

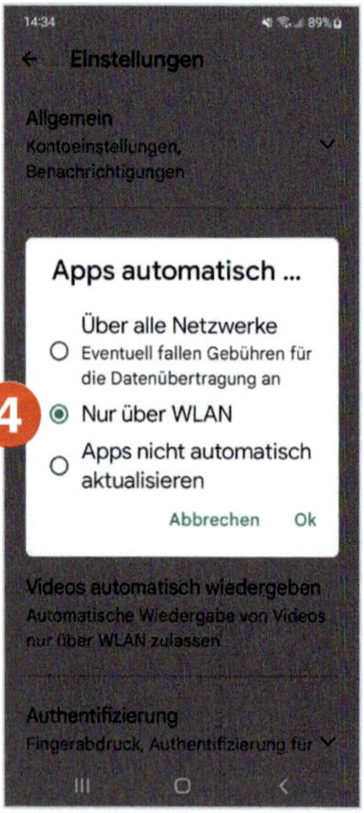

Sie können jederzeit eine Aktualisierung auch manuell anstoßen. So geht's:

- Rufen Sie im Play Store das Menü ❶ rechts oben auf und wählen Sie *Apps und Gerät verwalten* ❺ aus.
- Im Register *Übersicht* ❻ wird angezeigt, ob Updates verfügbar sind. Dieses Register ist standardmäßig ausgewählt.
- Tippen Sie auf *Details ansehen* ❼ um die verfügbaren Updates anzuzeigen. Hier haben Sie nun auch die Wahl nur bestimmte Apps zu aktualisieren.
- Mit *Alle aktualisieren* ❽ laden Sie alle Updates herunter.
- Unter *Verwalten* ❾ finden Sie alle Ihre je aus dem Play Store installierten Apps. Hier können Sie z. B. ebenfalls nach Apps filtern, für die Updates verfügbar sind, oder alle heruntergeladenen Anwendungen nach Größe, Häufigkeit der Nutzung oder Zeitpunkt der letzten Aktualisierung sortieren.

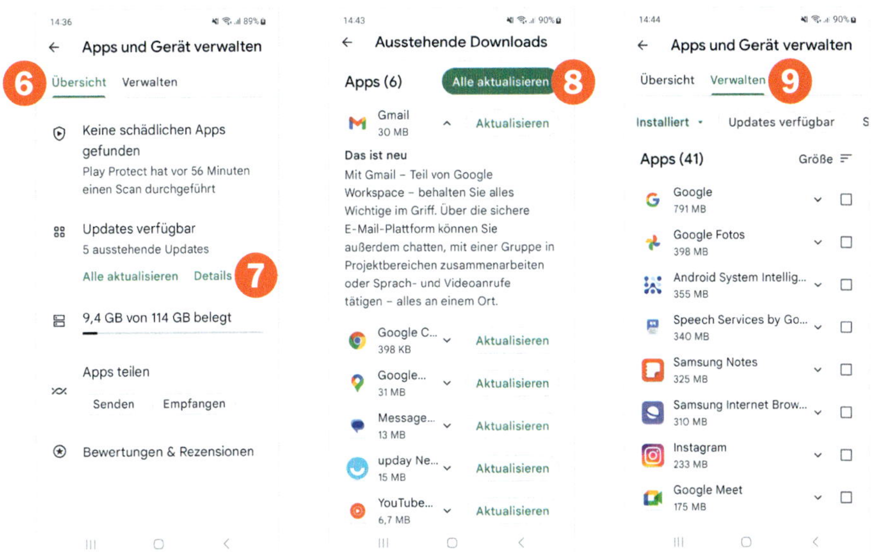

5 Tatsächlich telefonieren

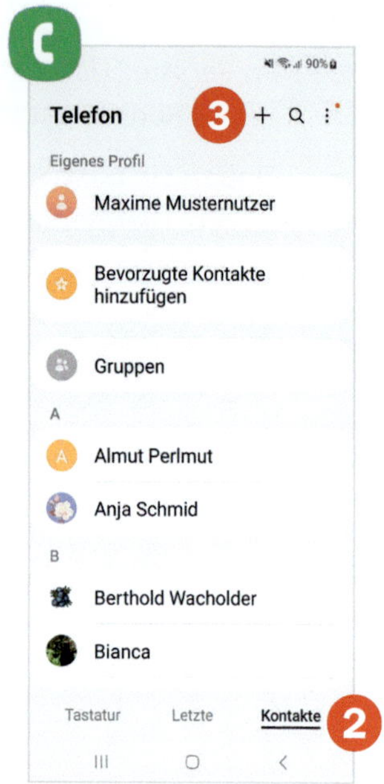

Am bequemsten telefonieren Sie, wenn Sie die Telefonnummern Ihrer Familie und Freunde im Adressbuch des Smartphones speichern.

5.1 Das Adressbuch verwalten

Das Adressbuch finden Sie auf Ihrem Smartphone in Form der App *Kontakte*. Falls Sie beim Öffnen der App schon Kontakte vorfinden, haben Sie diese unter Umständen bereits für Ihr Gmail-Konto, vielleicht im Zuge des Schreibens von E-Mails, abgespeichert.

Kontakte abspeichern

- Öffnen Sie die Kontakte-App.
- Um einen neuen Kontakt einzuspeichern, tippen Sie auf + ❶.

  Neue Kontaktdaten können Sie auch ganz leicht über die *Telefon*-App im Bereich *Kontakte* ❷ durch Antippen von + ❸ speichern. Die Daten werden ebenfalls in der App *Kontakte* angezeigt.
- Beim Hinzufügen des ersten Kontakts entscheiden Sie, wo dieser gespeichert werden soll: *Telefon* (Smartphone), *SIM-Karte* oder *Google*. Letzteres bietet den Vorteil, dass Ihre Kontakte extern gesichert sind und z. B. bei Verlust des Telefons weiterhin zur Verfügung stehen. Mit der Option *SIM-Karte* können nur Name und Telefonnummer gespeichert werden und mit der Auswahl *Telefon* werden die Daten lokal

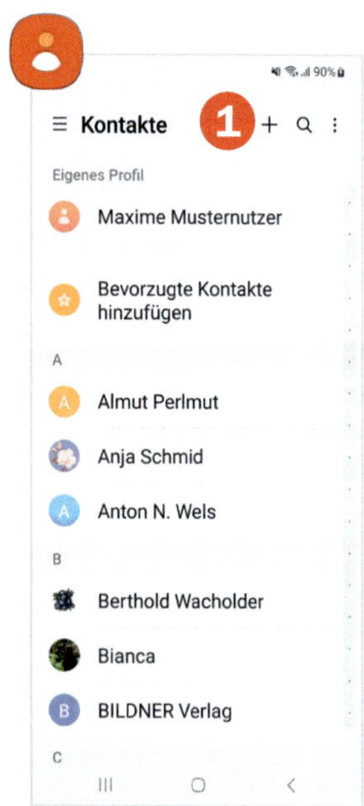

auf dem Telefon gespeichert und ebenfalls nicht extern gesichert. Mit Auswahl von *Google* ❹ und Auswahl von *Immer* werden die Kontakte gesichert und die Abfrage erscheint nicht mehr.

- **Foto:** Durch Antippen des Symbols ❺ knipsen Sie ein neues Bild oder fügen über die Galerie dem Kontakt ein bereits vorhandenes Foto hinzu.
- **Name:** Geben Sie den Vor- und Nachnamen ein.
- **Telefonnummer:** Tippen Sie in das Feld *Telefon*, um eine Telefonnummer einzugeben. Beachten Sie, dass jede Nummer mindestens mit Ortsvorwahl eingegeben werden muss. Besser ist es, auch die Ländervorwahl zu hinterlegen. Durch längeres Drücken der Null wird ein Pluszeichen für +49 eingefügt. Dann folgt die Vorwahl ohne Führungsnull.
- Mit *+ Telefonnummer hinzufügen* ❻ ergänzen Sie weitere Telefonnummern bzw. in den nächsten Feldern E-Mail-Adressen etc. Mit *–* entfernen Sie einen Eintrag.

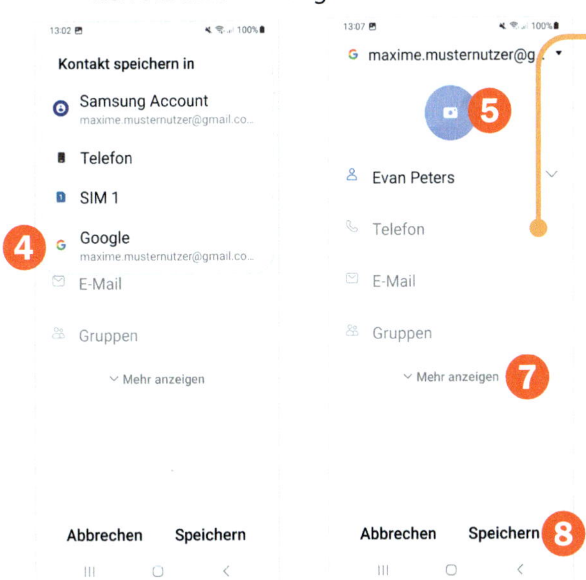

Tippen Sie auf *Mobil*, um einen anderen Nummerntyp auszuwählen (*Zuhause*, *Arbeit* etc.)

Sobald Sie eine Telefonnummer eingegeben haben, erscheint darunter ein weiteres Feld *Telefonnummer hinzufügen*. Tippen Sie dieses an, falls Sie eine weitere Nummer eingeben wollen.

- Wenn Sie auf *Mehr anzeigen* ❼ tippen, erhalten Sie weitere Eingabemöglichkeiten, z. B. postalische Adresse, Webseite oder Speicherung des Geburtstags (dazu gleich mehr auf der nächsten Seite).
- Um den Kontakt abzuspeichern, tippen Sie auf *Speichern* ❽. Die Kontakte sind standardmäßig nach dem Vornamen alphabetisch sortiert.

So vergessen Sie keine Geburtstage!
Wenn Sie einen Kontakt in Ihrem Adressbuch anlegen, können Sie gleich dessen Geburtstag eintragen, der anschließend in der Kalender-App zu sehen ist. Tippen Sie auf *Mehr anzeigen* ❼ ▶ *Wichtige Datumsangaben* ▶ *Datum*. Um das Geburtsjahr auch anzuzeigen, setzen Sie ein Häkchen bei *Jahr eingeben*. Anschließend bewegen Sie den Finger auf dem Bildschirm von unten nach oben und umgekehrt, um Tag, Monat und Jahr auszuwählen. Bestätigen Sie mit *Fertig*.

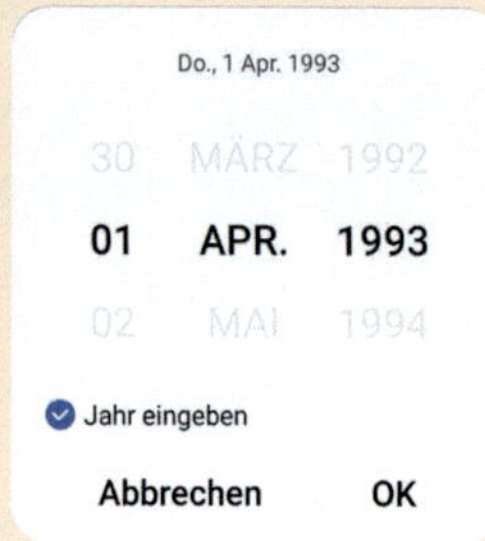

Kontakte bearbeiten und löschen

Kontakt bearbeiten: Manchmal kommt es vor, dass sich Details zu einem Kontakt ändern oder Sie etwas ergänzen möchten. Wie Sie diesen bearbeiten, erfahren Sie hier:

- Öffnen Sie den Kontakt in Ihrem Adressbuch durch Antippen und wählen Sie unten *Bearbeiten* ❶ aus.
- Ändern Sie nun Inhalte oder fügen Sie neue hinzu.
- Bestätigen Sie Ihre Änderungen mit *Speichern* ❷.

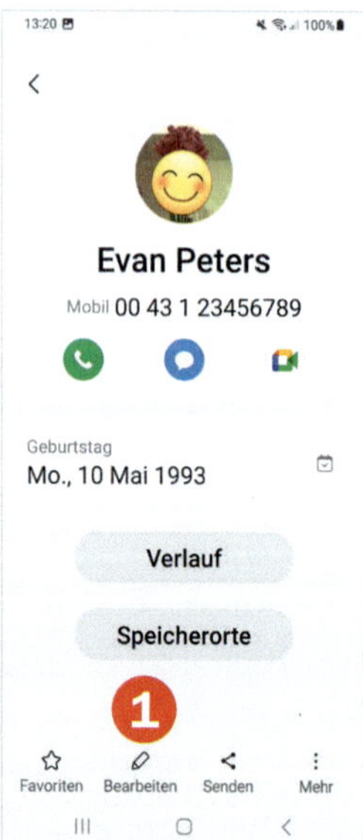

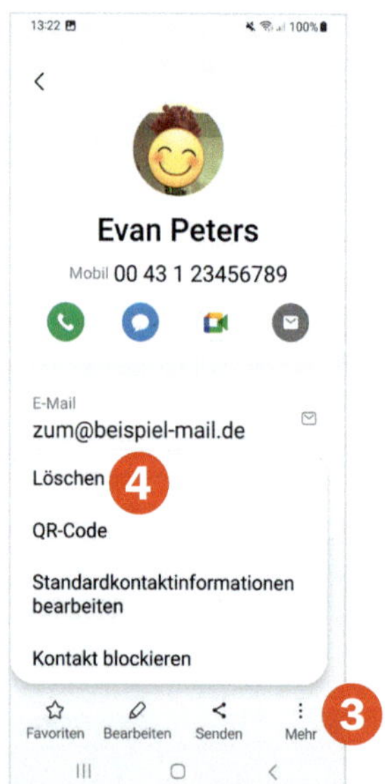

Kontakt löschen:

- Öffnen Sie den Kontakt und tippen Sie rechts unten auf *Mehr* ⋮ ❸ (siehe vorige Seite).
- Wählen Sie *Löschen* ❹ und bestätigen Sie mit *In den Papierkorb*.

Kontakt favorisieren

Einige Kontakte sind wichtiger als andere – diese können als Favoriten markiert werden. Dadurch werden die „bevorzugten Kontakte" in einer eigenen Rubrik ❶ sowohl in der App Kontakte als auch in der App Telefon angezeigt und man muss nicht lange suchen.

- Zeigen Sie den Kontakt, den Sie als Favorit hinzufügen möchten, in der App Kontakte oder Telefon an.
- Tippen Sie auf das Stern-Symbol ❷. Der Stern wird gelb ★ angezeigt, damit ist der Kontakt nun ein Favorit. Der Kontakt wird oben ❸ in der Kontakte-Liste angezeigt.

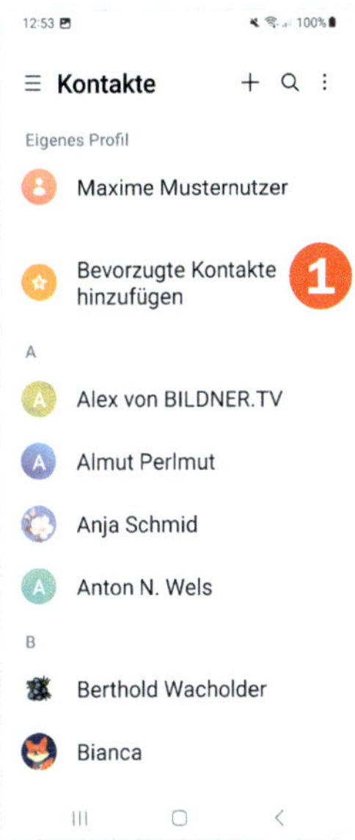

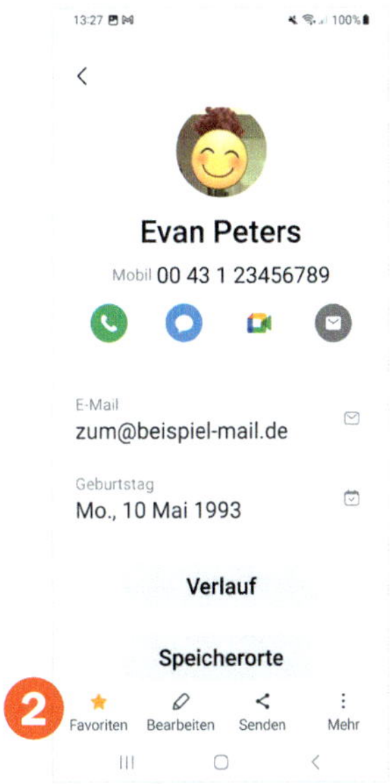

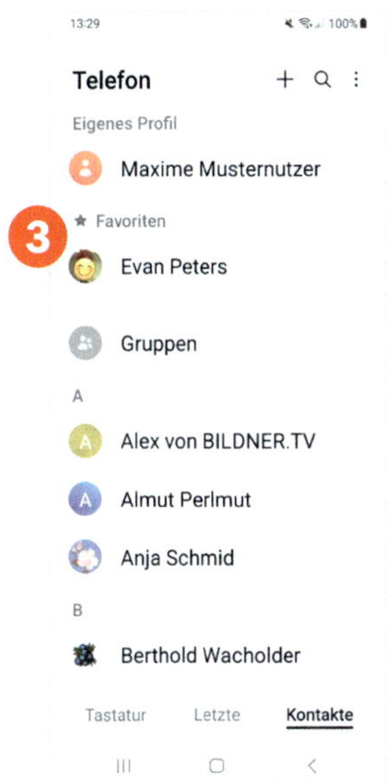

Hilfe im Notfall

In einer Notsituation müssen Sie oder ein Helfer für einen Anruf bei Polizei, Rettungsdienst oder Feuerwehr nicht Ihr Smartphone entsperren.

- Zeigen Sie durch Drücken der Funktionstaste den Sperrbildschirm an, streichen Sie über den Bildschirm und tippen Sie im unteren Bereich auf *Notruf* ❶.
- Geben Sie die europaweit gültige Notrufnummer 112 ein und starten Sie den Anruf mit [Anruf-Symbol] ❷. Andere Telefonnummern können zwar eingetippt werden, eine Verbindung wird aber nur zu Notfalldiensten hergestellt.

Darüber hinaus haben Sie die Möglichkeit hier bis zu fünf persönliche Notfallkontakte ❸ und weitere Informationen zu hinterlegen. So können Ersthelfer schneller Angehörige erreichen und grundlegende medizinische Informationen ❹, wie z. B. Blutgruppe, Medikamente, Allergien etc. einsehen. Beides kann angezeigt werden, ohne dass das Smartphone entsperrt werden muss, wenn Sie Ihr Smartphone verlieren, natürlich auch von unbefugten Personen.

- Um den Notfallkontakt zu erreichen, tippen Sie den Kontakt ❸ an und anschließend auf *OK*.

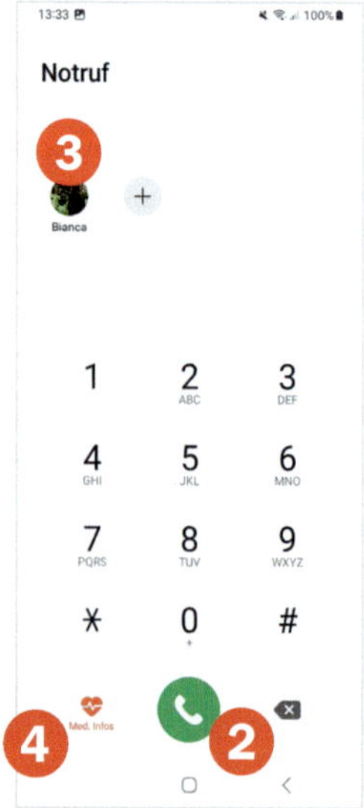

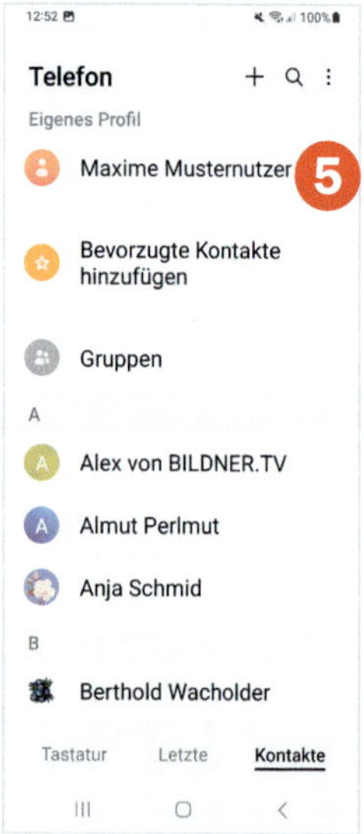

Notfallinformationen hinterlegen

- Tippen Sie in der Kontakte-App ganz oben in der Liste auf Ihren Namen ❺, falls dieser nicht angezeigt wird, auf Ihre Telefonnummer (Grafik vorherige Seite).
- Wischen Sie bis ganz nach unten. Durch Antippen von *Medizinische Notfallinformationen* ❻ erhalten Sie ein Formular, in das Sie wichtige medizinische Daten eintragen können. Bestätigen Sie mit *Speichern*.
- Wählen Sie *Notfallkontakte* ❼ aus.
  - Tippen Sie auf *Mitglied hinzufügen* ❽.
  - In der folgenden Liste wählen Sie einen oder mehrere Kontakte ❾ durch Antippen aus. Die Telefonnummer, die hier angezeigt wird, wird als Notfallnummer verwendet, auch wenn noch eine zweite Nummer für den Kontakt hinterlegt ist.
  - Bestätigen Sie mit *OK*.
  - Sie verlassen den Bereich mithilfe des Home-Buttons.

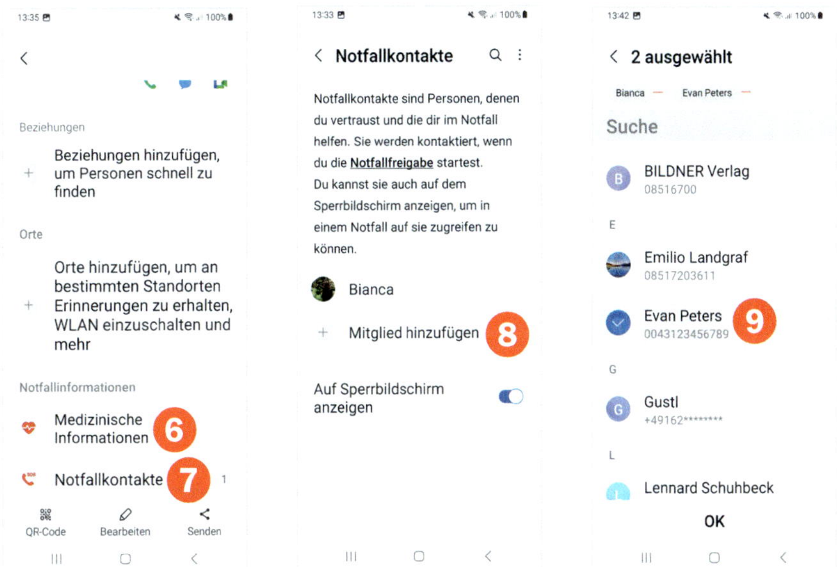

5.2 Freunde und Familie anrufen

In der App *Telefon* gibt es mit den drei Rubriken *Tastatur*, *Letzte* und *Kontakte* verschiedene Möglichkeiten jemanden anzurufen.

Telefonnummer eintippen

Mit der Auswahl *Tastatur* ❶ können Sie eine Nummer einfach eintippen. Beachten Sie, dass Sie immer die Vorwahl eingeben müssen. Tippen Sie anschließend auf den grünen Hörer zum Verbindungsaufbau. Mit der Löschen-Taste können Sie einen Tippfehler entfernen.

Aus der Anrufliste auswählen

Bei *Letzte* ❷ wird eine Anrufliste angezeigt, auf der alle verpassten bzw. angenommenen Anrufe vermerkt sind. Auch ausgehende Anrufe finden Sie hier. Wenn Sie einen Kontakt eingespeichert haben, wird in der Liste der Name der Person angezeigt, sonst die Nummer. Telefonate mit derselben Person werden zusammengefasst, z. B. zwei ausgehende Anrufe an Alex von BILDNER.TV werden mit *(2)* hinterlegt. Auf verpasste Anrufe werden Sie auch durch eine Zahl am App-Symbol aufmerksam gemacht.

- Wollen Sie einen Kontakt erneut anrufen, tippen Sie in der Anrufliste einfach auf den Eintrag und dann auf den grünen Hörer ❸.

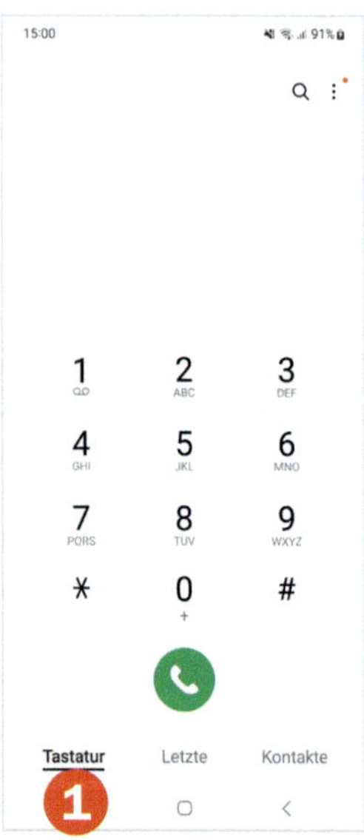

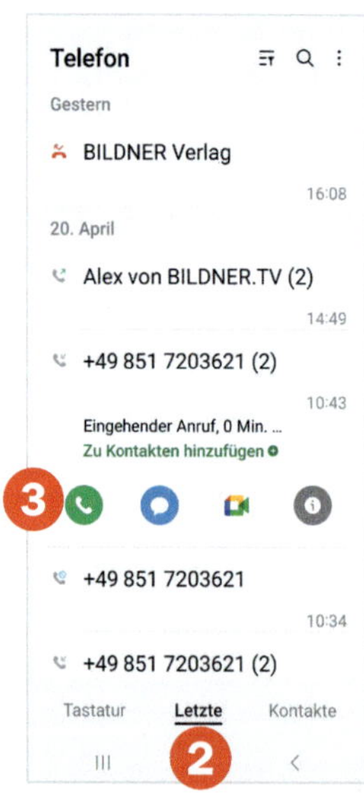

Dieser Anruf wurde von Ihnen getätigt.

Verpasster Anruf

Sie wurden angerufen und haben den Anruf angenommen

Anruf abgelehnt

Achtung! Sollten Sie die Nummer nicht kennen, ist beim Rückruf Vorsicht geboten. Mit einer Rückrufmasche versuchen Betrüger Sie zu verleiten, bei kostenpflichtigen Telefonnummern anzurufen und Sie dann durch unverständliche Bandansagen oder Warteschleifen möglichst lang in der Leitung zu halten. So ein Anruf kann dann mehrere Euro pro Minute kosten. Meist werden dazu ausländische Telefonnummern verwendet, deren Ländervorwahl deutschen Ortsvorwahlen ähnelt, z. B. 00241 Gabun, 0241 Aachen oder Sonderrufnummern wie die 00882 oder 00883.

Aus den Kontakten auswählen

Bei *Kontakte* ❹ wählen Sie einen eingespeicherten Kontakt aus. Die Liste ist alphabetisch nach Vornamen sortiert. Im Kontaktbereich der App Telefon werden nur Personen angezeigt für die Sie eine Telefonnummer hinterlegt haben.

- Zum „Blättern" durch die Kontaktliste streichen Sie vertikal über den Bildschirm. Am rechten Rand wird dabei eine Buchstabenleiste ❺ eingeblendet. Durch Antippen eines Buchstabens springen Sie zu diesem Bereich in der Kontaktliste.
- Durch Antippen des gewünschten Kontakts wird der grüne Hörer ❻ zum Verbindungsaufbau angezeigt. Tippen Sie diesen an, um die Person anzurufen.
- Ein Pfeil hinter der Telefonnummer weist darauf hin, dass für den Kontakt eine zweite Telefonnummer hinterlegt ist. Wenn Sie lieber diese Nummer anrufen möchten, tippen Sie zunächst auf ❼. Dadurch wird das Kontaktblatt geöffnet, auf dem Sie alle Informationen zu der Person sehen. Tippen Sie dann auf den grünen Hörer bei der passenden Nummer.

> Wenn Sie einen Kontakt in Ihrem Adressbuch aufrufen, können Sie diesen nicht einfach nur über einen Sprachanruf kontaktieren, sondern Sie haben auch die Möglichkeit, einen Videoanruf zu tätigen oder eine Nachricht zu schreiben.

Anruf durchführen

- Während des Telefonats können Sie den Anruf über die *Stumm-Taste* ❽ kurz stummschalten, dann werden Sie nicht gehört. Mit *Lautsprecher* ❾ schalten Sie den Lautsprecher ein und müssen das

Smartphone nicht mehr ans Ohr halten. Das ist ganz praktisch, wenn Sie sich in einer Telefonwarteschlange befinden oder andere das Gespräch mithören sollen. Durch nochmaliges Antippen schalten Sie die Stummschaltung bzw. den Lautsprecher wieder aus.

- Durch Antippen von *Tasten* ⑩ erhalten Sie im Gespräch ein Ziffernfeld. Für Anrufe bei Behörden oder Firmen wird die Zuteilung des korrekten Ansprechpartners zum Teil durch Eingabe von Nummern gelöst: „Für Fragen zu einer Rechnung tippen Sie die 1."
- Tippen Sie den roten Hörer an, um das Gespräch zu beenden.

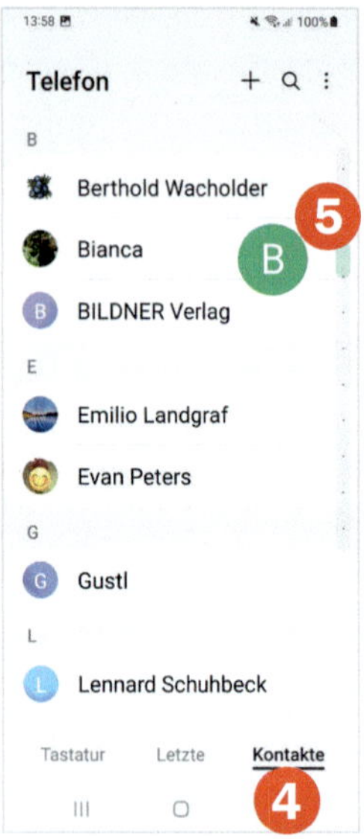

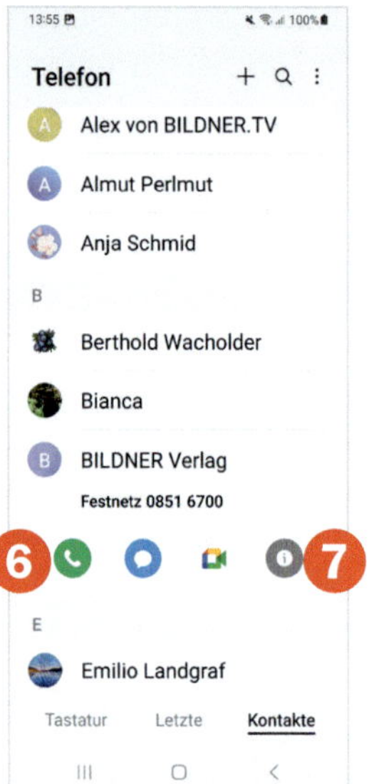

5.3 Anruf annehmen oder nicht?

- **Annehmen:** Wenn Sie einen Anruf erhalten, tippen Sie auf den grünen Hörer ❶ und ziehen ihn nach oben. Das ist auch möglich, wenn das Smartphone gerade gesperrt ist.

  Wenn Sie ein Anruf erreicht, während Sie gerade am Handy sind, wird der Anrufhinweis nur oben eingeblendet. Dann nehmen Sie das Gespräch mit *Antworten* an oder weisen es mit *Ablehnen* ab ❷.

- **Ablehnen:** Haben Sie gerade keine Zeit, dann tippen Sie auf den roten Hörer ❸ und ziehen ihn nach oben. Oder geben Sie dem Anrufer via SMS Bescheid, dass Sie den Anruf nicht entgegennehmen können: Dazu ziehen Sie den weißen Balken (*Nachricht senden*) ❹ nach oben und wählen eine Nachricht ❺ durch Antippen aus.

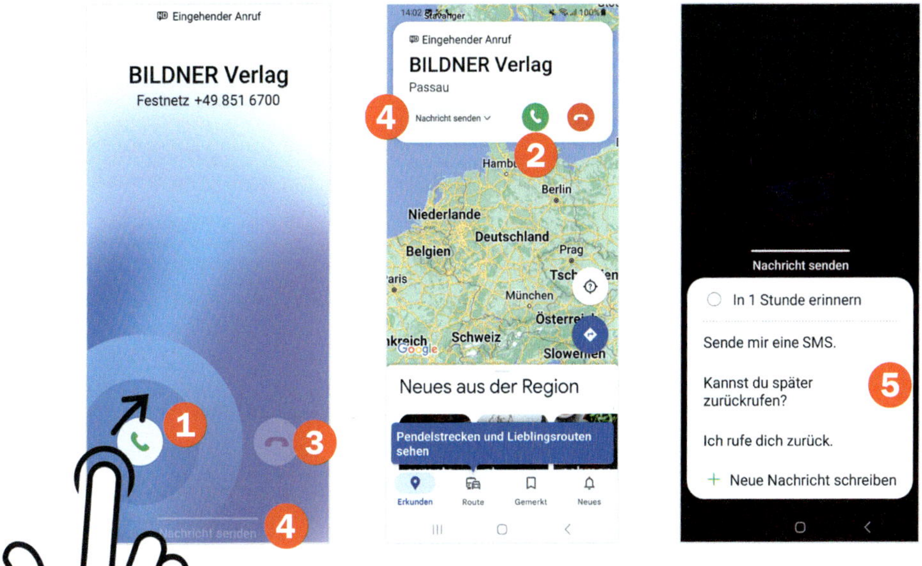

Mist! Meine Handynummer vergessen ...

Öffnen Sie die *Einstellungen* ⚙ und zeigen Sie ganz unten die Kategorie *Telefoninfo* an. Hier finden Sie Ihre Telefonnummer und können auch Ihrem Telefon einen Namen geben.

6 Nachrichten und Fotos versenden

SMS, E-Mail und Nachrichten über WhatsApp erleichtern die Kommunikation mit Familie & Freunden ungemein. Ein kurzer Text getippt, schnell auf Senden gedrückt und sofort kommt die Nachricht beim Empfänger an. In diesem Kapitel werden die Apps *Nachrichten*, *Gmail* und *WhatsApp* vorgestellt.

6.1 SMS versenden und empfangen

Eine SMS (**S**hort **M**essage **S**ervice - Kurznachrichtendienst) ist eine Mitteilung, die 160 Zeichen lang ist. Umfasst Ihre Nachricht mehr Zeichen wird automatisch eine zweite verschickt. Der Versand von SMS kann zusätzliche Kosten verursachen, ist aber auch bei vielen Anbietern kostenlos. Hier müssen Sie einen Blick in Ihren Vertrag werfen.

Trotz vieler anderer Kommunikationsapps, wie z. B. WhatsApp, hat die SMS immer noch ihre Berechtigung. Sie erhalten Informationen Ihres Mobilfunkanbieters als SMS, z. B. eine Benachrichtigung, wenn Sie sich in einem ausländischen Netz befinden. Auch Zugriffscodes werden via SMS versendet. Der große Vorteil der SMS ist, dass Sie für die Versendung nur eine Verbindung zum Mobilfunknetz benötigen und bietet damit zuverlässige Erreichbarkeit. Es muss weder mobiles Internet (mobile Datenverbindung) noch WLAN zur Verfügung stehen.

Die Nachrichten-App *Messages* von Google, die Sie zum Austausch von SMS verwenden können, unterstützt auch RCS (**R**ich **C**ommunication **S**ervices). Dabei handelt es sich um einen Chat-Austausch (ähnlich WhatsApp) zwischen Android-Geräten. Der Chat bietet verschiedene Vorteile: keine Zeichenbegrenzung, Gruppenchats sind möglich, Versenden von Videos, Emojis und Sprachnachrichten, sowie eine Anzeige, ob die Nachricht gelesen wurde. Für das Versenden einer Chat-Nachricht (RCS) benötigen Sie eine mobile Datenverbindung oder WLAN. Chat-Nachrichten reduzieren Ihr mobiles Datenvolumen, außer Sie sind mit einem WLAN verbunden. Nicht alle Smartphones sind RCS-fähig oder haben die aktuelle *Messages*-App von Google auf dem Handy installiert. Schreiben Sie an ein solches Gerät oder an einen Freund mit iPhone wird automatisch eine SMS versandt.

SMS bzw. Chat versenden

So versenden Sie eine SMS über die Nachrichten-App von Google, die auf Ihrem Smartphone als Standard-SMS-App vorausgewählt ist.

- Öffnen Sie *Messages* auf ihrem Startbildschirm und *Akzeptieren* Sie die Nutzungsbedingungen.
- Tippen Sie auf die Schaltfläche *Chat starten* ❶ und geben Sie bei *An* ❷ den Namen der Person ein. Schon nach den ersten Buchstaben erhalten Sie eine Trefferliste. Hier können Sie den passenden Kontakt durch Antippen auswählen. Falls Sie mit der Person bereits Nachrichten ausgetauscht haben, können Sie den vorhandenen Chat ❸ durch Antippen anzeigen. Dann ist der Empfänger bereits eingetragen.
- Tippen Sie in das Nachrichtenfeld unten und verfassen Sie Ihre Nachricht. Senden Sie Ihre Nachricht. Ob Sie eine SMS oder eine Chat-Nachricht senden, ist leicht an der Senden-Schaltfläche zu erkennen: SMS für SMS und ❹ für RCS-Chat.

> **Tipp:** Wenn Sie eine lange Nachricht als SMS schreiben, erscheint rechts neben der Nachricht eine Zahl, z. B. *5* ❺. Dies zeigt an, dass Sie noch 5 Zeichen zur Verfügung haben, bis eine zweite SMS versendet wird. Dazu gehören selbstverständlich auch Leerzeichen. Sie können einfach weiterschreiben. Die zweite Nachricht umfasst dann nur noch 145 Zeichen.

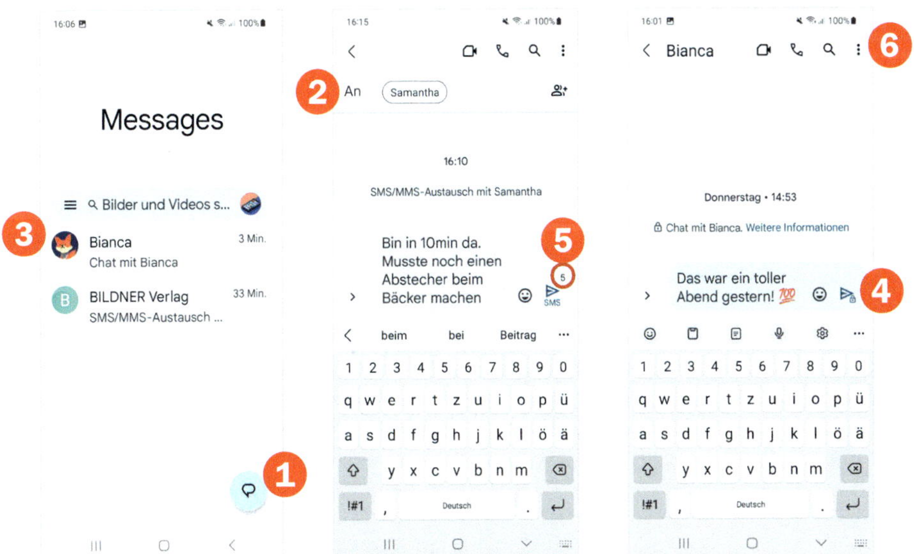

Falls Sie auf Chat-Nachrichten verzichten und in der ausgewählten Unterhaltung (also im Einzelchat mit einer Person) nur SMS versenden möchten, tippen Sie oben rechts auf das Dreipunkte-Symbol ⋮ 6 und wählen *Details* aus. Ziehen Sie den Regler bei *Nur SMS und MMS senden* 7 auf *Ein*. Nachrichten werden jedoch nur als RCS-Chat verschlüsselt übertragen..

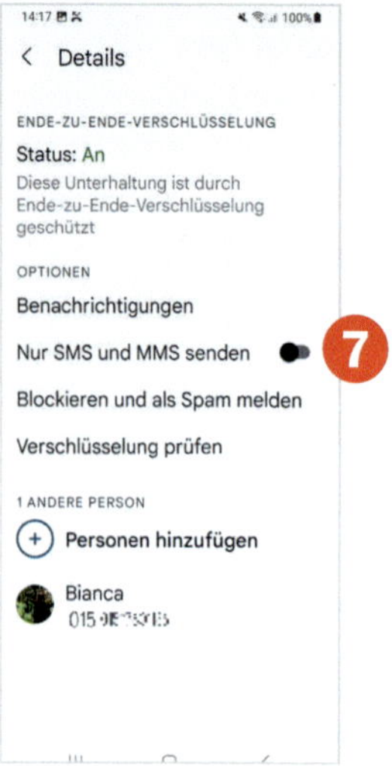

Fotos verschicken: Zum Versenden von Fotos tippen Sie auf und dann auf *Galerie*. Sie erhalten Zugriff auf Ihre Bilder und können durch Antippen das Gewünschte auswählen. Bestätigen Sie dann mit *Hinzufügen*. Jetzt können Sie eine Nachricht eintippen.

Für das Versenden einer MMS (SMS mit Foto) fallen zusätzliche Kosten an. Wird eine RCS-Chat-Nachricht versandt, reduziert das zusätzliche Bild das Datenvolumen stärker, außer Sie sind über WLAN verbunden.

SMS erhalten

Auf den Eingang einer SMS werden Sie im Benachrichtigungsfeld und durch eine Ziffer (Anzahl der neuen SMS) am App-Symbol hingewiesen. Nach dem Öffnen der App sehen Sie Ihre Nachrichten. Ungelesene sind fett 8 markiert. Durch Antippen öffnen Sie diese und können im Nachrichtenfeld antworten. Mit der Zurück-Taste gelangen Sie wieder zur Übersicht.

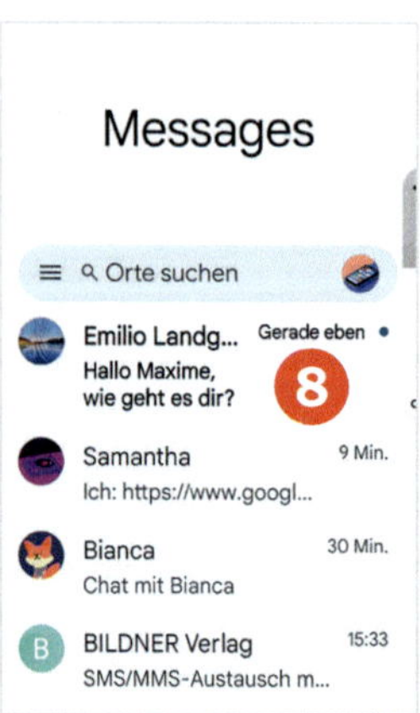

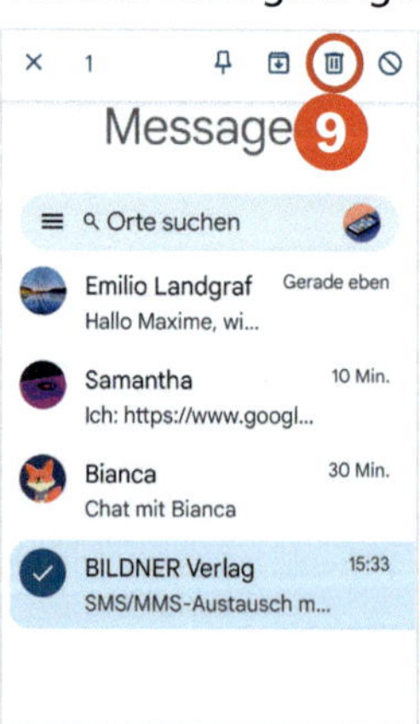

Unterhaltung löschen

Um einen Chat zu löschen, tippen Sie ihn etwas länger an und wählen oben das Papierkorb-Symbol 9.

Samsung App Nachrichten

Die SMS-App *Nachrichten* ❶ von Samsung ist ebenfalls bereits auf Ihrem Samsung Galaxy A54 vorinstalliert. Sie finden sie im Ordner *Samsung* auf dem App-Bildschirm. Im Funktionsumfang gleicht sie der App Messages von Google. Die beiden Apps sind in der Regel untereinander auch kompatibel was den Austausch von Chat-Nachrichten betrifft. Ob Sie eine SMS oder eine Chat-Nachricht senden, ist wie bei *Messages* leicht an der Senden-Schaltfläche zu erkennen: für SMS-Nachricht und für RCS-Chat.

Allerdings kann auf Ihrem Smartphone nur eine App für den Austausch von SMS-Nachrichten genutzt werden. Sobald Sie *Nachrichten* antippen, müssen Sie sich daher entscheiden, welche App als Standard festgelegt werden soll ❷. Da jede App ihre Vorteile hat, können Sie beide Apps testen und anschließend entscheiden, welche Sie lieber nutzen möchten. Durch Antippen des App-Symbols wechseln sie wieder zu *Messages* zurück.

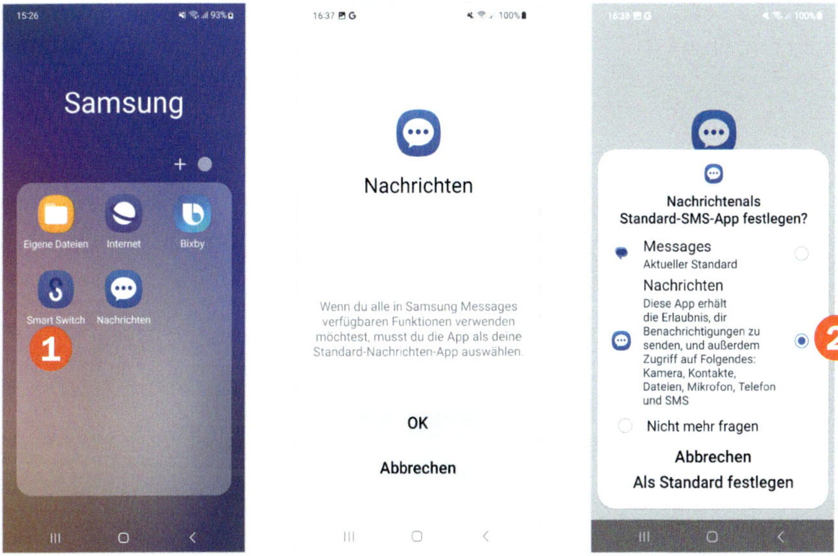

6.2 Über E-Mail kommunizieren

Zum Verfassen und Empfangen von E-Mails empfehlen wir die Nutzung von *Gmail*, da hier bereits die Daten Ihres Benutzerkontos, welche Sie während der Einrichtung des Handys eingegeben haben, hinterlegt sind. Sie können sofort loslegen.

Vielleicht erledigen Sie den Großteil des E-Mail-Verkehrs am PC. Dennoch ist es praktisch auch mal schnell eine E-Mail am Smartphone zu lesen. Sie können dasselbe Konto mit Ihrem Smartphone und dem Computer verbinden.

- Sie finden die App *Gmail* im Ordner *Google* auf dem Startbildschirm. Zum Öffnen tippen Sie den Ordner an und wählen *Gmail*.

Beim ersten Öffnen der App wird oben die hinterlegte Gmail-Adresse angezeigt. Hier könnten auch noch weitere E-Mail-Adressen hinzugefügt werden. Darauf verzichten wir. Tippen Sie unten auf *Weiter zu Gmail*.

Posteingang Allgemein
Anzeige aller aktuellen E-Mails

Inhalt einer E-Mail
Anzeige der ausgewählten Mail

Neue E-Mail lesen und beantworten

E-Mail erhalten: Dass eine neue E-Mail eingetroffen ist, sehen Sie schon an der angezeigten Nummer beim Gmail-Symbol. Öffnen Sie die Gmail-App im Ordner *Google*. Der Posteingang wird automatisch angezeigt. Neue E-Mails finden Sie immer ganz oben in der Liste. Sie blättern durch die Liste durch vertikales Wischen.

Zum Lesen des Inhalts der Nachricht tippen Sie die neue E-Mail ❶ (Grafik oben) an. Mit der Zurück-Taste gelangen Sie wieder zur Übersicht.

Tipp: Neue E-Mails kündigen sich bereits auf dem Sperrbildschirm an. Die Benachrichtigung, dass eine neue E-Mail eingetroffen ist, sehen Sie im Benachrichtigungsbereich. Ziehen Sie vom oberen Rand des Bildschirms nach unten. Tippen Sie auf die E-Mail-Nachricht, um diese anzuzeigen.

Eine Antwort verfassen: Um eine E-Mail zu beantworten, tippen Sie in der geöffneten Mail unten auf den Befehl *Antworten* ❷ (Grafik vorige Seite). Dadurch wird eine neue E-Mail geöffnet. Der Absender der Nachricht wird automatisch im Feld *An* eingetragen. Der Betreff wird mit dem Zusatz *Re* übernommen. Schreiben Sie Ihren Nachrichtentext und tippen Sie zum Versenden auf ⊳.

Eine Mail kann an mehrere Personen versendet werden. Möchten Sie allen Personen dieselbe Antwort zukommen lassen, tippen Sie auf *Allen antworten*.

Neue E-Mail schreiben

Tippen Sie auf ✎ *Schreiben* ❸ (Grafik vorige Seite) und tragen Sie im Feld *An* die E-Mail-Adresse des Empfängers ein. Bestätigen Sie die Adresse ggf. durch Antippen von *Empfänger hinzufügen*. Beim Eingeben der ersten Buchstaben erhalten Sie meist schon Vorschläge für mögliche Empfänger. Tippen Sie einen Vorschlag an ❹, um diesen zu übernehmen. Tippen Sie dann auf *Betreff* und geben Sie einen kurzen Hinweis ein. Berühren Sie das Feld darunter, um den eigentlichen Nachrichtentext zu verfassen und tippen Sie dann auf ⊳.

Foto oder Video versenden

Mit dem Klammer-Symbol ⊜ ❺ können Sie via Gmail Dateien (Fotos, kurze Videos etc.) versenden. Wählen Sie nach Antippen der Klammer *Datei anhängen* aus und navigieren Sie beispielsweise zu Ihrem Bilderordner. Durch Antippen öffnen Sie den Ordner und wählen das Bild aus. Die Nachricht wird wie gewohnt bearbeitet und versendet.

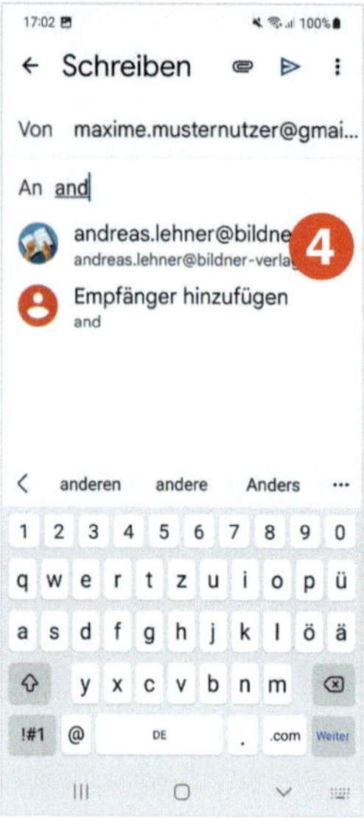

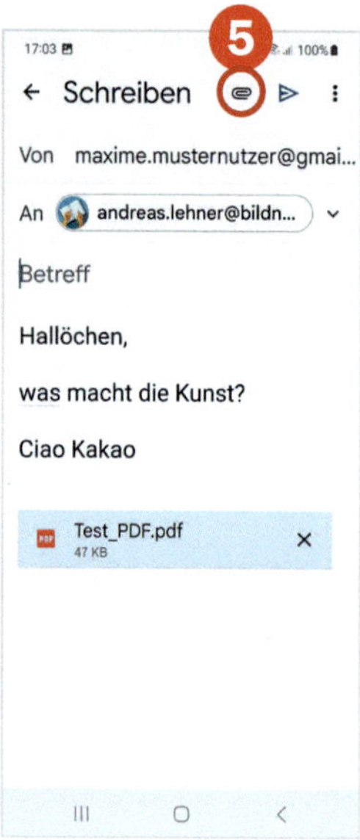

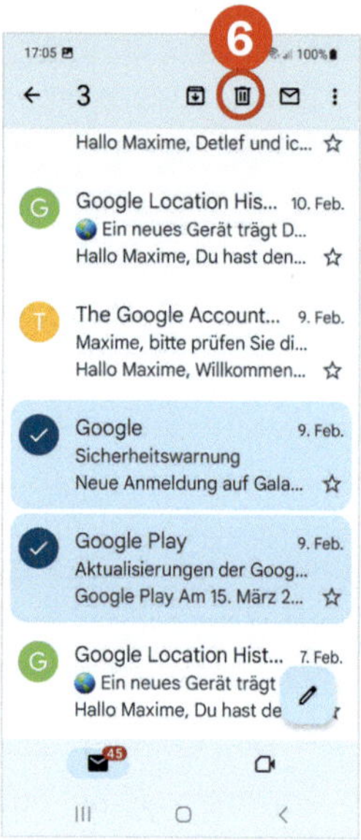

E-Mail löschen

Durch längeres Antippen einer E-Mail erhalten Sie weitere Bearbeitungsmöglichkeiten. Tippen Sie auf das Papierkorb-Symbol 🗑 ❻ oben rechts, um die markierte E-Mail zu löschen. Die gelöschte E-Mail verbleibt 30 Tage im Papierkorb und wird dann endgültig gelöscht.

6.3 Nachrichten über WhatsApp

Via WhatsApp tauschen Sie Nachrichten, Bilder und Videos mit Freunden aus. WhatsApp-Nachrichten haben für viele Menschen die SMS abgelöst, schließlich ist dieser Dienst kostenlos, man kann ganz einfach Fotos und Videos versenden und sogar Sprach- und Videoanrufe tätigen. Zunächst muss die App aus dem Play Store heruntergeladen werden. Wie das geht, haben Sie bereits auf Seite 85 erfahren. Sie können natürlich auch andere Nachrichtendienste, wie z. B. Signal oder Threema verwenden.

WhatsApp einrichten

- Wählen Sie nach dem Öffnen der App die Sprache und stimmen Sie anschließend den Nutzungsbedingungen mit *Zustimmen und Fortfahren* ❶ zu. Um diese zu lesen, tippen Sie auf die farbig hinterlegten Worte und zeigen mit der Zurück-Taste danach wieder WhatsApp an.
- Erlauben Sie WhatsApp Benachrichtigungen zu senden und tragen Sie dann Ihre Telefonnummer ein ❷. Beachten Sie, dass der Ländercode *+49* automatisch vorangestellt wird. Dadurch entfällt die erste Null Ihrer Telefonnummer. Bestätigen Sie mit *Weiter* und dann mit *OK*.
- Zur Verifikation der Telefonnummer wird eine SMS gesendet und in der Regel auch gleich übernommen. Ansonsten tippen Sie den sechsstelligen Code ein. Wenn Sie keine SMS erhalten haben, überprüfen Sie die angezeigte Telefonnummer. Hat sich ein Tippfehler eingeschlichen, dann tippen Sie auf *Falsche Nummer?* ❸. Ist die Nummer richtig, wählen Sie entweder *SMS erneut senden* oder *Anrufen lassen*.
- Tippen Sie auf *Weiter* ❹, um die verschiedenen Berechtigungen zu erteilen. Wählen Sie jeweils *Zulassen* für den Zugriff auf Kontakte, sowie Fotos, Medien und Dateien. Wenn Sie WhatsApp mit allen Funktionen verwenden möchten, müssen Sie den Zugriff erlauben.

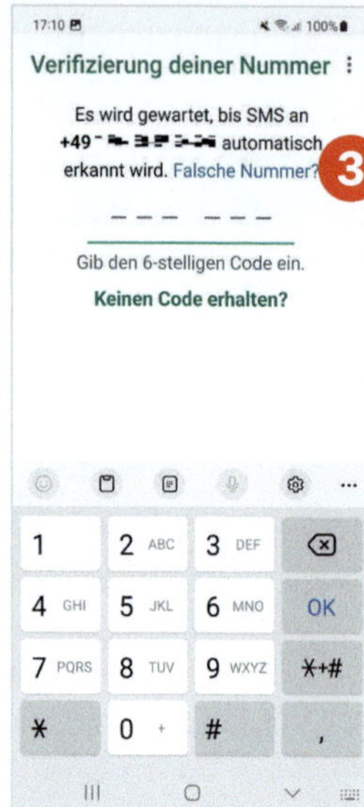

- Falls Sie WhatsApp schon auf einem anderen Smartphone verwendet und es auf Google-Drive gesichert haben, tippen Sie auf *Berechtigung gewähren* ❺, um Ihre Chats, Bilder, Videos etc. auf das neue Smartphone zu laden. Wenn Sie WhatsApp zum ersten Mal verwenden, wird dieses Dialogfenster automatisch übersprungen.
- Geben Sie dann für Ihr WhatsApp Profil einen Namen ❻ ein, der Ihren WhatsApp-Kontakten angezeigt wird, und laden Sie optional ein Profilbild ❼ hoch. Tippen Sie dann auf *Weiter*. Nun können Sie über WhatsApp Ihren Freunden schreiben.

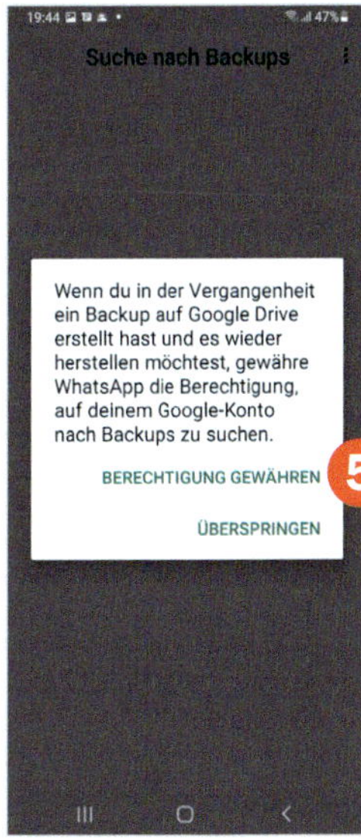

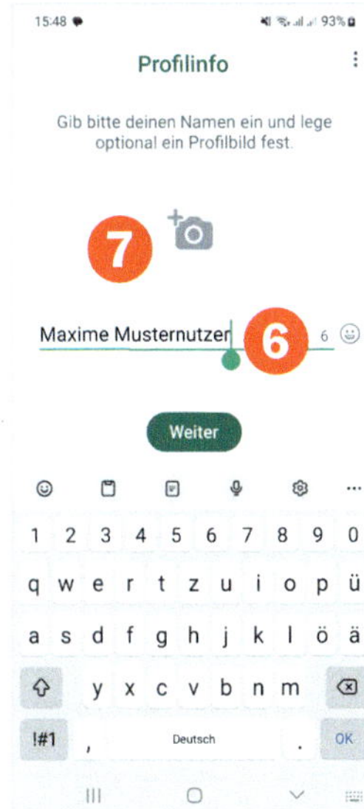

Eine Nachricht versenden

Um einen neuen Chat zu starten, öffnen Sie das Register *Chats* und tippen Sie auf das Nachrichten-Symbol ❶. Es wird eine Liste aller Kontakte angezeigt, die Sie im Adressbuch Ihres Smartphones (App Kontakte) mit Handynummer gespeichert haben und die WhatsApp verwenden.

- Tippen Sie den Namen der Person ❷ an, der Sie eine Nachricht schicken möchten. Es öffnet sich ein neuer Chat.
- Geben Sie Ihren Text ein. Versenden Sie die Nachricht durch Antippen von ❸.
- Mit dem Pfeil links oben oder der Zurück-Taste verlassen Sie den Chat wieder und kehren zur Übersicht zurück.

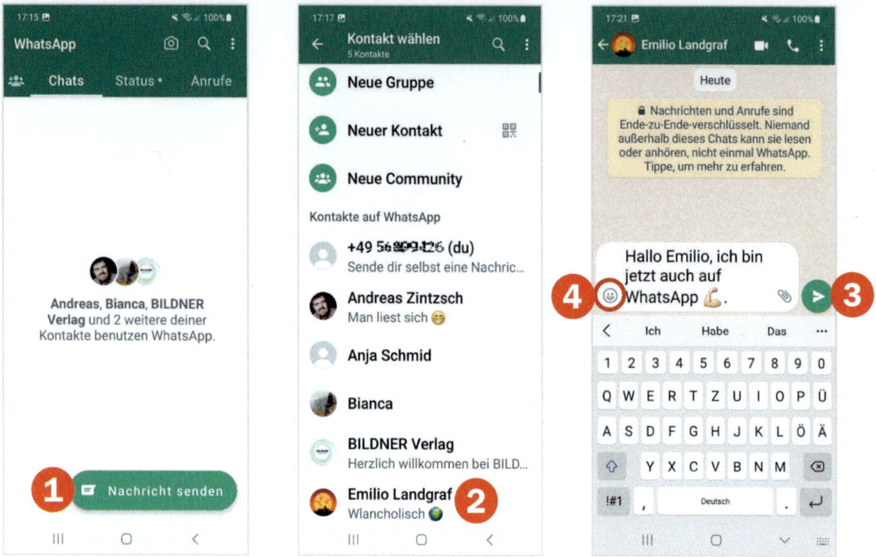

Wenn Sie dieser Person das nächste Mal eine Nachricht schreiben, können Sie einfach den Chat in der Übersicht auswählen.

Tipp: Zum Einfügen von Emojis tippen Sie auf ☺ ❹ im Nachrichtenfeld. Ansonsten gilt auch hier, was Sie auf Seite 50 über Emojis bereits erfahren haben.

Fotos/Videos versenden

- Öffnen Sie den Chat mit dem Empfänger oder tippen Sie auf das Symbol, um einen anderen Empfänger auszuwählen.
- Tippen Sie im Texteingabefeld auf das Büroklammer-Symbol ❶ (nächste Seite) und anschließend auf *Galerie* ❷.
- Wählen Sie dann den Ordner *Kamera* aus. Dort können Sie Fotos oder Videos durch Antippen auswählen. Fügen Sie, wenn gewünscht, eine Bildunterschrift hinzu ❸.
- Senden Sie die Datei durch Antippen von ❹.

Sprach- und Videoanrufe

- Öffnen Sie den Chat der Person, mit der Sie telefonieren wollen.
- Tippen Sie oben in der Leiste auf das Hörer-Symbol 5 (Bild oben rechts) für einen Sprachanruf oder auf das Kamera-Symbol für einen Videoanruf.
- Bestätigen Sie anschließend mit Antippen von *Anruf*. Wenn nötig, erlauben Sie vor dem Videoanruf den Zugriff auf die Kamera.
- Bestätigen Sie anschließend mit Antippen von *Anruf*. Wenn nötig, erlauben Sie vor dem Videoanruf den Zugriff auf die Kamera.

Warnhinweis Mikrofon und Kamera: Am rechten oberen Rand des Smartphones wird bei Nutzung der Kamera bzw. des Mikrofons ein dementsprechendes Symbol eingeblendet und dann nach kurzer Zeit auf einen grünen Punkt reduziert. Das soll Sie darauf Aufmerksam machen, dass diese Gerätekomponenten gerade verwendet werden. Wenn Sie einen WhatsApp-Videochat durchführen, ist das völlig in Ordnung, da Sie sowohl Kamera als auch Mikrofon benötigen. Sollte der grüne Hinweis auftauchen bei einer App zu deren Funktionalität weder Kamera noch Mikrofon gehören bzw. sollten Sie gerade keine App verwenden, kann das ein Hinweis auf Malware sein.

7 Fotos und Videos

Mit dem Smartphone haben Sie jetzt auch immer eine Kamera dabei. Diese macht nicht nur hübsche Schnappschüsse sondern kann auch dazu dienen Informationen zu sichern, z. B. können Sie an der Bushaltestelle die neuen Abfahrtszeiten abfotografieren.

7.1 Fotos und Videos aufnehmen

Bedienoberfläche

Optionen für den Aufnahmemodus Foto; von links nach rechts: Blitz, Selbstauslöser, Seitenverhältnis, Bewegungsaufnahme und Filter

Kameraeinstellungen

Fokuspunkt und Helligkeitsregler

Zoom: Objektivwahl nur verfügbar für die hintere Kamera: Ultraweitwinkel, Hauptkamera und Makrokamera.

Aufnahmemodi (umrandet = aktueller Modus)

Wechsel zwischen vorderer/hinterer Kamera

Auslöser

Vorschaubild (zuletzt aufgenommenes Foto)

Beim Öffnen der App Kamera erscheint am rechten oberen Rand des Smartphones ein grün hinterlegtes Kamerasymbol, welches auf die Nutzung der Kamera hinweist. Wie Sie auf der vorigen Seite schon erfahren haben, handelt es sich um einen Hinweis der vor unberechtigter Verwendung schützen soll. Bei Auswahl des Modus *Video* werden Mikrofon- und Videosymbol angezeigt.

Fotos knipsen

- Öffnen Sie die Kamera-App. Vergewissern Sie sich, dass der Aufnahmemodus *Foto* ❶ ausgewählt ist.
- **Zoom:** Wählen Sie zwischen Ultraweitwinkel *0.5x* ❷ oder der Hauptkamera *1x*. Das Galaxy A54 bietet eine zehnfache Vergrößerung mit digitalem Zoom. Für gelungene Fotos empfehlen wir jedoch mit maximal *2x* ❸ Bilder aufzunehmen, da diese sonst körnig wirken. Mit dem Zoom wird ein Ausschnitt vergrößert, d. h. dass für diese Bilder Bildpunkte rechnerisch ergänzt werden, weswegen Fotos mit Digitalzoom zwar die gleiche Auflösung wie Bilder ohne Zoom (Hauptkamera *1x*) haben können, aber qualitativ trotzdem etwas schlechter sind.
- **Scharfstellen:** Falls nötig, tippen Sie auf dem Bildschirm den Teil des Fotos ❹ an, auf den scharf gestellt werden soll. Die Belichtung wird dadurch an den angetippten Bereich angepasst. Gleichzeitig wird ein Schieberegler angezeigt, über den Sie die Belichtung manuell korrigieren können. Um den Fokuspunkt zu fixieren, halten Sie diesen kurz gedrückt. Helligkeitsregler und Fokuspunkt ❺ ändern dann die Farbe zu gelb.
- **Auslösen:** Wenn Sie zufrieden sind, drücken Sie auf den Auslöser ❻.

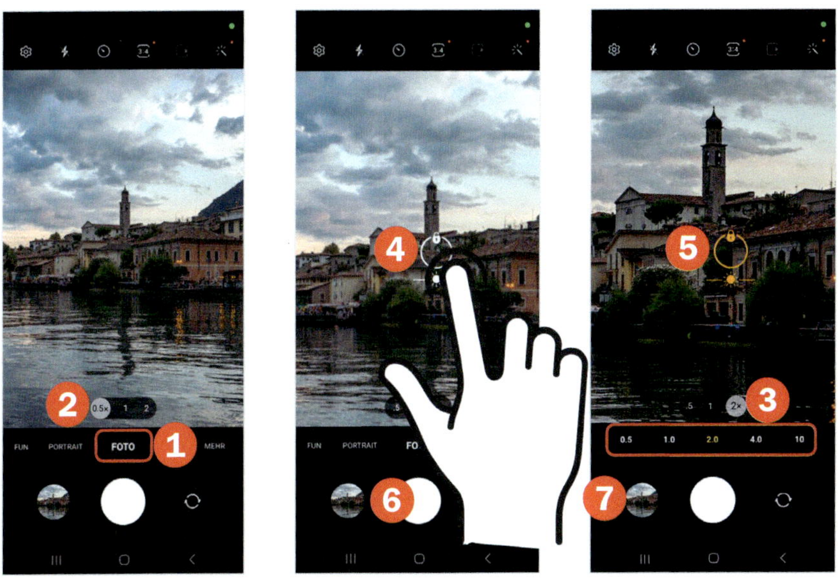

Nach der Aufnahme wird das Foto als Miniaturbild in der linken unteren Ecke ❼ eingeblendet. So sehen Sie, dass die Aufnahme funktioniert hat. Sie können dann gleich ein neues Bild knipsen.

Kameras und Megapixel

Mit der Hauptkamera können Sie Bilder mit bis zu 50 Megapixel (MP) aufnehmen; das Ultra-Weitwinkel-Objektiv, das beispielsweise bei Landschaftsaufnahmen gute Dienste leistet, stellt weniger Megapixel zur Verfügung. Die Makrokamera benötigen Sie für den Nahaufnahmen oder die *Lupe*. Makroaufnahmen werden mit einer weitaus geringeren Anzahl an Megapixeln aufgenommen. Allerdings sind die Megapixel nicht das allein entscheidende Qualitätsmerkmal. Ein 2 MP-Foto kann durchaus in Postkartengröße mit guter Qualität gedruckt werden, für ein A3-Poster reichen die Pixel allerdings nicht aus.

Was sind Megapixel (MP)?
Das Digitalfoto setzt sich aus vielen Bildpunkten, auch Pixel genannt, zusammen. Je mehr Pixel vorhanden sind, umso detailreicher ist das Fotos; man spricht hier auch von einer guten Auflösung. Diese errechnet sich aus Breite x Höhe eines Bildes in Pixel. Ein Foto mit 6120 Pixel in der Breite und 8160 Pixel in der Höhe, hat insgesamt 49.939.200 Pixel bzw. knapp 50 MP.

Schnellstart der App Kamera

Schnell, schnell, der Augenblick ist gleich vorbei! Mit diesen zwei Kniffen aktivieren Sie fix die Kamera-App:

- Ziehen Sie das Kamera-Symbol rechts unten auf dem Sperrbildschirm aus dem Kreis nach oben.
- Drücken Sie die Funktionstaste zweimal hintereinander.

Sie nutzen dann die Kamera App, ohne das Smartphone entsperrt zu haben. Deshalb müssen Sie das nach der Aufnahme erledigen. Auch in der App stehen, wenn Sie diese so aufrufen, nicht alle Funktionen zur Verfügung.

Geotagging

Nachdem Sie die ersten Fotos geknipst haben, erscheint automatisch eine Abfrage, ob Sie Geotagging zulassen möchten. Mit Geotagging werden Ihren Fotos Informationen zum Aufnahmeort hinzugefügt. Das funktioniert recht genau mit Ort, Straßenname und Hausnummer (sofern vorhanden). Wenn Sie das Foto teilen, werden diese Infos unter Umständen in Form von GPS-Koordinaten weitergegeben.

Natürlich ist es auch praktisch, dass man jederzeit beim Foto nachschauen kann, wo es geknipst wurde. Außerdem stehen Such- und Sortierfunktionen auf Grundlage des Standorts zur Verfügung. Wenn Sie Geotagging verwenden möchten, tippen Sie auf *Einschalten* ❶. Im nächsten Schritt erlauben Sie den Zugriff auf den Gerätestandort. Hier entscheiden Sie zunächst, ob nur ein ungefährer Standort (im Radius von mehreren Hundert Metern wird einfach eine andere Straße der Stadt angezeigt) oder der genaue verwendet werden darf. Tippen Sie dann auf *Bei Nutzung der App* ❷. Wenn Sie keine Standortinformationen speichern möchten, wählen Sie *Abbrechen* ❸.

Zum Anzeigen der Standortinformationen ❹ wischen Sie in der Einzelbildansicht (siehe Seite 128) in der App *Galerie* vertikal von unten nach oben über den Bildschirm.

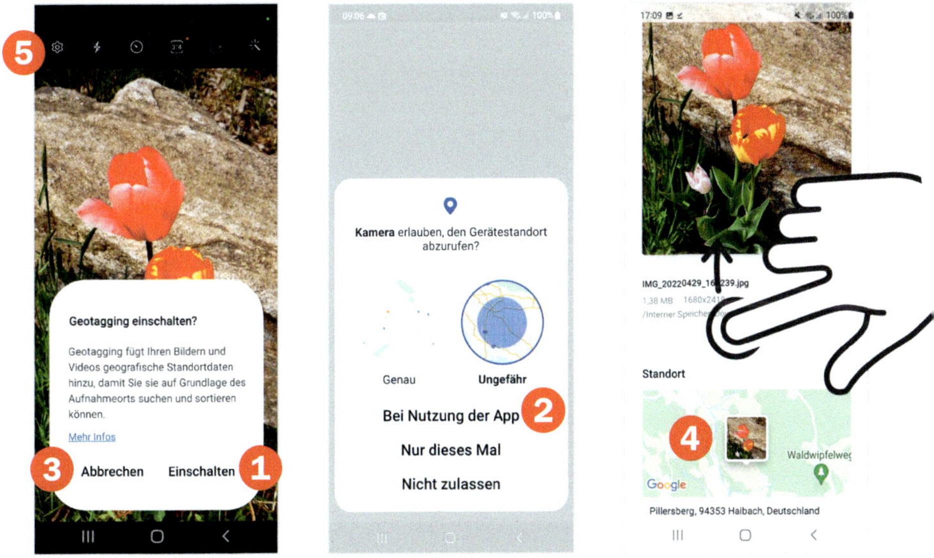

Tipp: In den Kameraeinstellungen ⚙ ❺ (Bild oben links) kann das Geotagging nachträglich aus- bzw. eingeschaltet werden.

Selfie aufnehmen

Um ein Bild von sich selbst zu machen, müssen Sie die Kamera wechseln. So sehen Sie sich auf dem Bildschirm und werden dabei geknipst. Die Frontkamera steuern Sie durch Antippen von an. Um Ihr Gesicht erscheint kurz ein rechteckiger Rahmen, dadurch zeigt die Kamera an, dass sie bereit ist. Da es etwas umständlich ist, so den Auslöser zu drücken, steht speziell für Selfies eine weitere Auslösetechnik zur Verfügung: Halten Sie einfach Ihre Handfläche in die Kamera, dadurch erscheint ein Timer und ein paar Sekunden später wird das Foto geknipst.

Wenn ein Gruppenselfie erstellt wird oder Sie noch etwas mehr Umgebung abbilden möchten, tippen Sie vor dem Auslösen auf .

Auswahl des Seitenverhältnisses

Die Kamera-App stellt verschiedene Seitenverhältnisse zur Verfügung. Sie finden sie oben in der Befehlsleiste. Standardmäßig ist das Format 3:4 ❶ ausgewählt. Oft gelingen schönere Bilder im Querformat. Wenn Sie das Smartphone drehen, wechselt die Anzeige automatisch zum Format 4:3 ❷.

- Tippen Sie das Symbol für Seitenverhältnis an, um die weiteren Optionen anzuzeigen. Hier können Sie ein anderes Bildformat wählen.

3:4 oder 9:16 ❸: Das Bild rechts wurde im Format 4:3 geknipst, das Foto darunter im Format 16:9. Sie sehen, dass im Format 4:3 der größere Bildausschnitt aufgenommen werden kann (das rote Rechteck zeigt den Ausschnitt 16:9). Das ist durchaus ein Vorteil dieses Formats. 16:9 ist das Seitenverhältnis von Monitoren und Fernsehern. Wenn Sie also Ihre Bilder am Fernseher oder Laptop vorführen möchten, dann sind Aufnahmen im Querformat und einem Seitenverhältnis von 16:9 am schönsten anzusehen, da sie den gesamten Bildschirm einnehmen.

3:4 50 MP ❹: Hier wird das Foto mit der vollen, der Hauptkamera zur Verfügung stehenden Anzahl an Megapixeln aufgenommen. Da sich dadurch die Dateigröße im Vergleich zur Auswahl von mehr als verdoppelt, ist diese Option nicht als Dauerauswahl anzuraten; der interne Speicher Ihres Smartphones wäre unter Umständen schnell voll. Allerdings kommt in diesem Modus die Adaptive Pixel Technologie zum Einsatz. Hier wird je nach verfügbarem Licht entweder ein Foto im detailreichen 50 MP-Modus oder im hochempfindlichen 12 MP-Modus erstellt. Der Umstieg geschieht automatisch. Auch eine Kombination der beiden kann erfolgen.

Die Optionen 3:4 oder 9:16 besitzen für den alltäglichen Gebrauch ausreichend Megapixel. Im 3:4-Format fotografieren Sie mit 12 MP.

1:1 und Full ❺: Mit der Auswahl *1:1* knipsen Sie quadratische Bilder und mit *Full* wird das Seitenverhältnis des Handy-Bildschirms verwendet. Wenn Sie ein Hintergrundbild für den Startbildschirm Ihres Smartphones fotografieren möchten, ist die Auswahl von *Full* von Vorteil.

> Wir empfehlen für den täglichen Gebrauch das Format 4:3, hier kommt das sogenannte Pixel-Binning zum Zug. Dabei werden vier nebeneinander liegende Pixel zu einem zusammen gefasst. Die Fotos haben dann 12,5 statt der vollen 50 Megapixel. Dadurch verringert sich der benötigte Speicherplatz trotz kaum wahrnehmbaren Unterschied in der Bildqualität. Für besondere Fotos wechseln Sie einfach das Format oder schneiden das Bild, falls gewünscht, noch nachträglich zu.

Blitz einschalten

Selbstverständlich verfügt Ihr Smartphone auch über einen Blitz. Sie können zwischen *Aus*, *Automatisch* und *Ein* (in diesem Fall wird der Blitz auf jeden Fall ausgelöst) wechseln. Tippen Sie zunächst auf das Blitz-Symbol ❶ und wählen Sie dann die passende Option ❷ durch Antippen aus.

Video aufnehmen

Für ein Video wählen Sie den Aufnahmemodus *Video* ❶ und tippen dann auf den Auslöser ❷. Im oberen Bereich wird die Aufnahmezeit eingeblendet. Beenden Sie das Video durch Antippen von ■ ❸. Sie können mit ❚❚ ❹ ein Video pausieren und mit ● ❺ wieder fortsetzen.

Weitere Aufnahmemodi im Überblick

Es gibt noch weitere Aufnahmemodi, die Ihnen tolle Fotos bescheren. Wir zeigen Ihnen kurz, wo Sie diese finden und welchen Zweck sie erfüllen.

- *Portrait* bietet Ihnen die Möglichkeit, ein Objekt scharf zu stellen und den Hintergrund nur verschwommen anzuzeigen. Mit einem Regler ❶ können Sie die Unschärfe im Hintergrund erhöhen bzw. verringern.

Unter *Mehr* ❷ finden Sie noch weitere Modi, wie *Pro*, *Profi-Video*, *Singletake*, *Nacht*, *Essen*, *Panorama*, *Makro*, *Zeitlupe* oder *Zeitraffer*.

- Im *Profi*-Modus ❸ legen Sie alle Einstellungen, wie ISO-Wert, Verschlusszeit, Belichtung, Fokus und Weißabgleich, selbst fest.
- Der Modus *Nacht* ermöglicht Ihnen, auch bei wenig Licht noch scharfe Fotos zu machen. Dabei wird die Belichtungszeit in Sekunden ❹ eingeblendet. Bewegen Sie dabei nicht das Handy.
- Mit *Panorama* nehmen Sie bis zu 360 Grad Ihrer Umgebung auf.
- Mit *Essen* lässt sich schnell mal das leckere Dinner für Freunde ablichten. Mit dem Finger verschieben Sie den Fokus und bestimmen so einen Ausschnitt auf den scharf gestellt wird.
- *Makro* ermöglicht Ihnen, das Smartphone sehr nah (3-5 Zentimeter) an das zu fotografierende Objekt heranzuführen.

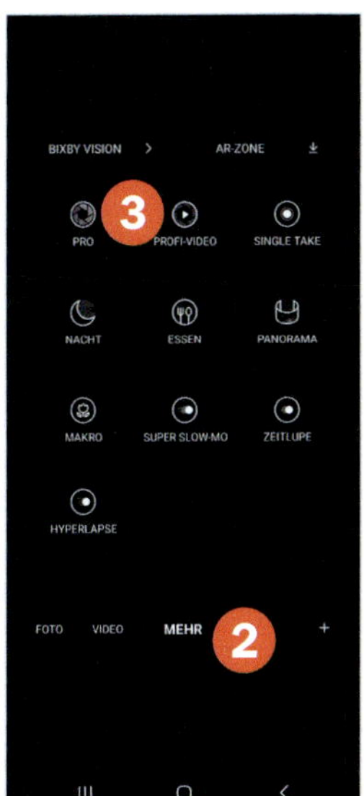

Wozu QR-Codes?

Mittels QR-Codes werden Ihnen Informationen zur Verfügung gestellt. Dabei kann es sich um eine Adresse oder Telefonnummer handeln, die sich hinter dem Code verbirgt. Oft dienen Codes der Weiterleitung zu einer Internetseite, beispielsweise als Teil eines Gewinnspiels oder zur Anzeige von Bildern und Videos zu einem Informationsflyer, Seminar oder Buch.

Den QR-Code können Sie mit der Kamera Ihres Smartphones scannen. Öffnen Sie die App *Kamera* und nehmen Sie den QR-Code ins Visier. Dieser wird automatisch gescannt. Wenn das geschehen ist, wird darunter angezeigt ❶, auf was der Code verweist, in diesem Beispiel auf die Webseite Bildner TV. Wenn Sie die Seite anzeigen möchten, tippen Sie auf das Feld. Unter Umständen wird abgefragt, mit welchem Browser Sie die Seite anzeigen möchten .

Tipp: Falls das Scannen des QR-Codes nicht klappt, überprüfen Sie in den Einstellungen ❷ der Kamera App, ob die Funktion aktiviert ist. Dazu tippen Sie in der Kamera-App auf das Zahnradsymbol und ziehen ggf. bei *QR-Codes scannen* ❸ den Regler auf die Position *Ein*.

Im Quick-Panel finden Sie ebenfalls eine Schaltfläche *QR-Code scannen* ❹.

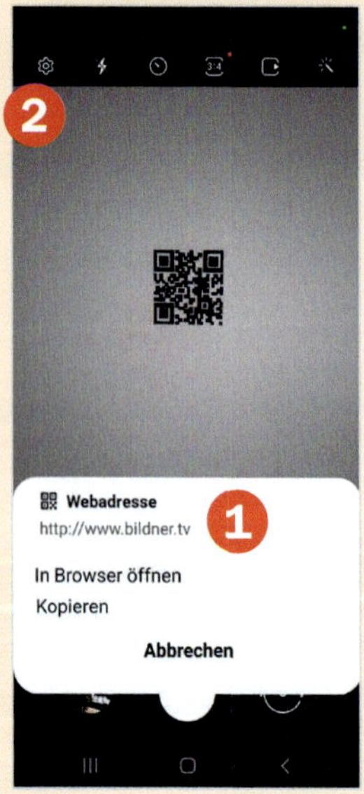

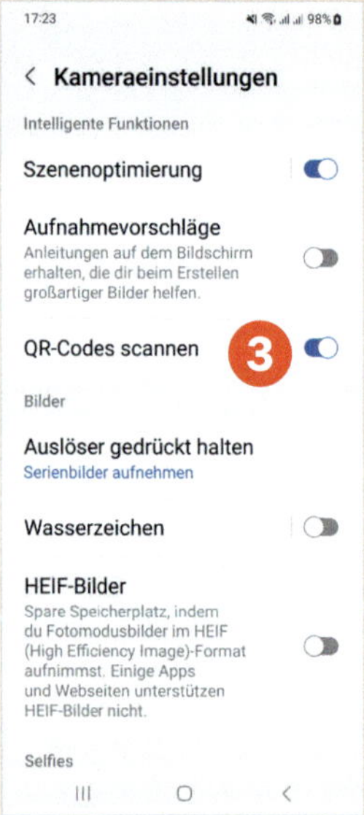

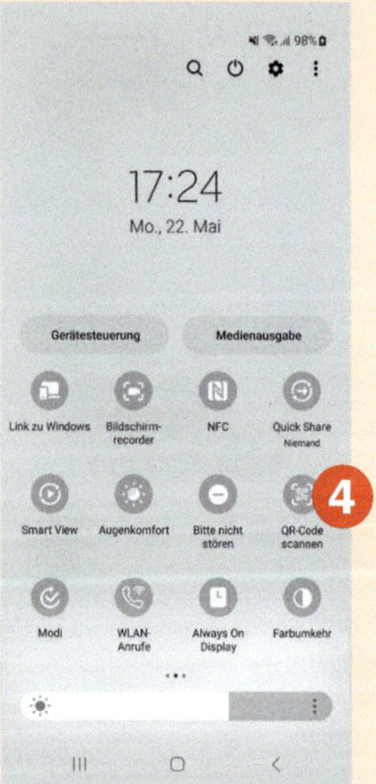

7.2 Die Galerie-App

Die App *Galerie* dient der Anzeige Ihrer Fotos und Videos. Sie bietet darüber hinaus auch einfache Bearbeitungsfunktionen.

Bedienoberfläche

Kategorien:

Bilder: Alle Bilder und Videos, die auf Ihrem Smartphone gespeichert sind, sind nach Datum sortiert.

Alben: automatische Zusammenstellungen, z. B. Kamera (geknipste Bilder), Screenshots oder Downloads. Unter *Alle anzeigen* finden Sie sämtliche Alben auf Ihrem Smartphone.

Im Menü finden Sie weitere Rubriken, z.B. *Videos*, *Favoriten*, *Papierkorb*, *Einstellungen* etc.

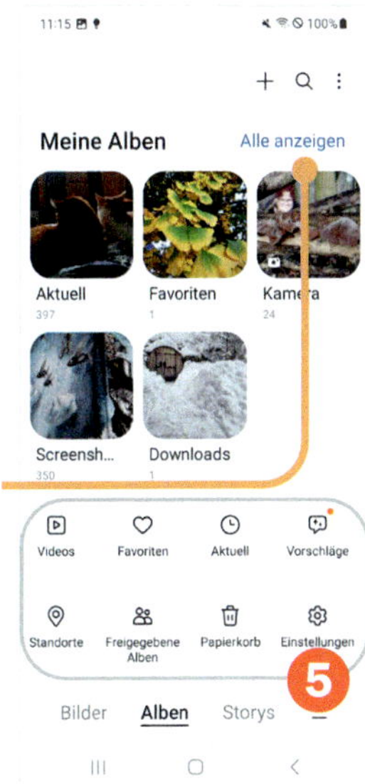

Sie wechseln zwischen den einzelnen Kategorien durch Antippen des Namens. Der Name der aktuell angezeigten Kategorie ist fett hervorgehoben und unterstrichen.

Tipp: Ändern Sie die Größe der Vorschaubilder, indem Sie ein Bild mit zwei Fingern auseinander- bzw. zusammenziehen.

Die Kategorien Bilder, Alben und Storys

Die Kategorie *Bilder* ❶ (siehe Abbildung oben) enthält alle Bilder und Videos, die Sie gemacht oder bekommen haben. Videos erkennen Sie in der Übersicht unter anderem an der eingeblendeten Videolänge ❷. Sie sind nach Datum sortiert. Wischen Sie einfach vertikal über den Bildschirm, um durch Ihren Bildbestand zu blättern. Tippen Sie auf ein einzelnes Bild, um es genauer zu betrachten und ggf. zu bearbeiten (mehr dazu auf Seite 129).

In der Kategorie *Alben* ❸ (siehe Abbildung vorige Seite) finden Sie zumindest das Album *Kamera*. Hier sind alle Fotos und Videos gesammelt, die Sie mit dem Smartphone aufgenommen haben. Je mehr Apps und Dienste Sie nutzen umso mehr Alben kommen hinzu, z. B. *WhatsApp Images*, wenn Sie via WhatsApp ein Bild erhalten haben.

Alle Bilder und Videos, die auf Ihrem Smartphone sind, werden in der Kategorie *Alben* sozusagen nach deren Herkunft sortiert. Das ist praktisch, da Sie nicht lange suchen müssen, wenn Sie wissen, über welchen Weg die gesuchten Bilder auf Ihr Smartphone gelangt sind.

Auch interessant ist der Bereich *Storys* ❹. Die App erstellt mit der Zeit und mit genügend Fotomaterial automatisch Storys. Dabei werden Motive, Uhrzeiten und Standorte von Bildern berücksichtigt und Fotos nach diesen Kriterien gemeinsam gesammelt. Die Option lässt sich im Menü rechts unten ≡ in den *Einstellungen* ❺ ▶ *Personalisierter Dienst* einschalten.

Bilder in der Einzelansicht anzeigen

In der Galerie-App können Sie Fotos nicht nur anzeigen und betrachten, sondern es stehen Ihnen in der Einzelansicht viele weitere Optionen zur Verfügung.

- Öffnen Sie die Galerie.
- Wählen Sie ein Bild durch Antippen aus.

Wechsel zur Bildergalerie

Von links nach rechts:

Bild zu Favoriten hinzufügen

Bild bearbeiten

Bild senden

Bild löschen

Menü: Bild als Hintergrund festlegen, Bild drucken

Bilder bearbeiten

Kleine Veränderung, große Wirkung: Die App Galerie bietet grundlegende Bildbearbeitungsfunktion. Verändern Sie den Zuschnitt Ihres Bildes oder versehen Sie es mit einem Filter.

- Wählen Sie ein Bild aus und tippen Sie auf *Bild bearbeiten* ❶ (Abbildung vorige Seite) in der unteren Leiste.

Filter anwenden

Mit Filtern können Sie ein Foto schnell verändern: Sie können die Farben kühler oder wärmer erscheinen lassen oder ein Schwarz-Weiß-Bild erstellen.

- Tippen Sie auf *Filter* ❷ und wischen Sie einfach unten mit einer horizontalen Fingerbewegung durch die Filter. Durch Antippen wählen Sie einen Filter aus.
- Mit dem weißen Regler ❸ bestimmen Sie die Intensität des Filters.
- Wenn Sie mit dem Ergebnis zufrieden sind, speichern Sie das Bild.

Bild zuschneiden, drehen und mehr

Beim Öffnen der Bearbeitungstools ist standardmäßig die Funktion *Umwandeln* ❹ ausgewählt, falls nicht, tippen Sie auf .

- Ziehen Sie an den weißen Anfasser 5 (Grafik vorige Seite) in den Ecken des Bildes. Damit beschneiden Sie das Foto. Das Bild kann in diesem Bereich auch zusätzlich verschoben werden.
- Unter dem Bild stehen weitere Bearbeitungsfunktionen 6, wie *um 90° Drehen*, *vertikales Spiegeln*, *Formatänderung* oder *perspektivsche Verzerrungen* zur Verfügung. Mit der Funktion *Lasso* können Sie einzelne Objekte im Foto ausschneiden und freistellen 7.

Änderungen übernehmen oder verwerfen

Um die Änderungen, die Sie am Foto vorgenommen haben zu behalten, tippen Sie rechts oben auf *Speichern* 8. Wenn sie Ihnen nicht zusagen, tippen Sie einfach auf *Zurücksetzen*, dann werden alle Änderungen entfernt.

Bei Auswahl von *Speichern* werden Ihre Anpassungen im Originalbild gespeichert. Wenn Sie zwei separate Dateien in der Galerie hinterlegen möchten, tippen Sie auf *Weitere Optionen* und *Kopie speichern* 9.

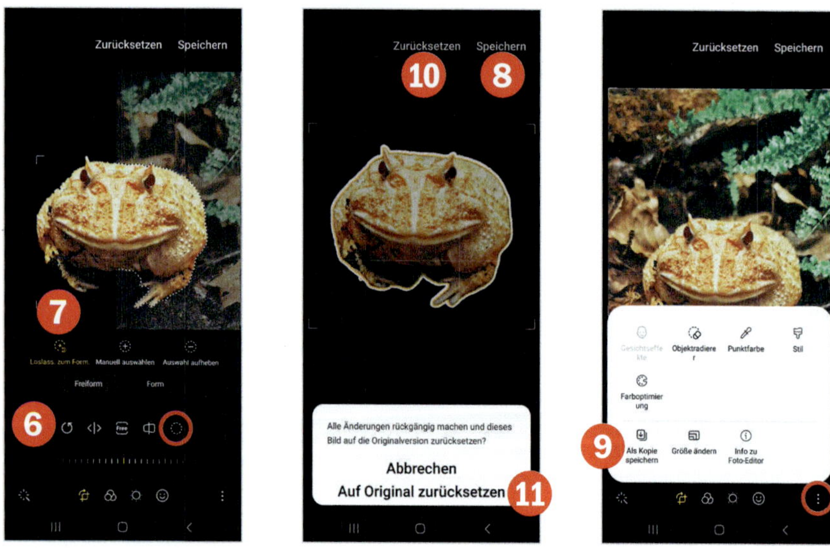

Veränderungen im Originalbild oder der Kopie können jederzeit durch Antippen des Stift-Symbols und Auswahl von *Zurücksetzen* 10 in den Originalzustand versetzt werden. Dabei werden alle Anpassungen rückgängig gemacht, Sie können hier keine Auswahl treffen. Bestätigen Sie mit *Auf Original zurücksetzen* 11 und tippen dann auf *Speichern*. Wenn Sie die Datei versenden, wird diese automatisch mit allen Änderungen verschickt.

Videos abspielen

- Um ein Video wiederzugeben, öffnen Sie die Galerie-App und wählen es durch Antippen aus. Zum Video wird in der Übersicht die Abspieldauer ❶ eingeblendet.
- Das Video wird nach Auswahl sofort abgespielt, zunächst allerdings ohne Ton. Um den Ton einzuschalten, tippen Sie auf ❷.
- Durch Antippen von *Video wiedergeben* ❸, wird es in der App Video-Player mit Ton abgespielt. Mit einem Tipp auf den Displays zeigen Sie im Video-Player die Steuerungstasten an.
- Über die *Suche* ❹ ▶ *Aufnahmetypen* ▶ *Video* zeigen Sie alle in der Galerie befindlichen Videos an.
- Auch für Videos finden Sie in der Bearbeitungsleiste die Optionen: *Zu Favoriten hinzufügen* , *Bearbeiten* , *Senden* und *Löschen*

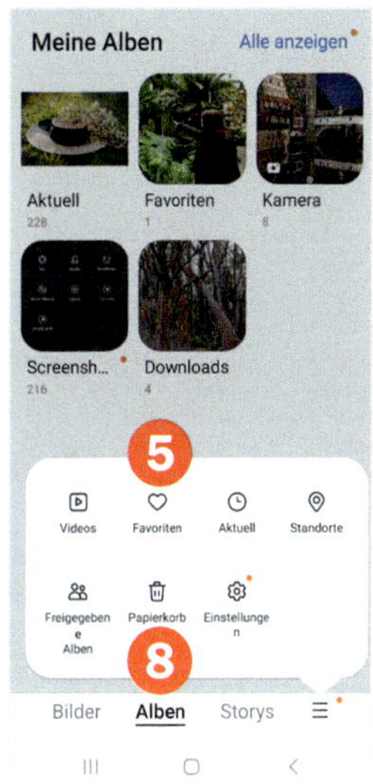

> **Lieblingsbilder und -videos markieren**
>
> Bilder und Videos können in der Einzelansicht über den Befehl *Zu Favoriten hinzufügen* als Lieblingsaufnahme markiert werden. Alle Favoriten werden dann gemeinsam in einem Ordner angezeigt. Diesen finden Sie auch direkt im Menü ☰ ▶ *Favoriten* ❺ .

Bilder und Videos löschen

Meist belegen Fotos und Videos den größten Teil des Speicherplatzes. Löschen Sie deshalb Bilder und Videos, die misslungen sind oder die Sie nicht mehr benötigen. Öffnen Sie die Galerie-App ❁.

☛ Wählen Sie ein Bild oder ein Video in der Einzelansicht aus. Tippen Sie auf 🗑 ❻ und bestätigen Sie mit *In den Papierkorb*. Sie können auch mehrere Bilder auf einmal auswählen ❼ , um diese zu löschen .

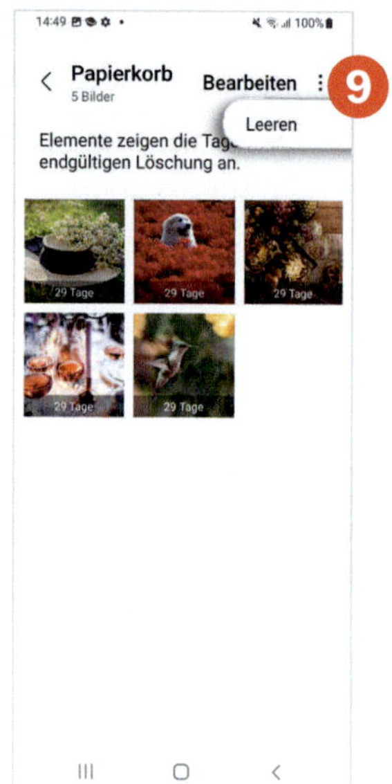

Bilder und Videos, die Sie gelöscht haben, landen im Papierkorb.

- Um den Ordner zu öffnen, tippen Sie in der Galerie-Übersicht auf ☰ und anschließend auf *Papierkorb* ❽ (siehe vorherige Seite).
- **Wiederherstellen:** Wenn Sie ein Foto aus Versehen gelöscht haben, tippen Sie im Papierkorb recht auf *Bearbeiten*, wählen das Bild durch Antippen aus und tippen dann unten links auf *Wiederherstellen*.
- **Papierkorb leeren:** Entfernen Sie alle Elemente, indem Sie oben rechts auf ⋮ ❾ tippen und anschließend auf *Leeren* . Bestätigen Sie mit *Papierkorb leeren*. Wenn Sie diese Option nicht in Anspruch nehmen, kein Problem; Objekte, die im Papierkorb landen, werden automatisch nach 30 Tagen gelöscht.

8 Merken und erinnern

Das Smartphone als ständiger Begleiter ist das ideale Medium zum Speichern kurzer Notizen oder Einkaufslisten. Daneben vervollständigen die App Kalender mit der Speicherung von Terminen und die App Uhr die Möglichkeiten.

8.1 Termine im Griff mit der Kalender-App

Tragen Sie Ihre Termine in die App ein und Sie werden keinen mehr verpassen.

- Öffnen Sie die *Kalender*-App. Schon auf dem App-Symbol sehen Sie den aktuellen Tag. Auf dem Tabellenblatt ist dieser hervorgehoben. Durch horizontales Wischen können Sie durch die verschiedenen Monate blättern. Zur Anzeige des aktuellen Datums kehren Sie wieder über das kleine Kalenderblattsymbol rechts oben ❶ zurück.
- Durch Antippen eines Tags mit einem Eintrag ❷ wird der Termin oder Feiertag gesondert in der Tagesansicht angezeigt ❸. Tippen Sie neben das Kalenderblatt, um die Tagesansicht wieder auszublenden.
- Wischen Sie vertikal von unten nach oben, um eine verkleinerte Version des Kalenderblatts zu erhalten. Unten erscheinen die Einträge ❹ der angetippten Tage.

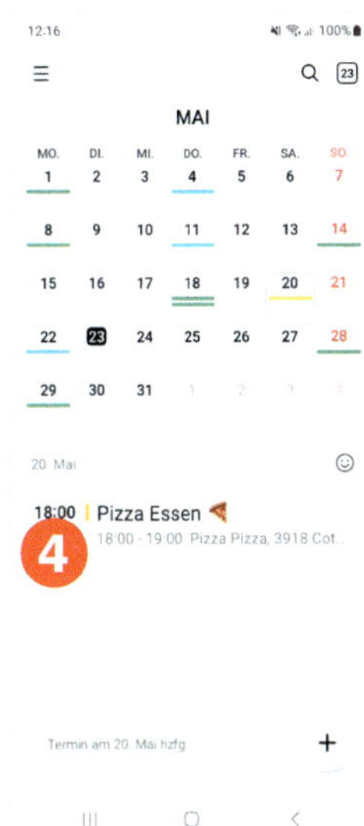

Termin eintragen

- Markieren Sie auf dem Kalenderblatt durch Antippen den Tag ❶ des Termins. Dadurch ersparen Sie sich die händische Eingabe.
- Tippen Sie auf ⊕ und geben Sie bei *Titel* eine Bezeichnung für den Termin ein.
- Kontrollieren Sie nochmals das Datum und tippen Sie auf die Uhrzeit ❷. Drehen Sie mit dem Finger an den Zahlenrädern in vertikaler Richtung nach unten bzw. oben ❸. In der Regel können Sie auf die Eingabe des Terminendes verzichten.
- Standardmäßig werden Sie zehn Minuten vor Beginn des Termins erinnert. Manchmal ist eine frühere Erinnerung wichtig. Tippen Sie dann auf *10 Min. vorher* ❹, entfernen Sie die Auswahl vor *10 Min. vorher* durch Antippen und wählen Sie eine andere Erinnerungszeit. Manchmal ist es aber auch praktisch, zwei Erinnerung zu erhalten. Dann tippen Sie eine weitere Erinnerungszeit ❺ einfach an. Sie verlassen den Bereich *Erinnerung* mit *<* links oben.
- Ebenso können Sie einen *Ort* oder weitere *Notizen* hinterlegen, was aber in der Regel gar nicht notwendig ist. Bestätigen Sie mit *Speichern*.

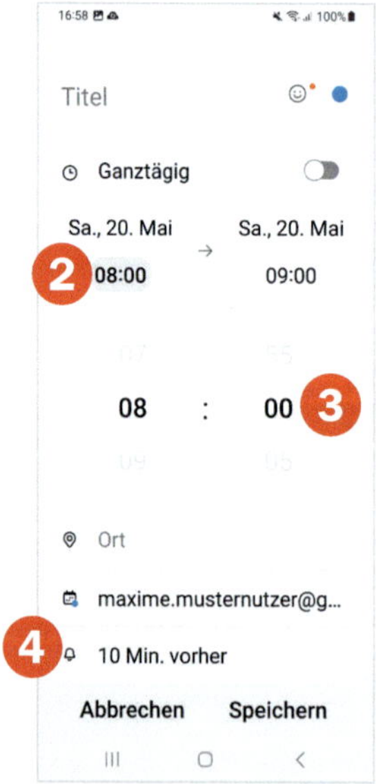

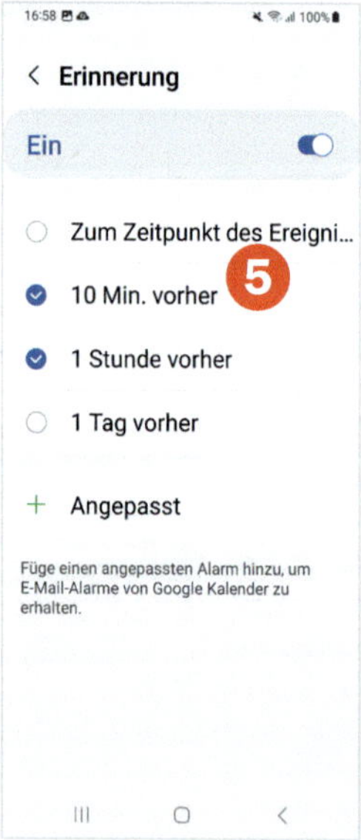

Terminerinnerung: Die Erinnerung an Ihren Termin erscheint am oberen Bildschirmrand ❻. Die Benachrichtigung ist natürlich auch in der Statusleiste hinterlegt. Ist das Smartphone gerade gesperrt, erscheint die Erinnerung auf dem Sperrbildschirm.

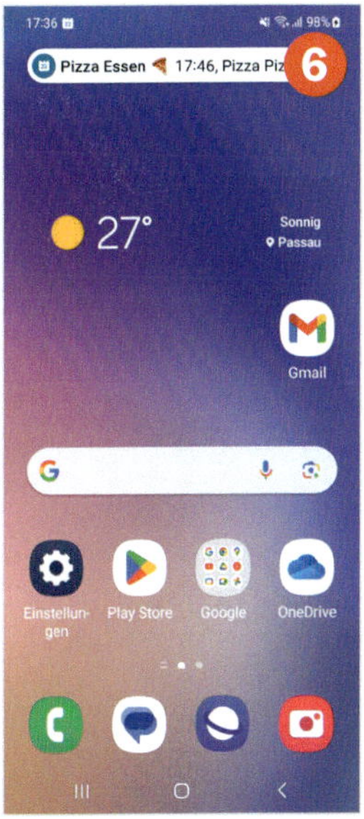

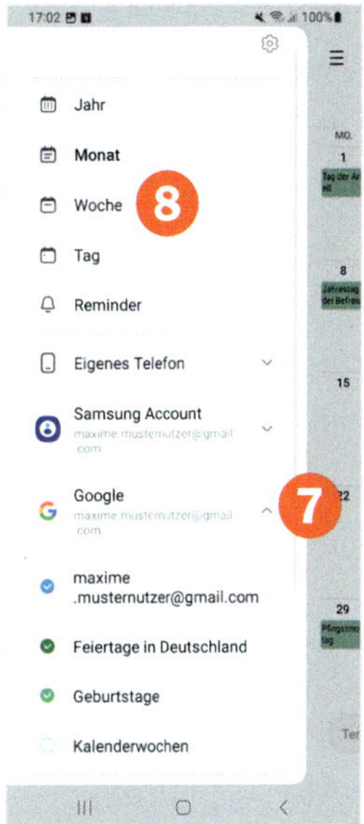

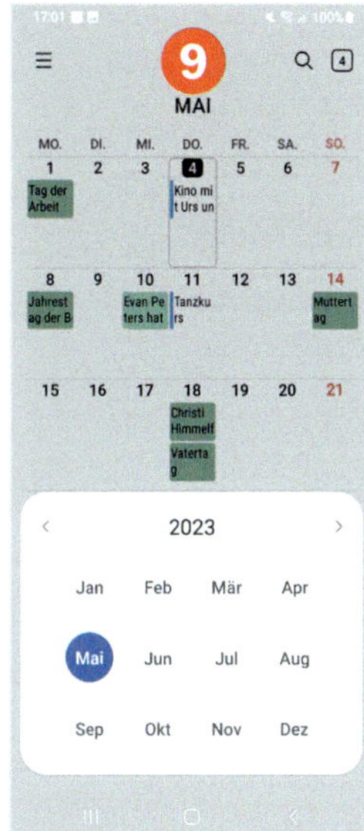

Tipp Geburtstage und Feiertage: Geburtstage tragen Sie in den Kalender nicht als Termin ein, da diese ja jedes Jahr stattfinden und Sie so viel zu tun hätten. Geburtstage hinterlegen Sie in der App Kontakte bei der jeweiligen Person. Diese werden dann via Google-Konto mit dem Kalender synchronisiert und dort angezeigt. Sollten keine Geburtstage im Kalender angezeigt werden, überprüfen Sie die Optionen. Tippen Sie im Kalender auf ☰ und erweitern Sie ggf. über den Erweiterungspfeil ⌄ die Informationen zum Google-Konto ❼. Aktivieren Sie die Anzeige der Geburtstage durch Antippen von *Geburtstage*. Gleiches gilt für die Feiertage. Sollten diese im Kalender nicht angezeigt werden, können Sie ebenfalls hier aktiviert werden.

Kalenderdarstellung ändern: Wenn Sie statt einer Monatsdarstellung den Kalender lieber wochenweise anzeigen möchten, dann tippen Sie auf *Woche* ❽.

Datumsnavigator: Tippen Sie im oberen Bereich auf den Monatsnamen ❾. Dann wird unten ein Navigator angezeigt, mit dem Sie leicht größere Zeiträume überspringen können und nicht durch zahlreiches Wischen erst den gewünschten Monat erreichen.

Termine bearbeiten oder löschen

Natürlich können Sie Termine bearbeiten, z. B. um ihn zu verschieben.

- Tippen Sie einmal auf den Termin auf dem Kalenderblatt und dann nochmals in der Tagesübersicht ❶. Dann befinden Sie sich wieder in der Bearbeitungsansicht.
- **Termin verschieben:** Tippen Sie links auf das Datum ❷. Ein Kalenderblatt wird angezeigt, auf dem Sie durch Antippen ein neues Datum auswählen ❸.
- Bestätigen Sie mit *Speichern* ❹.

Manchmal fällt ein Termin ins Wasser – löschen Sie ihn einfach!

- Zeigen Sie den Termin in der Bearbeitungsansicht an und tippen Sie unten rechts auf *Löschen* ❺. Bestätigen Sie nochmals mit *Löschen*.

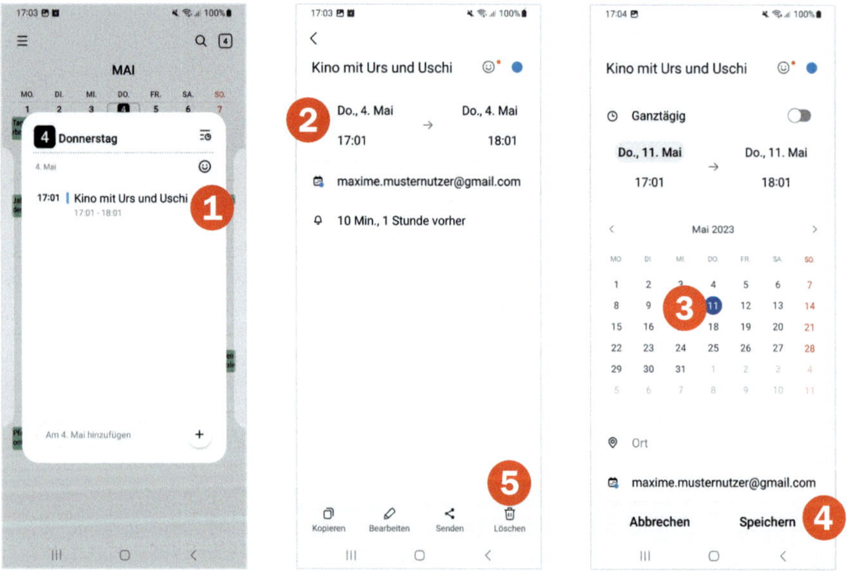

8.2 Die App Uhr

Vom Smartphone geweckt werden

- Öffnen Sie die App *Uhr*. Sie finden diese auf dem App-Bildschirm. Streichen Sie mit dem Finger auf dem Startbildschirm nach oben, um den App-Bildschirm anzuzeigen. Dann tippen Sie die App an. Nach dem Öffnen wird der Bereich *Alarm* ❶ angezeigt. Weitere Funktionen finden Sie in den Bereichen *Weltuhr*, *Stoppuhr* und *Timer*.

Wecker stellen

In der App ist bereits eine Weckzeit voreingestellt. Mit diesen Vorgaben klingelt der Wecker Montag bis Freitag um 6 Uhr morgens, sobald die Weckzeit aktiviert ist.

- **Wecker ein- und ausschalten:** Sie aktivieren einen Wecker, indem Sie den Regler nach rechts auf die Position *Ein* ❷ ziehen. Sie sehen dann oben, nach wie vielen Stunden der Wecker klingelt. Durch Ziehen nach links schalten Sie den Wecker aus ❸.
- **Wecker bearbeiten:** Tippen Sie den voreingestellten Wecker ❹ an, um ihn zu bearbeiten.
- **Neuen Weckeintrag erstellen:** Tippen Sie auf das + Symbol ❺.

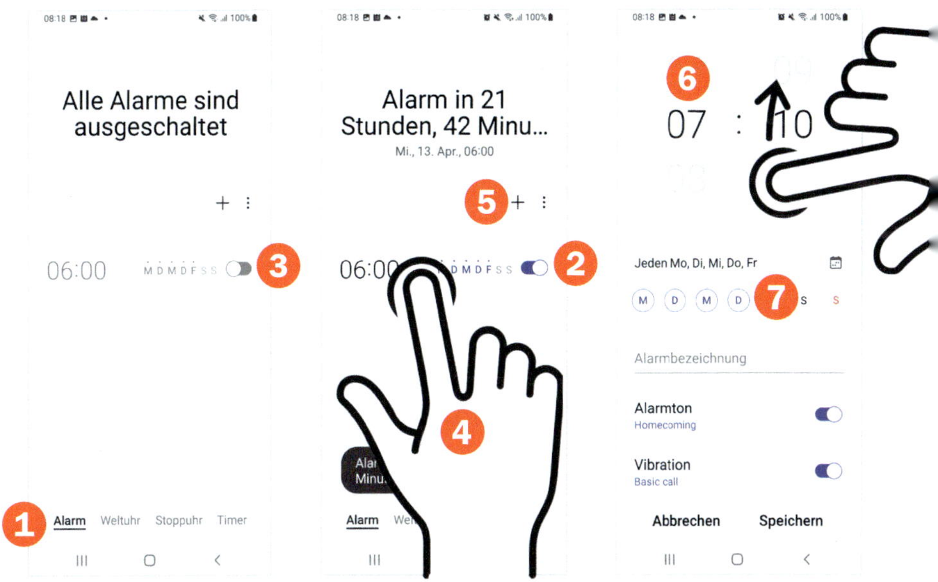

- **Weckzeit vereinbaren:** Verschieben Sie die Rädchen der Stunden ❻ und der Minuten, indem Sie mit dem Finger nach oben und unten wischen.
- **Tage auswählen:** Sie können nicht nur die Weckzeit festlegen, sondern auch die Tage ❼, an denen der Wecker ertönen soll. Blau bedeutet, die Tage sind ausgewählt. Falls Sie einen Tag versehentlich ausgewählt haben, tippen Sie erneut auf diesen.

> Wenn Sie keinen Tag auswählen ❽, klingelt der Wecker zum eingestellten Zeitpunkt und ist dann ausgeschaltet. Bei der Auswahl von Tagen bleibt der Wecker aktiv, um Sie am nächsten Tag, der ausgewählt wurde, erneut zu wecken.

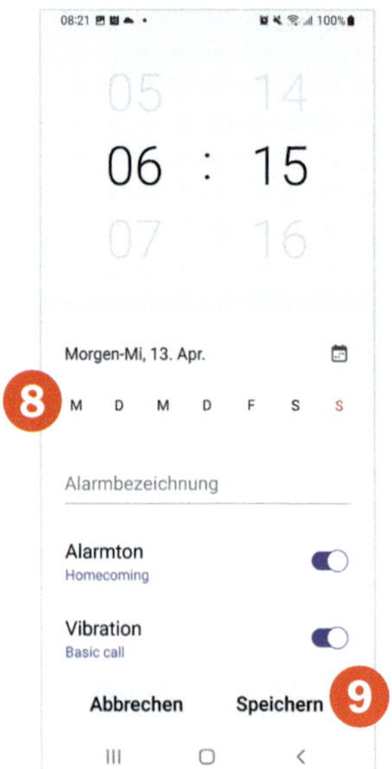

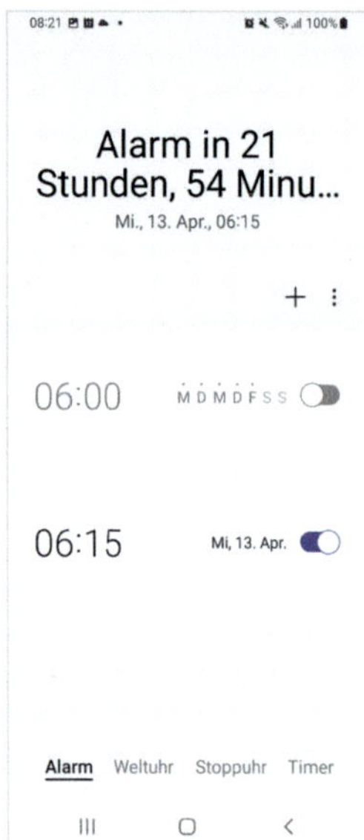

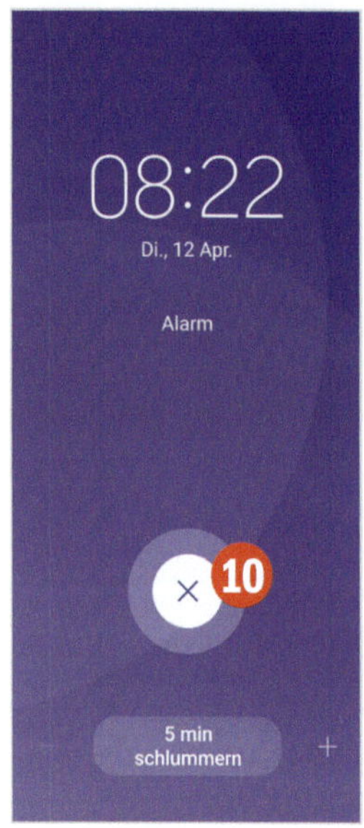

- Im unteren Bereich können Sie die Schlummer-Funktion (*Erinnern*) einstellen, also wann der Wecker erneut klingeln soll und wie oft.
- Tippen Sie abschließend auf *Speichern* ❾.

Schlummern oder aufstehen?

Wenn der Wecker klingelt, tippen Sie auf ⓧ ❿ und ziehen das Feld leicht nach oben, dann ist Ruhe! Oder Sie wählen *5 min schlummern* und der Wecker klingelt nach fünf Minuten erneut. Mit + und - können Sie die Schlummerzeit verlängern bzw. verkürzen.

Sie erkennen am Uhrensymbol in der Statusleiste rechts, dass ein Wecker an Ihrem Smartphone eingeschaltet ist. 

Wecker löschen

Um einen Wecker zu löschen, tippen Sie diesen in der Übersicht etwas länger mit dem Finger an. Dadurch erscheint unten *Löschen* 🗑 .

Das Smartphone als Eieruhr

Das Vier-Minuten-Ei rechtzeitig aus dem Topf holen oder die Backzeit für den Kuchen einstellen - auch das bietet die App Uhr.

- Wählen Sie den Bereich *Timer* ❶.
- Stellen Sie durch Ziehen mit dem Finger die Zeit ein, nach deren Ablauf das Smartphone klingeln soll, und tippen Sie dann auf *Starten* ❷.
- Während der Timer nach unten zählt, können Sie jederzeit pausieren ❸ oder abbrechen.
- Nach Ablauf ertönt ein Signal. Um dieses auszuschalten, tippen Sie auf *Verwerfen* ❹.

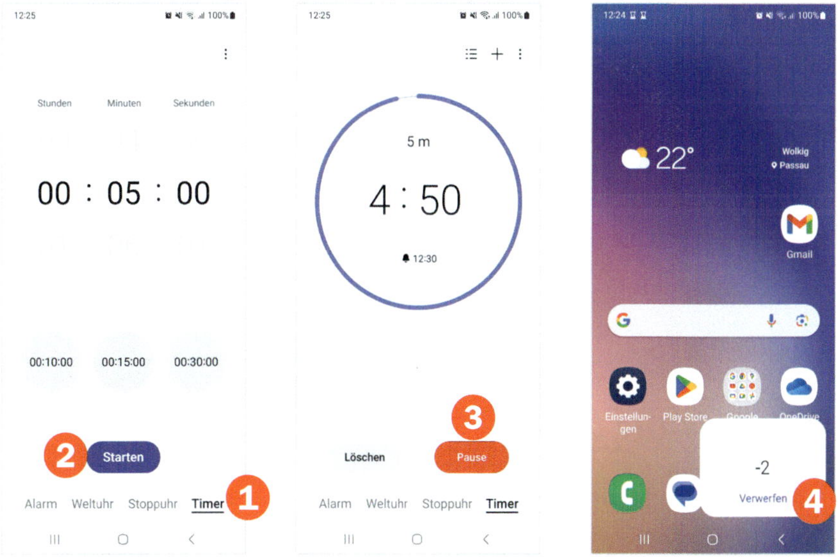

8.3 Einkaufslisten und andere Notizen

Es gibt eine Vielzahl toller Apps, mit denen Sie Notizen erstellen, aufwendig bearbeiten, teilen und sowohl am Smartphone als auch am Laptop betrachten können. Wer hier mehr machen möchte, dem sei Microsoft OneNote empfohlen. Für den Einstieg und das bloße Anlegen von einfachen Listen verwenden wir die App *Samsung Notes*. Diese App konnten Sie bereits während der Einrichtung Ihres Smartphones installieren. Sie finden Sie aber auch im Play und Galaxy Store.

Notiz erstellen

- Öffnen Sie *Samsung Notes* und tippen Sie auf [Symbol], um eine neue Notiz zu erstellen. Beim ersten Öffnen müssen Sie einen Seitenstil wählen. Wir haben uns für den Seitenstil *Individuelle Seiten* entschieden, d. h. die Notizen bestehen aus getrennten Seiten. Tippen Sie auf *Ok*.
- Tippen Sie ggf. in den Notizenbereich ❶, um die Tastatur anzuzeigen. Geben Sie Text ein oder tippen Sie auf das Mikrofon, um zu diktieren. Zu einer neuen Liste können Sie durch Antippen von *Titel* noch eine Überschrift hinzufügen. Bestätigen Sie den Titel mit *Ok* auf der Tastatur.
- Tippen Sie auf die Zurück-Taste ❷ (ggf. mehrmals). Die Notiz wird damit standardmäßig automatisch gespeichert. Die Einträge sind nach dem Änderungsdatum sortiert.

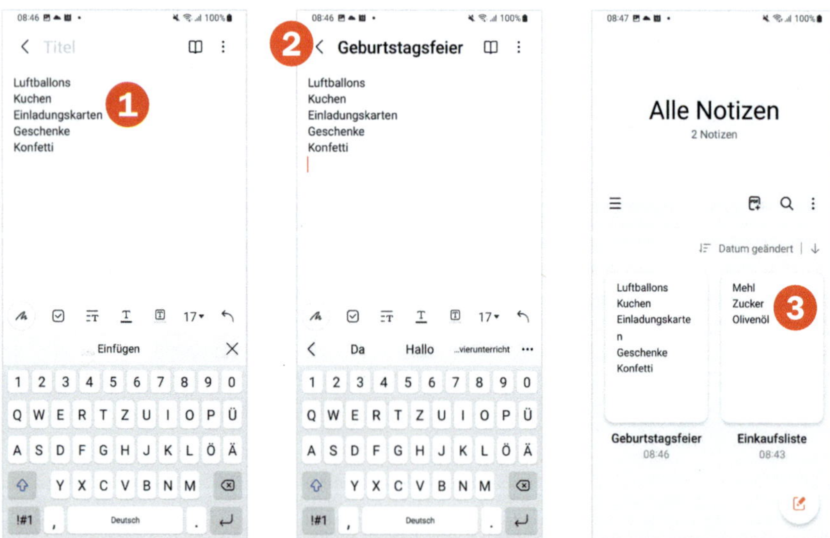

Notiz betrachten, bearbeiten und löschen

Inhalt einer Notiz betrachten: Tippen Sie die Notiz in der Übersicht ❸ (Bild vorige Seite) an. Der Inhalt der Notiz wird angezeigt.

Notiz bearbeiten: Zur Ergänzung einer bestehenden Notiz, zeigen Sie deren Inhalt an und tippen dann auf das Stift-Symbol ❹. Die Eingabemarkierung (Cursor) steht vor dem ersten Wort.

- Um eine Liste am Ende weiterzuführen, tippen Sie hinter das letzte Wort. Um in einer neuen Zeile zu beginnen, wählen Sie ↵ .
- Mit der Zurück-Taste kehren Sie wieder zur Übersicht zurück.

Notiz löschen: Tippen Sie in der Übersicht länger mit dem Finger auf die zu löschende Notiz. Diese wird dadurch markiert und Sie können unten *Löschen* ❺ auswählen. Bestätigen Sie den Löschvorgang durch Antippen von *In Papierkorb verschieben* ❻.

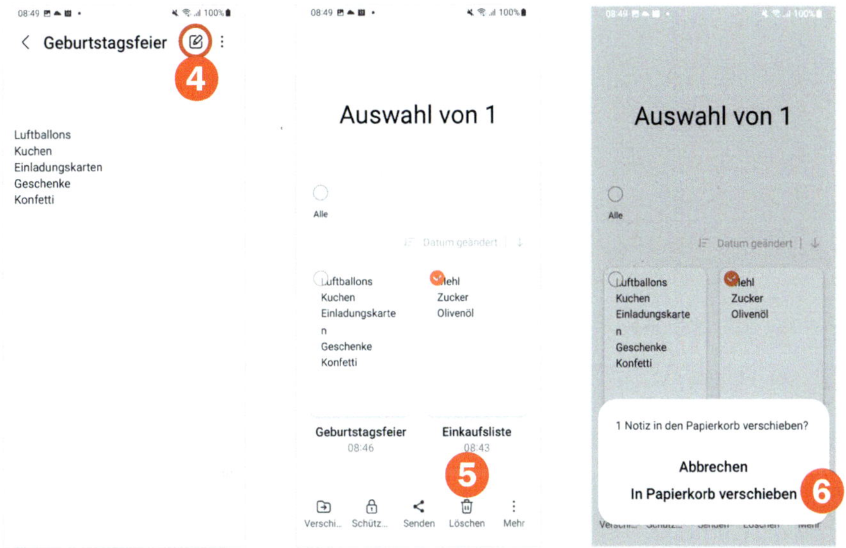

Notiz zu einem Foto erstellen

- Zeigen Sie das Foto in der Einzelbildansicht der App *Galerie* an.
- Tippen Sie auf das Teilen-Symbol ❶. Falls es nicht angezeigt wird, tippen Sie auf das Foto.

- Wählen Sie *Samsung Notes* ❷ aus und entscheiden Sie, wie das Foto eingebunden werden soll: *Zu neuer Notiz hinzufügen* oder *Zu vorhandener Notiz hzfg.* ❸. Das Foto wird in die App Samsung Notes eingefügt und Sie können einen Titel und weiteren Text hinzufügen.
- Zum Abschluss verlassen Sie die neue Notiz über die Zurück-Taste ❹.

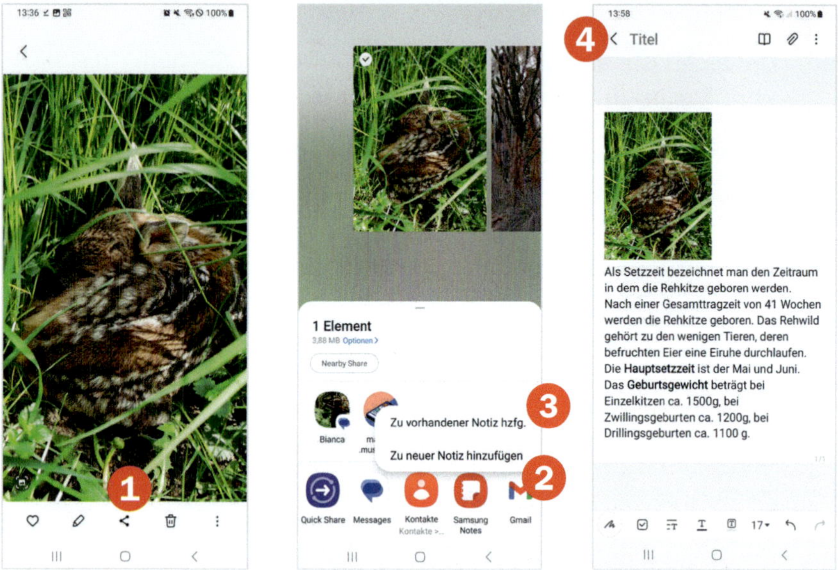

Screenshot erstellen

Ein Screenshot ist ein Foto von Ihrem Bildschirm. Diese Funktion ist praktisch, wenn Sie eine Frage zu einer App haben oder eine Meldung nicht verstehen. Dann machen Sie einfach einen Screenshot. Diesen können Sie, wie ein Foto, an jemanden in Ihrem Familien- oder Bekanntenkreis senden, der vielleicht eine Antwort weiß.

Das nächste nützliche Einsatzgebiet ist, wenn Sie Informationen behalten wollen, die Sie beispielsweise im Netz gefunden haben, etwa ein Rezept. Machen Sie einfach einen Screenshot. Natürlich stellt auch der Browser eine Merkfunktion zur Verfügung, aber der Screenshot ist so einfach und schnell!

- Um einen Screenshot von Ihrem Bildschirminhalt (im Beispiel ein Rezept auf einer Webseite) zu erstellen, tippen Sie gleichzeitig und kurz auf die Lautstärke-leiser-Taste und die Funktionstaste.

- Sie sehen, dass es funktioniert hat, wenn auf dem Bildschirm die Bearbeitungsleiste ❶ erscheint.
- Nach Aufnahme des ersten Screenshot wird in der App *Galerie* im Bereich *Alben* ❷ ein neues Album erstellt mit dem Namen *Screenshots* ❸.

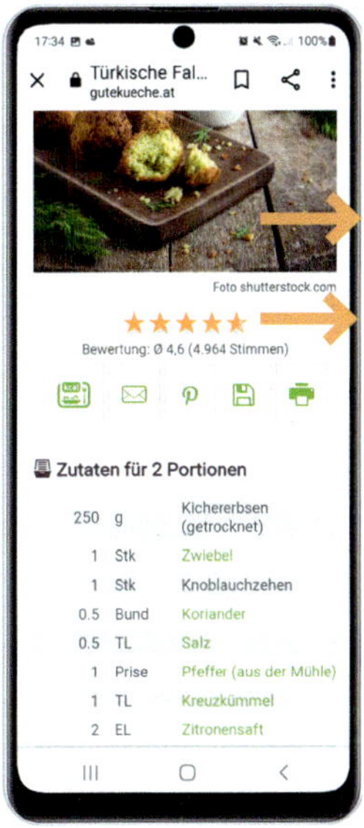

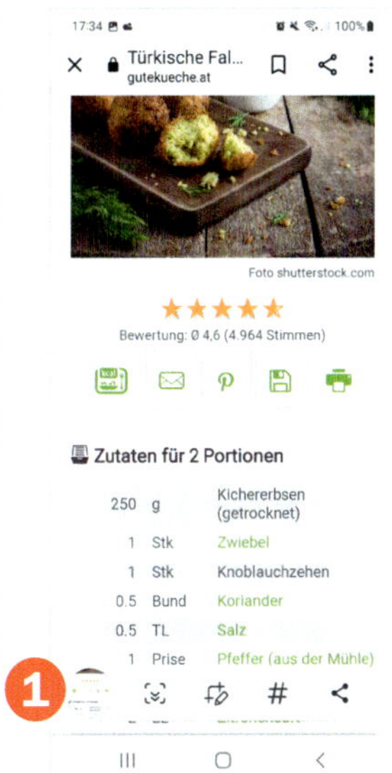

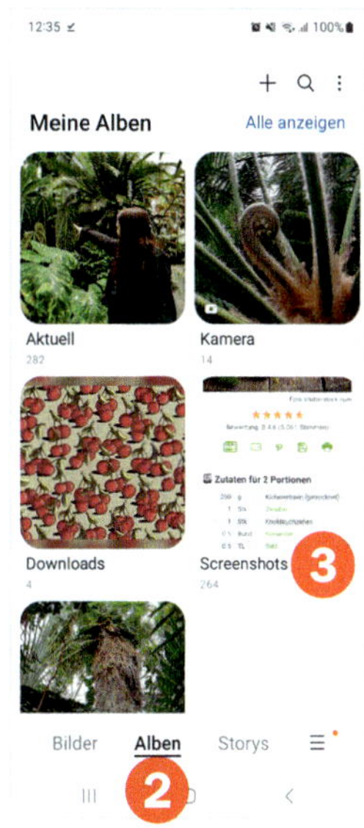

> **Webseitenadresse wird mit dem Screenshot gespeichert**
> Wenn Sie von einer Internetseite einen Screenshot erstellt haben, dann wird die Adresse der Seite mit dem Screenshot gespeichert und kann so jederzeit wieder angezeigt werden. Zeigen Sie dazu den Screenshot in der Galerie im Album *Screenshots* an und tippen Sie ggf. einmal auf den Screenshot, um die Bearbeitungsleiste unten einzublenden. Hier finden Sie auch die Schaltfläche *Zur Webseite* ❹. Tippen Sie darauf, um die Internetseite des Rezepts im Browser anzuzeigen.

Screenshot versenden: Über das Senden-/Teilen-Symbol ❺ kann der Screenshot verschickt werden.

9 Gesucht & Gefunden

Das Internet hält eine Vielzahl an nützlichen Informationen, lustigen Videos, Einkaufsmöglichkeiten u. v. m. bereit. Lassen Sie uns gemeinsam in die Tiefen des Surfens eintauchen! Dieses Kapitel beschäftigt sich mit den Möglichkeiten der App *Google*. Die App ist auf dem Smartphone vorinstalliert. Viele Suchen enden bei YouTube, einem Portal mit Videos zu Musik, Spielen, Informationen zu Ausschnitten von Filmen, Sport und Anleitungen zu allen möglichen Themen. Auch diesem wollen wir uns kurz widmen.

9.1 Im Netz surfen

Google-App verwenden

Für eine Recherche im Internet verwenden Sie beispielsweise die App *Google*. Diese bietet neben der Suche noch weitere Informationsbereiche.

▶ Tippen Sie auf die App *Google* im Ordner *Google*.

Google Lens: Bilderkennung

Suchleiste

Nachrichten

Rubriken:

- Discover: Nachrichten und Neuigkeiten
- Suche: Suchleiste mit Verlauf und Trends
- Sammlungen: gespeicherte Webseiten

▶ Für eine Suche muss der Bereich *Discover* oder *Suche* ausgewählt sein. Geben Sie in der Suchleiste einen Begriff ein, z. B. Wanderwege Bayrischer Wald ❶ (Bild nächste Seite). Schon nach Eingabe der ersten Buchstaben erscheinen Suchvorschläge ❷ zu Ihrem Begriff. Wählen Sie einen aus. Oder schreiben Sie das Wort/die Wörter aus und tippen anschließend auf das Lupen-Symbol 🔍.

- Sie erhalten nun eine Trefferliste mit einer Vielzahl an Webseiten zu Ihrer Suche. Wählen Sie eine Webseite durch Antippen der blauen Seitenbezeichnung ❸ aus. Sie werden nun zu dieser Webseite weitergeleitet. Bevor Sie den Artikel lesen können, müssen Sie beim ersten Besuch der Seite die Cookies akzeptieren/erlauben ❹.

Cookies sind Textinformationen, die an den Betreiber der besuchten Webseite gesendet werden. Sie enthalten unter anderem die Identifizierung des Surfers und das Speichern bestimmter Dienste, z. B. Anmeldedaten, Warenkörbe etc. Grundsätzlich sind Cookies nicht gefährlich, wenngleich manche Cookies das Surfverhalten des Internetnutzers analysieren und daraufhin beispielsweise passende Werbungen generieren.

- Wollen Sie wieder zur Auflistung Ihrer Suchergebnisse, tippen Sie auf die Zurück-Taste ‹. Durch vertikales Wischen über die Trefferliste bzw. über den Webseiteninhalt zeigen Sie weitere Informationen an.

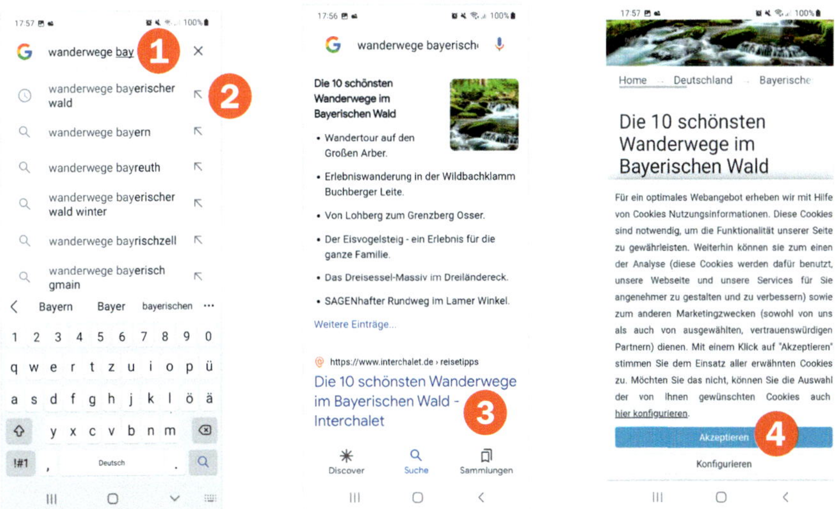

Tipp: *Chrome* von Google ist ein weitverbreiteter Browser. Der Browser bietet gegenüber der Google App den Vorteil, dass Sie in die Suchleiste eine Internetadresse eintippen und diese direkt aufrufen können. Öffnen Sie *Chrome* und geben Sie in der oberen Suchleiste eine Internetadresse oder einen Suchbegriff ein und tippen auf das Pfeilsymbol auf der Tastatur.

Google-Widget Suche

Schneller starten Sie eine Suche über das Google-Widget ❶ auf dem Startbildschirm. In die Suchleiste können Sie Ihren Suchbegriff eintippen und dann mit der Lupe auf der Tastatur bestätigen. Nach Eingabe der ersten Buchstaben erscheinen unter dem eingegebenen Begriff Vorschläge. Falls Sie einen vorgeschlagenen Text übernehmen möchten, tippen Sie diesen an und die Suche beginnt.

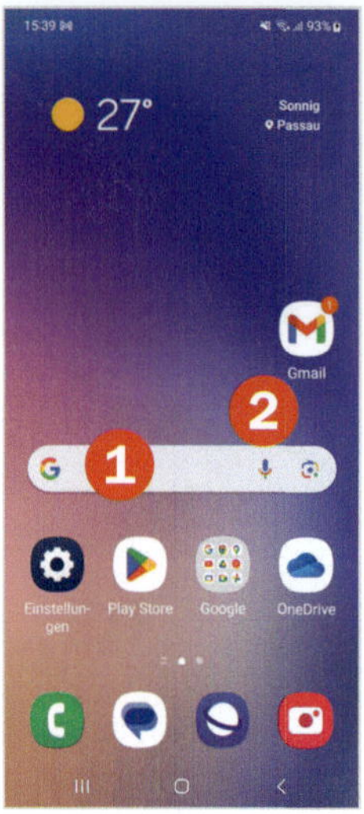

Tipp: Wer möchte, kann die Anfrage auch diktieren. Tippen Sie dazu auf das Mikrofon-Symbol ❷ in der Suchleiste und stellen Sie zügig Ihre Frage. Es muss sich dabei nicht um einen vollständigen Satz handeln. Eine Suchanfrage via Mikrofon kann auch zum Erkennen von Musikstücken verwendet werden.

Google Lens: Nach allem was Sie sehen, können Sie suchen

Mit *Google Lens* nehmen Sie ein Objekt mit Ihrer Kamera auf und starten eine Internetrecherche. Damit beantworten Sie ganz leicht Fragen wie: Was für eine Pflanze, Sehenswürdigkeit oder Hunderasse ist das?

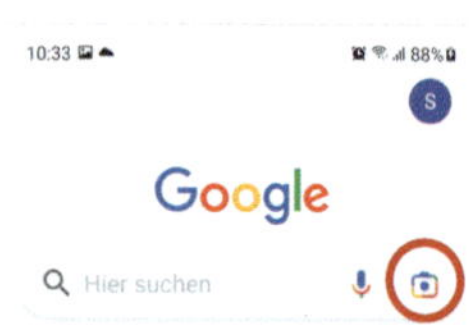

- Tippen Sie in der Google-Suchleiste auf .
- Wenn dieses Symbol nicht zu sehen ist, tippen Sie zunächst auf dem Startbildschirm im Google-Widget auf das *G*. Danach tippen Sie in der Google-Suchleiste auf .
- Wählen Sie bei der ersten Verwendung *Zugriff gewähren* ❶ und anschließend *Zulassen*, um Google den Zugriff auf Fotos und Videos zu erlauben.

- Tippen Sie im oberen Bereich auf *Mit der Kamera suchen*, tippen Sie auf *Kamera öffnen* und erlauben Sie Google Lens den Zugriff auf Ihre Kamera entweder generell *Bei Nutzung der App* oder vorerst *Nur dieses Mal*. Halten Sie die Kamera auf das Objekt und drücken Sie den Auslöser ❷.
- Nun werden Ihnen im unteren Bereich die Informationen zu dem aufgenommenen Bild angezeigt (in unserem Fall eine Kalanchoe). Scrollen Sie nach unten ❸, wenn Sie weitere Webseiten sehen wollen.

9.2 YouTube - das Videoportal

YouTube enthält alle Arten von Videos - sowohl informative als auch unterhaltende. Hier finden Sie Musikvideos, Tutorials (Anleitungen) zu allen möglichen Themen, Ausschnitte aus TV-Sendungen u. v. a. m. Auf YouTube findet keine redaktionelle Prüfung der Inhalte auf Richtigkeit statt und so kann jeder auch seine persönlichen Ansichten der Welt mitteilen. Der Zuschauer muss selbst entscheiden, was er glauben möchte.

YouTube und auch die Personen (YouTuber, Influencer), die dort Videos hochladen, finanzieren sich durch Werbeeinblendungen. Aus diesem Grund sehen Sie am Anfang eines Videos und zum Teil auch als Videounterbrechung, Werbefilme. Das ist der Preis für das sonst kostenlose Angebot.

Die App ist auf Ihrem Gerät vorinstalliert. YouTube gehört zum Google-Konzern. Aus diesem Grund finden Sie die App im Google-Ordner.

- Öffnen Sie den Google-Ordner ❶ durch Antippen und wählen dann die App *YouTube* ❷.
- **YouTube Premium:** Beim ersten Start und auch später immer mal wieder wird Ihnen YouTube Premium angeboten. Dieses Angebot würde Sie nach Ablauf des Testzeitraums 11,99 € im Monat kosten. Dafür wird neben weiterer Vorteile keine Werbung mehr eingeblendet. Tippen Sie auf *Nein Danke* ❸ (gegebenenfalls auch auf das *x* rechts oben), um auf dieses Angebot zu verzichten.

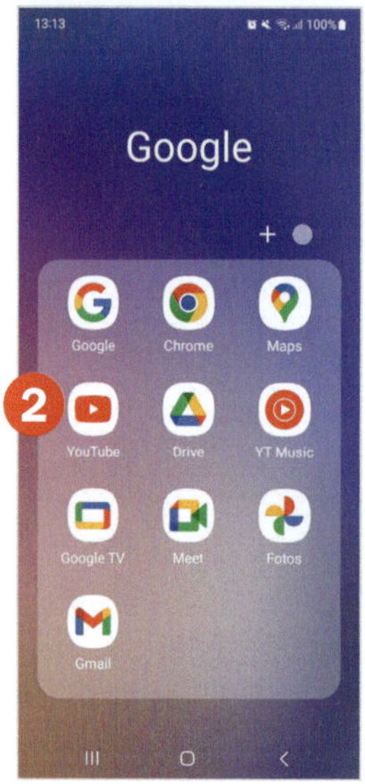

YouTube-Video abspielen

- Am unteren Bildschirmrand finden Sie die Rubrik *Start* ❹. Diese ist beim ersten Öffnen von YouTube ausgewählt. Wischen Sie mit dem Finger nach oben, um hier zu stöbern.
- Wenn Ihnen ein Video zusagt, tippen Sie darauf. Das Video wird sofort gestartet. Vor vielen Videos wird zunächst Werbung eingeblendet. Diese können Sie in der Regel nach fünf Sekunden einfach mit einem Tipp auf *Werbung überspringen* ❺ beenden.
- Falls das ausgewählte Video keinen Ton hat, kontrollieren Sie die Lautstärke durch Drücken der Lautstärketaste rechts am Handy. Dadurch wird oben die Lautstärkeleiste eingeblendet. Allerdings ist auch nicht jedes YouTube-Video mit Ton hinterlegt.

- Wenn Sie das Video pausieren wollen, tippen Sie auf das Videobild und anschließend auf ⏸ 6. Wieder starten können Sie das Video mit ▶.

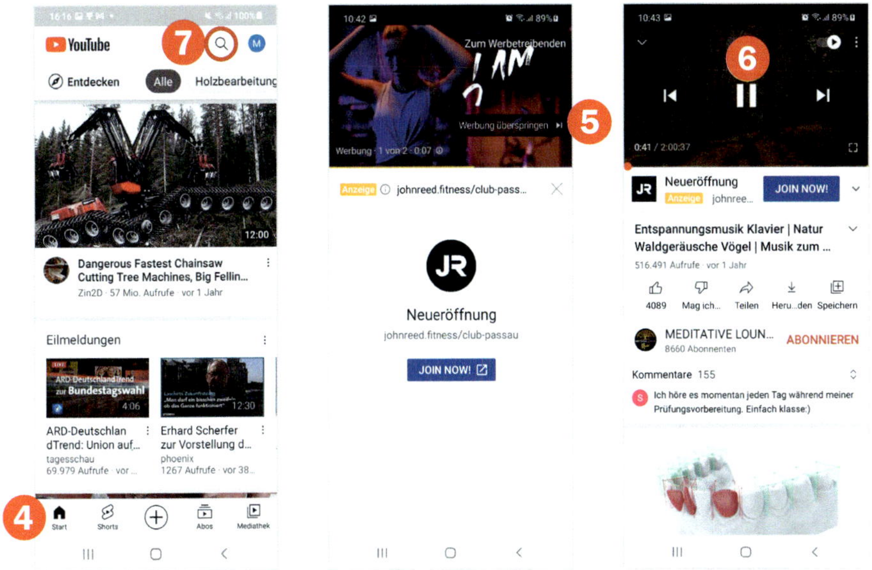

Wenn Sie die YouTube-App schließen, wird auch das Video beendet. Sie können also beispielsweise keine Musik hören und zeitgleich in anderen Apps aktiv sein. Das ist nur mit dem kostenpflichtigen Premium-Konto möglich.

- Wenn Sie weiterstöbern wollen, betätigen Sie die Zurück-Taste ‹ . Das Video wird nicht beendet, sondern im unteren Bereich eingeblendet. Jetzt können Sie entweder auf *Start* oder *Entdecken* tippen und ein neues Video auswählen. Um das aktuelle Video zu schließen, tippen Sie auf *x*.

- **Video suchen:** Verwenden Sie die Suchleiste, indem Sie rechts oben auf die Lupe 🔍 7 tippen. Geben Sie Ihren Suchbegriff ein und wählen Sie entweder aus den Vorschlägen aus oder tippen Sie auf Ihrer Tastatur auf die Lupe rechts unten.

Videos im Querformat

Damit das Video den gesamten Bildschirm ausfüllt, drehen Sie das Smartphone einfach ins Querformat. Das Video wechselt dadurch automatisch in den Vollbildmodus. Wenn Sie das Handy wieder im Hochformat halten, rutscht das Video automatisch ins obere Drittel des Displays zurück.

Beim ersten Drehen werden Sie darauf hingewiesen, dass die Navigationsleiste abgeblendet wird. Streichen Sie einmal von der Seite nach innen ❽, um die Navigationsleiste anzuzeigen, und tippen Sie dann auf *OK*. Dies passiert nur beim ersten Mal, um Sie auf diesen Umstand hinzuweisen. Wenn die Navigationsleiste nicht angezeigt wird, streichen Sie mit dem Finger vom Rand des Bildschirms nach innen und zwar von der Seite, an der sich die Multifunktionsbuchse für den Anschluss des Ladegeräts befindet.

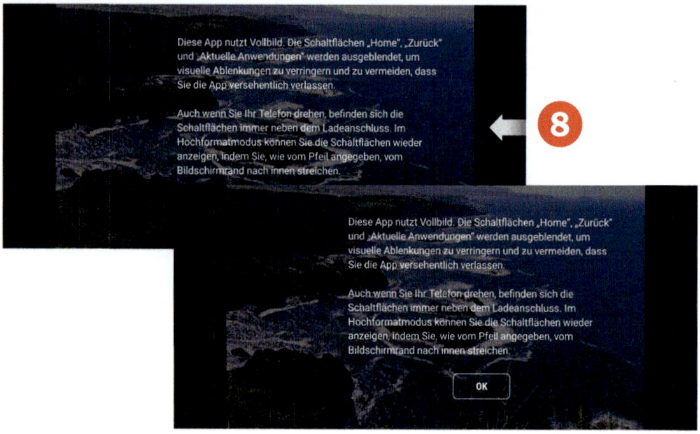

Der Bildschirm dreht nicht

Sollte sich der Bildschirm nicht automatisch drehen, gehen Sie so vor: Öffnen Sie die Schnelleinstellungen, indem Sie vom oberen Bildschirmrand nach unten wischen. Suchen Sie die Option *Portrait* und tippen Sie darauf. Dadurch wird *Bildschirm drehen* aktiviert. Über diesen Weg können Sie jederzeit das Drehen des Bildschirms auch wieder verhindern.

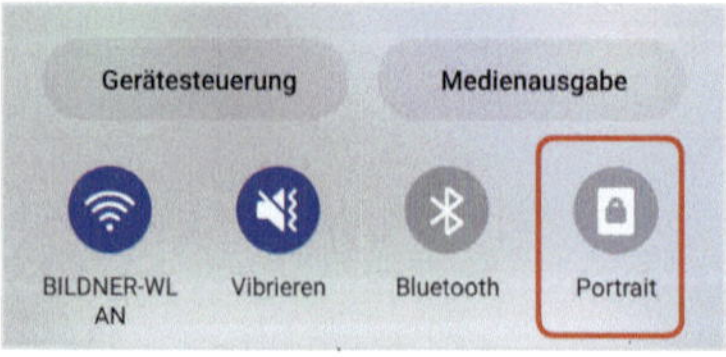

Bildschirm dreht nicht

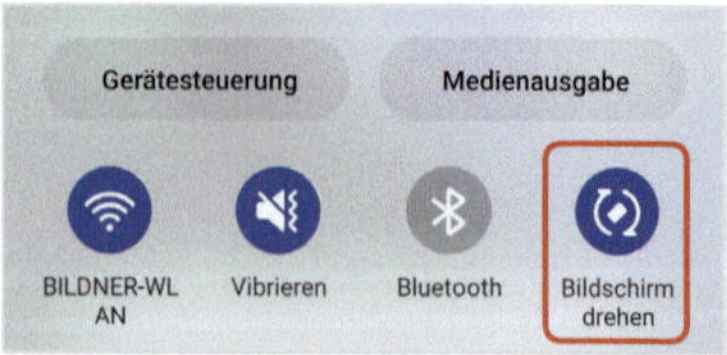

Bildschirm dreht

Alles zum Thema Lautstärke

An der rechten Seite des Geräts befindet sich die Lautstärketaste, die wie eine Wippe funktioniert - drücken Sie oben, erhöht sich die Lautstärke, unten wird sie verringert. Gleichzeitig wird auf dem Bildschirm die Lautstärkeleiste angezeigt, die Sie auch mit dem Finger bedienen können.

Die Lautstärke wird in vier Regelungsbereiche unterteilt: System, Benachrichtigungen, Medien und Klingelton. Klingelton, Benachrichtigungen und System bilden eine Gruppe, da diese teilweise gemeinsam geregelt werden. Der Klingelton ertönt, wenn Sie angerufen werden und der Benachrichtigungston beim Eingang einer SMS oder E-Mail. Mit Medien regeln Sie die Lautstärke, wenn Sie Musik am Smartphone abspielen, ein Video betrachten oder die Hintergrundmusik bei einem Spiel lautlos stellen möchten.

In der Standardeinstellung wird mit der Lautstärketaste immer die Medienlautstärke geregelt, zu erkennen am Notensymbol ❶. Wenn Sie einen anderen Ton lauter oder leiser stellen möchten, zeigen Sie zunächst die Lautstärkeleiste an. Mit Antippen des Drei-Punkte-Menüs ❷ auf der Lautstärkeleiste erweitern Sie diese und können für alle vier Bereiche die Lautstärke ❸ mit dem Finger regeln. Etwas einfacher lässt sich die Lautstärke bestimmen, wenn Sie auf die *Einstellungen* ❹ tippen. Hier ziehen Sie an einem Regler um den Ton in der gewählten Stärke abzuspielen.

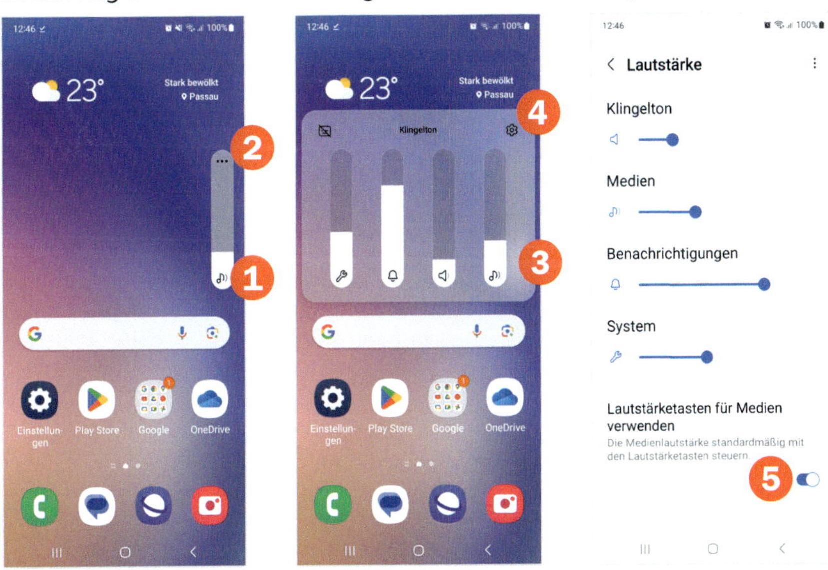

> Die eingeschaltete Funktion *Lautstärketasten für Medien verwenden* ❺ (Bild vorige Seite) sorgt für die gerade beschriebene Handhabung. Wenn Sie den Regler auf die Position *Aus* ziehen, ändert sich die Verwendung der Lautstärketaste folgendermaßen: Bei Bedienung der Lautstärketaste in einer App, die Ton hat (z. B. YouTube), regeln Sie damit automatisch die Medienlautstärke. Drücken Sie auf die Lautstärketaste, wenn der Start- oder App-Bildschirm angezeigt wird, verändern Sie die Lautstärke des Klingeltons.

Für die Regelungsbereiche System, Benachrichtigung und Klingelton gibt es drei unterschiedliche Tonmodi - *Ton*, *Vibrieren* und *Lautlos*. Über die Schnelleinstellungen wechseln Sie leicht zwischen den Modi. Wischen Sie dazu vom oberen Bildschirmrand nach unten und tippen Sie auf das Lautsprechersymbol.

Jeweils durch einen Tipp wechselt die Einstellung von *Ton* ❻ auf *Vibrieren* ❼, dann auf *Lautlos* ❽ und wieder zurück zu *Ton*. Bei der Einstellung *Vibrieren* ertönt bei einem Anruf kein Klingelton mehr, sondern das Smartphone vibriert nur. Wenn Sie das Smartphone auf lautlos stellen, hören Sie keinen Anruf- oder Benachrichtigungston mehr.

Wichtig zu wissen ist, dass ein eingestellter Alarm trotzdem ertönt. Auch ein Video, dass Sie in YouTube betrachten, wird nicht lautlos abgespielt. Hier müssen Sie die Medienlautstärke verringern. Im Modus *Bitte nicht stören* (auf der zweiten Seite der Schnelleinstellungen) lässt sich dies unter anderem sowie weitere *Nicht stören*-Konfigurationen jedoch einstellen.

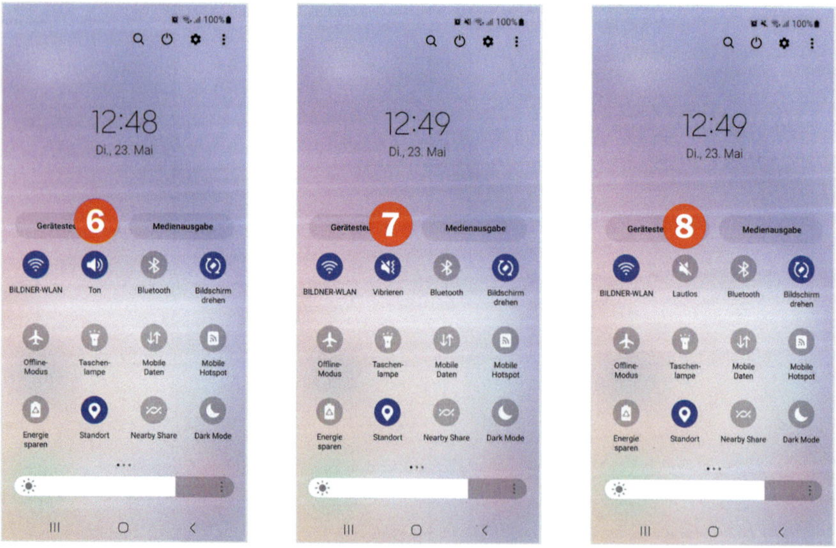

10 Verbindungen herstellen

Das Smartphone lässt sich mit vielen Geräten verbinden, wodurch sich einige Vorteile aufzeigen. So kann es über ein USB-Kabel mit dem PC verbunden werden, über eine Netzwerkverbindung mit einem WLAN-Router oder auch über Bluetooth-Kopplung mit Geräten, wie z. B. Freisprechanlage im Auto, Bluetooth-Kopfhörer oder Musiklautsprecher. In diesem Kapitel werden wir Ihnen die verschiedenen Möglichkeiten vorstellen, wie Sie Ihr Smartphone optimal zu Verbindungszwecken nutzen können.

10.1 Smartphone mit dem PC verbinden

Das Smartphone lässt sich ganz einfach mit dem PC verbinden. Dazu brauchen Sie nur ein USB-Kabel, das Sie in der Regel in der Verpackung Ihres Smartphones finden. Bevor wir das Smartphone mit dem PC Schritt für Schritt verbinden, klären wir, welche Vorteile Ihnen durch die Verbindung entstehen:

- **Speicher aufräumen:** Wenn der Smartphonespeicher voll ist, sollte man vor allem Medien, wie Fotos oder Videos, vom Smartphone löschen. Damit diese aber nicht ganz verloren sind, kann man sie vorher auf den PC übertragen.
- **Sicherungskopien:** Fotos, Videos oder andere Dateien können zur Sicherheit auf den PC kopiert werden, vor allem wenn man keinen Cloud-Speicher verwenden möchte. So sind die wichtigsten Daten vorhanden, sollten Sie das Gerät verlieren oder Ihr Smartphone plötzlich nicht mehr funktionieren.
- **Musik:** Wer nicht auf Musik-Streaming-Dienste, z. B. YouTube oder Spotify, zurückgreifen möchte, kann sich Musikstücke vom PC auf das Smartphone kopieren, um sie dann ohne Werbeunterbrechungen oder zusätzliche Kosten anzuhören.
- **Lokales Back-Up:** Um alle Daten, z. B. Dateien, SMS, Kontakte, Termine etc., die sich auf dem Smartphone befinden, zu sichern, sollten Sie regelmäßige Back-ups machen. Dazu muss nur die kostenlose Software Smart Switch auf den PC geladen werden.

Bilder auf den PC übertragen

So können Sie Ihre Bilder und Videos vom Smartphone auf den PC übertragen:

1 Verbinden Sie das Smartphone mit dem mitgelieferten Kabel über den USB-Port mit Ihrem PC oder Laptop ❶. Wir setzen hier voraus, dass Sie mit einem Windows10-Gerät arbeiten. Entsperren Sie Ihr Smartphone.

2 Auf dem PC erscheint unten rechts eine Meldung zur *Automatischen Wiedergabe* ❷. Klicken Sie darauf, um auszuwählen, was passieren soll, wenn Sie das Smartphone verbinden.

3 Wählen Sie *Fotos und Videos importieren* ❸. Damit werden Fotos und Videos in den Ordner *Bilder* auf Ihrem Computer übertragen.

4 Gleichzeitig müssen Sie am Smartphone den Zugriff erlauben. Tippen Sie auf *Zulassen* ❹.

5 Nun haben Sie die Möglichkeit, am Computer entweder *Alle Elemente* ❺ zu importieren oder die gewünschten Bilder mit der Maus anzuklicken, sodass Sie einen Haken erhalten.

6 Klicken Sie dann auf *...importieren* ❻.

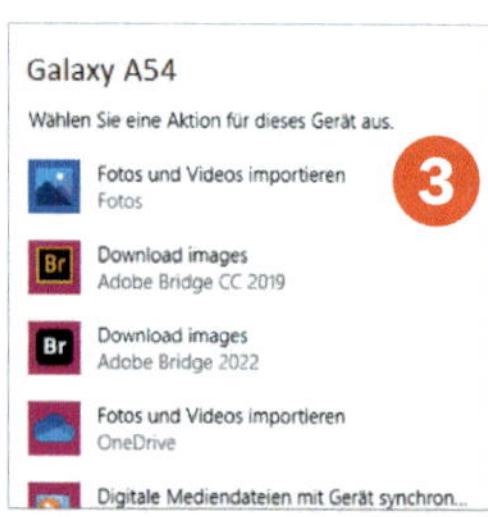

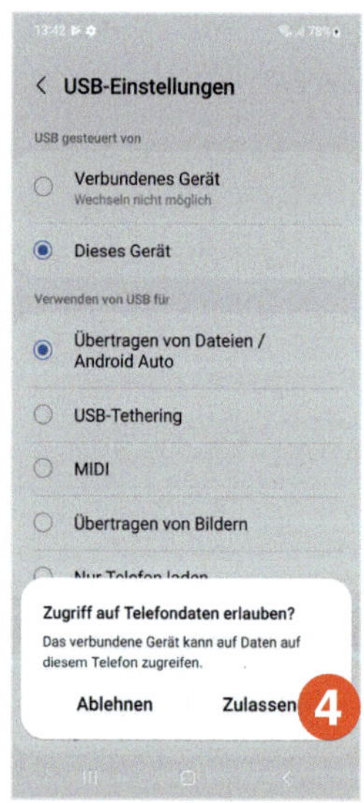

Wenn Sie das Smartphone das nächste Mal mit dem PC verbinden, wird sofort das Importfenster angezeigt. Auch jetzt muss das Smartphone wieder entsperrt sein. Sie müssen aber nicht mehr den Zugriff erlauben. Beim nächsten Import von Fotos möchten Sie ja sicher nicht wieder alle Bilder übertragen. Wählen Sie deshalb die Bilder entweder durch Anklicken aus oder entscheiden Sie sich für die Option *Elemente seit dem letzten Import* ❼.

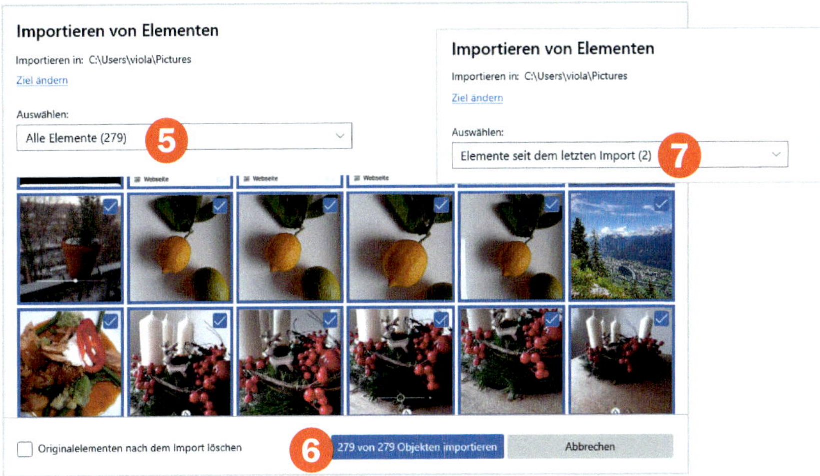

Wenn Sie das Smartphone verbunden haben, können Sie auch mittels Datei-Explorer (PC mit Windows 10) gleich auf den Speicher des Handys zugreifen und Bilder oder Musik kopieren.

- **Kopieren von Handy-Fotos auf den PC:** Wenn Ihnen der Import nicht geheuer ist, wählen Sie einfach bei der automatischen Wiedergabe *Gerät zum Anzeigen der Dateien öffnen* aus. Das Smartphone 8 kann im Datei-Explorer ausgewählt werden: durch Anklicken von *Galaxy A54* ▶ *Interner Speicher* ▶ *DCIM* 9 ▶ *Camera* werden Ihre Fotos angezeigt.
- **Kopieren von Musikdateien auf das Smartphone:** Wenn Sie Musik auf Ihrem PC oder Laptop gespeichert haben, die Sie gerne auch auf dem Handy hören möchten, dann kopieren Sie die Daten in den Ordner *Music* 10.

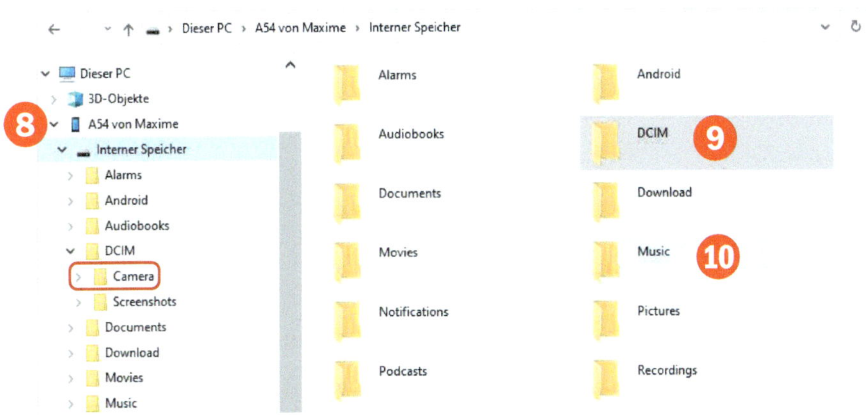

10.2 Smartphone mit einem WLAN verbinden

Bei Freunden, im Hotel oder Ferienhaus können Sie sich mit dem vorhandnen WLAN verbinden. Das spart Datenvolumen, die Verbindung ist stabiler und im Urlaub entstehen außerhalb Europas keine zusätzlichen Kosten durch Nutzung eines fremden Mobilfunknetzes (dazu gleich mehr auf Seite 166).

> **Achtung!** In Hotels oder Ferienwohnungen muss das angebotene WLAN nicht immer kostenlos zur Verfügung stehen. Erkundigen Sie sich, bevor Sie sich verbinden.

- Tippen Sie auf *Einstellungen* ⚙ und wählen Sie *Verbindungen* und dann *WLAN* ❶ aus. Das WLAN muss eingeschaltet sein. Es erscheint eine Liste aller verfügbaren Netzwerke in der Umgebung.
- Tippen Sie das gewünschte WLAN ❷ an und geben Sie das Kennwort ein, welches Sie vom Hotel oder dem Freund erhalten haben. Dann tippen Sie auf *Verbinden* ❸.
- In Hotels oder öffentlichen WLAN-Hotspots kann es vorkommen, dass Sie nach dem Verbindungsaufbau noch zusätzlich aufgefordert werden, sich anzumelden. Dazu wird in der Regel eine Webseite in Ihrem Browser geöffnet, in die Sie z. B. Ihre E-Mail-Adresse und weitere Informationen eingeben und ggf. die AGB akzeptieren müssen.

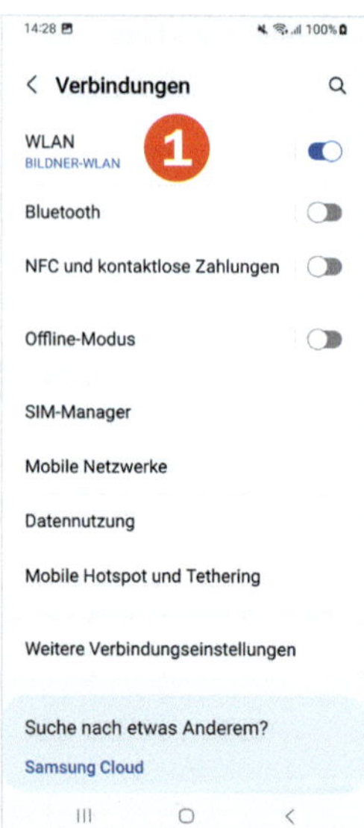

Profitipp! Öffentliche WLAN-Verbindungen, wie z.B. in Zügen oder Cafés, sind in der Regel unverschlüsselt, d.h. die übertragenen Daten könnten von Dritten mitgelesen oder manipuliert werden. Aus diesem Grund sollten Sie beispielsweise in einem öffentlichen Netz (Hotspot) kein Online-Banking erledigen.

Mit einem Samsung-Konto steht Ihnen die Funktion *Sicheres WLAN* zu Verfügung, um Ihre Daten zu verschlüsseln und damit zu schützen. Die Nutzung von bis zu 1.024 MB pro Monat ist kostenfrei. Sie aktivieren das sichere WLAN, wenn Sie eine Verbindung mit einem öffentlichen WLAN aufbauen möchten so:

- Öffnen Sie die *Einstellungen*, tippen dann die Kategorie *Sicherheit und Datenschutz* an und wählen *Sicheres WLAN*.
- Beim ersten Mal müssen Sie den AGB zustimmen und die Berechtigung für den Gerätestandort erteilen: Tippen Sie auf *Fortsetzen* ❶, dann auf *Weiter* und anschließend auf *Bei Nutzung der App*. Oben wird ein Hinweis auf ein Abo eingeblendet, tippen Sie auf *Nicht jetzt*.
- Durch Antippen von *Schützen* ❷ aktivieren Sie die Verschlüsselung Ihrer Daten. Da ja nur ein begrenztes Datenvolumen pro Monat kostenlos zur Verfügung steht, sollten Sie, wenn Sie das öffentliche WLAN (Hotspot) nicht mehr nutzen, durch Antippen von *Anhalten* ❸, auch den Schutz beenden. Hier sehen Sie, wie viel Datenvolumen ❹ Ihnen noch kostenlos zur Verfügung steht.

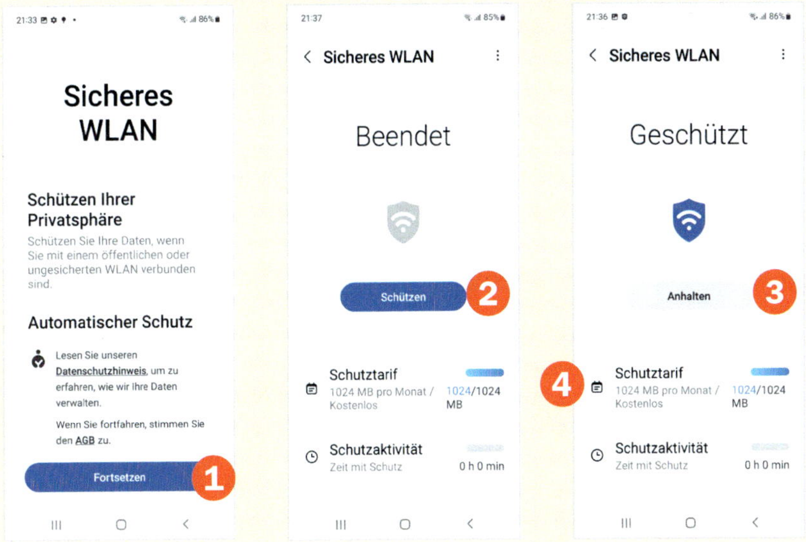

10.3 Zubehör über Bluetooth koppeln

Bluetooth ist eine Methode zur Datenübertragung via Funk zwischen zwei Geräten, die nicht weiter als zehn Meter voneinander entfernt sind. Damit können Sie verschiedene Geräte kabellos miteinander verbinden, beispielsweise Ihr Smartphone mit Bluetooth-Kopfhörern oder einem -Lautsprecher, um Musik vom Handy zu übertragen.

Durch Bluetooth können Sie auch Ihr Smartphone mit der Freisprechanlage im Auto koppeln oder mit einem anderen Smartphone.

So verbinden Sie ein Gerät via Bluetooth:

- Wischen Sie vom oberen Bildschirmrand nach unten zur Anzeige der Schnelleinstellungen. Tippen Sie auf das *Bluetooth*-Symbol und halten Sie dieses kurz gedrückt. Dadurch öffnen Sie die *Einstellungen*.
- Schalten Sie Bluetooth ggfs. ein ❶. Es wird nun nach Geräten gescannt, die sich in der Nähe befinden und eine Liste mit *Verfügbaren Geräten* ❷ angezeigt. Falls Ihres nicht dabei ist, tippen Sie nochmals auf *Scannen* rechts oben.

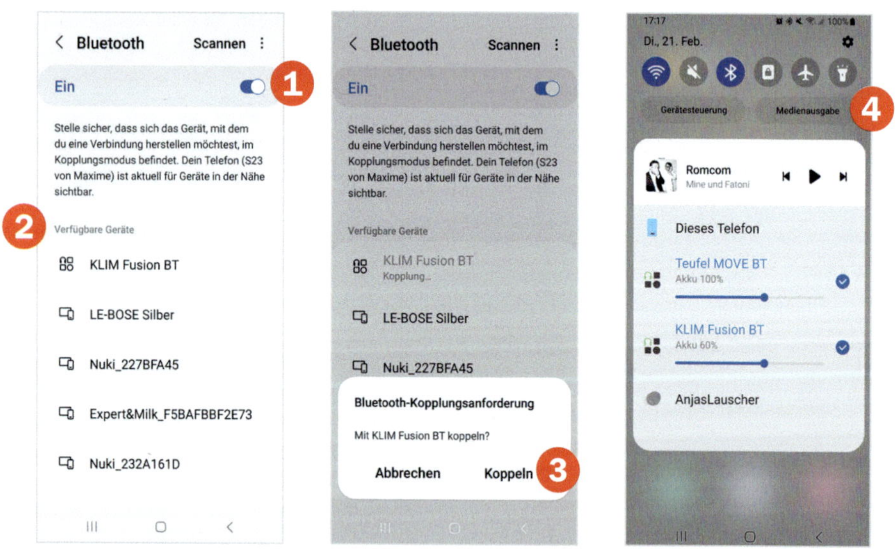

- Das Gerät, welches Sie verbinden möchten, muss sich im Kopplungsmodus befinden, d. h. beispielsweise, dass der Bluetooth-Lautsprecher eingeschaltet ist, das Ladeetui der Kopfhörer muss geöffnet sein, vielleicht müssen Sie auch eine Taste am Gerät drücken etc.

- Wenn das gewünschte Gerät in der Liste angezeigt wird, tippen Sie darauf, um dieses mit Ihrem Smartphone zu koppeln. Bestätigen Sie mit *Koppeln* ❸ (Abbildung vorherige Seite).
- Sie können mit bis zu zwei gekoppelten Geräte gleichzeitig verbunden sein. In der *Medienausgabe* ❹ lässt sich die Lautstärker der einzelnen Lautsprecher steuern

Gerät entkoppeln: Grundsätzlich bleiben alle Geräte, die in Verwendung sind, gekoppelt. Sie schalten das Gerät nur ab oder legen die Ohrhörer in das Etui zurück. Die Verbindung entkoppeln Sie beispielsweise, wenn das Gerät entsorgt oder verschenkt wird. Dadurch wird es aus der Liste der *Verfügbaren Geräte* ❺ entfernt.

- Dazu tippen Sie auf das Zahnrad ⚙ neben dem Gerätenamen und wählen *Entkoppeln* und bestätigen nochmals mit *Entkoppeln* ❻.
- Mit *Trennen* ❼ unterbrechen Sie die Bluetooth-Verbindung zum Gerät. Dieses bleit aber verfügbar und kann jederzeit wieder verbunden werden.

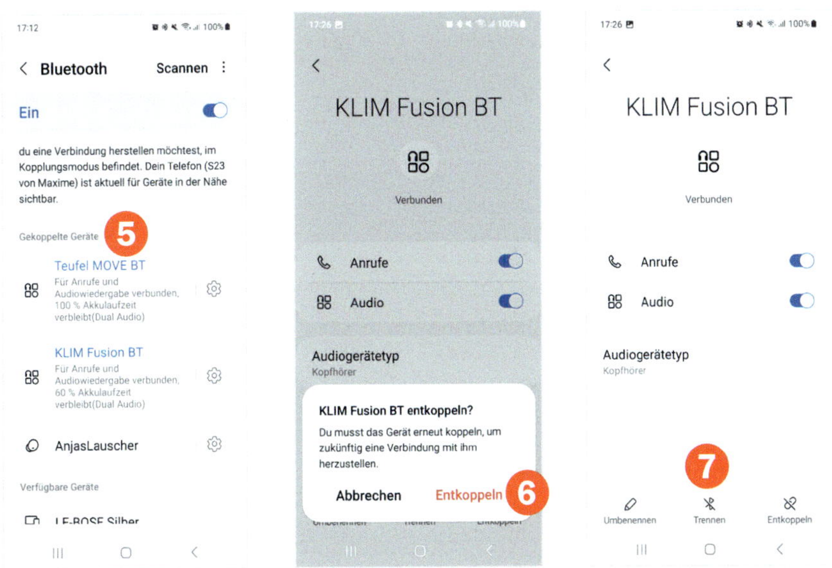

11 Unterwegs und im Urlaub

11.1 Navigation mit Google Maps

Google Maps ist auf Ihrem Handy vorinstalliert, kostenlos und absolut ausreichend, wenn Sie den richtigen Weg suchen, um ans Ziel zu kommen. Die App berechnet die beste Route zu Ihrem Wunschziel und achtet dabei sogar auf die aktuelle Verkehrslage.

- Kontrollieren Sie zunächst in den Schnelleinstellungen, ob die Standortfreigabe auf Ihrem Smartphone aktiviert ist: Wischen Sie mit dem Finger vom oberen Bildschirmrand nach unten. Wenn das Symbol *Standort* blau ist, ist es aktiviert. Falls nicht, tippen Sie es an.
- **Maps erlauben den Gerätestandort abzurufen:** Jetzt müssen Sie noch kontrollieren, ob Maps die Berechtigung hat auf Standortinformationen zuzugreifen (siehe Seite 83). Bei Antippen von ❶ (Grafik nächste Seite) wird Ihr aktueller Standort auf der Karte angezeigt. Erhalten Sie stattdessen eine Zugriffsabfrage, hat Google Maps dafür nicht die erforderliche Berechtigung. Wählen Sie dann die Option *Genau* und *Bei Nutzung der App*, damit Sie navigieren können. Wird ein rotes Symbol angezeigt, tippen Sie dieses an und erteilen ebenfalls die Freigabe.

Eine Route festlegen

- Öffnen Sie *Maps* im Ordner *Google* auf Ihrer Startseite.
- **Ziel auswählen:** Geben Sie in der Suchleiste ❷ die Zieladresse ein. Beginnen Sie mit der Straße, dann Hausnummer gefolgt vom Ort. Tippen Sie auf die Lupe auf der Tastatur, um den gesuchten Ort auf der Karte anzuzeigen. Meist müssen Sie gar nicht alles eingeben, da Sie in der Trefferliste schon passende Vorschläge erhalten. Tippen Sie diesen dann an.

  Bei langen Straßen ist es sinnvoll, die Hausnummer einzugeben. Wenn Sie einen Vorschlag verwenden möchten, tippen Sie bei diesem auf *Hausnummer hinzufügen* ❸. Der Vorschlag wird ins Suchfeld übernommen und Sie können dann sofort die Hausnummer eintippen. Danach verwenden Sie wieder das Lupen-Symbol auf der Tastatur.

- **Route bestimmen:** Tippen Sie links unten auf *Route* ❹. Google Maps zeigt Ihnen die schnellste Route unter Berücksichtigung der Verkehrslage in blauer Farbe an. Der Kartenausschnitt beinhaltet mehrere Routen (alternative Routen sind grau dargestellt). Wählen Sie eine andere Route aus, indem Sie auf diese tippen. Unten sehen Sie für die ausgewählte Route die zu fahrenden (Kilo-)Meter und die aktuelle Fahrzeit ❺.
- **Wie bin ich unterwegs?** Zur Bestimmung der besten Route ist natürlich auch wichtig, ob Sie mit dem Auto, dem Fahrrad oder gar zu Fuß unterwegs sind. Zur Auswahl des Verkehrsmittels tippen Sie das passende Symbol ❻ an; das kann selbstverständlich die Streckenführung beeinflussen.
- **Startpunkt manuell festlegen:** Durch die Standortfreigabe ermittelt Maps Ihre aktuelle Position und zeigt die Route beginnend bei Ihrem aktuellen Standort an. Falls das nicht so ist, könnte Google unter Umständen die Berechtigung für den Standort fehlen. Erlauben Sie den Zugriff wie auf Seite 83 beschrieben. Natürlich kann auch ein anderer Startpunkt gewählt werden. Tippen Sie auf *Mein Standort* ❼ und geben Sie einen anderen Ort ein.

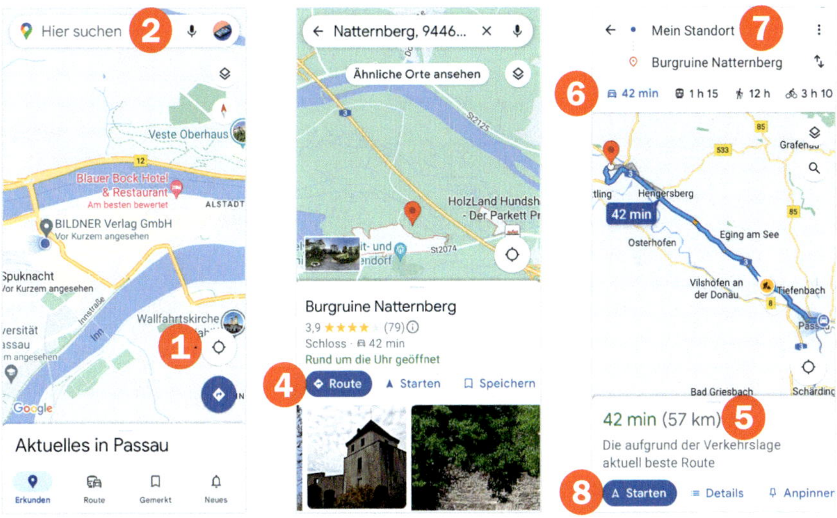

Navigation beginnen und beenden

- Mit der Schaltfläche *Starten* ❽ beginnen Sie die Navigation, neben der Anzeige am Bildschirm ertönt dann auch eine Stimme, die die Abzweigungen rechtzeitig und mehrfach nennt. Eventuell müssen Sie die Lautstärke am Smartphone anpassen.
- Zum Abbrechen der Navigation, tippen Sie unten links auf *x*.

Offline-Wegbeschreibungen

Bei Verbindungsproblemen und vor allem im Urlaub sind Offline-Karten toll. Damit laden Sie die Wegbeschreibung einfach auf Ihr Smartphone und sind damit unabhängig.

- **Für eine eingegebene Route eine Offline-Karte herunterladen:** Geben Sie, wie bereits beschrieben, einen Zielort in Google Maps ein und tippen Sie dann auf *Route*. Zur angezeigten Route wird eine Offline-Wegbeschreibung ❶ angeboten, die Sie durch Antippen herunterladen können.
- **Kartenausschnitt herunterladen:** Geben Sie einen Ort ein für den und dessen Umgebung Sie eine Offline-Karte benötigen. Tippen Sie unten auf den Bereich mit dem Ortsnamen und anschließend auf *Herunterladen* ❷. Falls die Option *Herunterladen* nicht angeboten wird, tippen Sie rechts oben auf ⋮ und wählen hier *Offlinekarte herunterladen*.

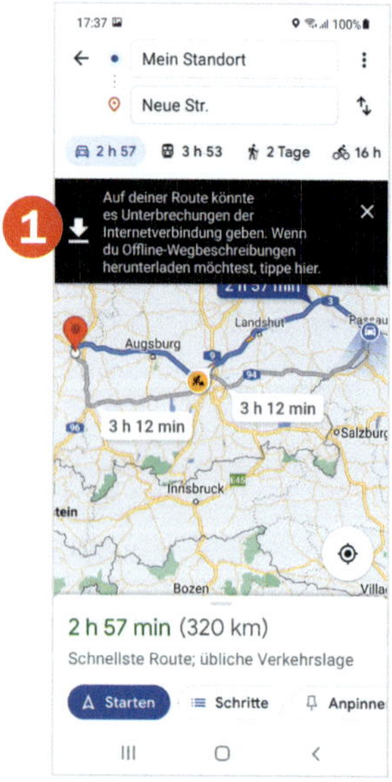

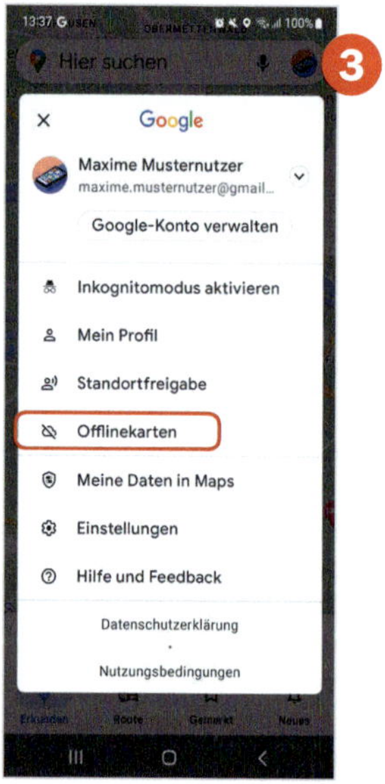

Sie können jetzt mit dem Finger den Kartenausschnitt verschieben, um andere Orte einzubeziehen. Außerdem können Sie den angezeigten Bereich etwas kleiner zoomen (Daumen und Zeigefinger auf der Karte aufeinander zu bewegen), um weitere Gebiete in den Download aufzunehmen. Dieser wird dadurch größer. Wie viel Megabyte (MB) heruntergeladen werden, sehen Sie unten. Bestätigen Sie den Download nochmals mit *Herunterladen*.

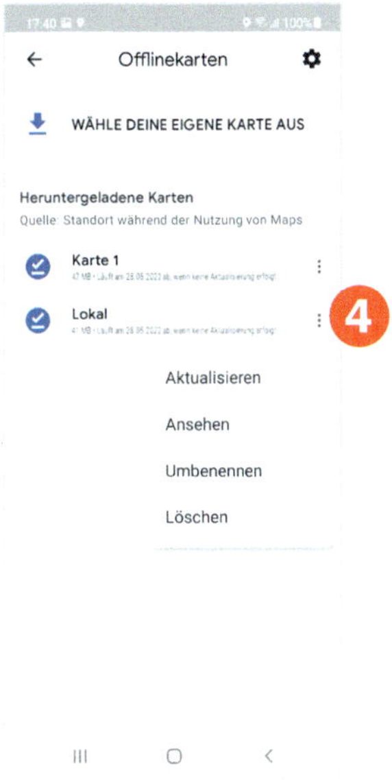

Wird ein Download durchgeführt, erkennen Sie dies an diesem Symbol in der Statusleiste.

- Die Offline-Karte wird automatisch verwendet, wenn Sie über keine Internetverbindung verfügen. In diesem Fall erhalten Sie keine Informationen zur Verkehrslage und auch keine zu Fahrrad- oder Fußwegen.
- **Offline-Karte verwalten:** Sie finden sie, wenn Sie in Maps rechts oben auf Ihr Profilsymbol ❸ tippen. Wählen Sie im Menü *Offlinekarten* aus.
- Tippen Sie auf das drei Punkte-Symbol ❹ hinter der heruntergeladenen Karte. Diese kann nun gelöscht oder aktualisiert werden. Heruntergeladene Karten sind 30 Tage offline verfügbar.

11.2 Mit der Bahn verreisen

Für eine Reiseauskunft muss man nicht immer zum Bahnhof. Sie können die Informationen schnell im Internet nachschlagen. Wer öfter mit der Bahn verreist, sollte die App *DB Navigator* der Deutschen Bahn herunterladen.

- Geben Sie, wie auf Seite 146 beschrieben, den Suchbegriff *Bahn* in die Google-Suchleiste ein und öffnen Sie die Webseite.
- Auf der Startseite sehen Sie sofort die Reiseeingabefelder (Abfahrts- und Ankunftsort, Datum und Uhrzeit). Geben Sie in die Felder die entsprechenden Details ein ❶ (siehe nächste Seite).
- Sobald Sie eine Eingabe tätigen, erscheinen weitere Felder, z. B. wie viele Reisende, Erwachsene oder Kinder, mit oder ohne Bahncard ❷. Wählen Sie das Passende aus.
- Bestätigen Sie Ihre Eingaben mit *Suchen* ❸.
- Es wird eine Liste mit verschiedenen Abfahrten angezeigt. Tippen Sie auf *Früher* ❹ oder *Später*, um sich Informationen von vorherigen bzw. kommenden Abfahrten anzeigen zu lassen.

- Wenn Sie auf *Details einblenden* ❺ tippen, werden Ihnen weitere Informationen angezeigt. Über *Weitere Informationen* sehen Sie, wo und wann der Zug auf der Strecke hält.

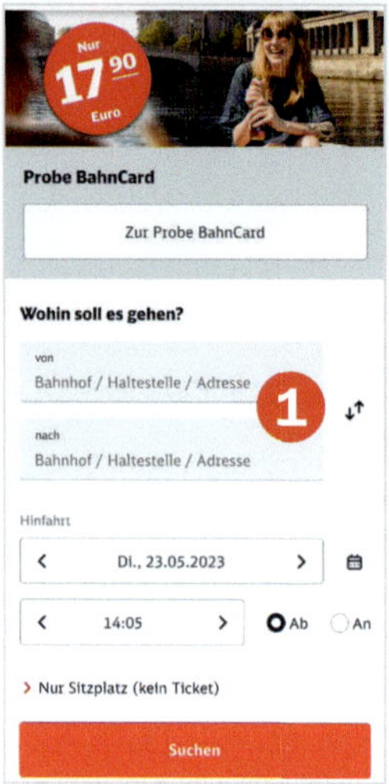

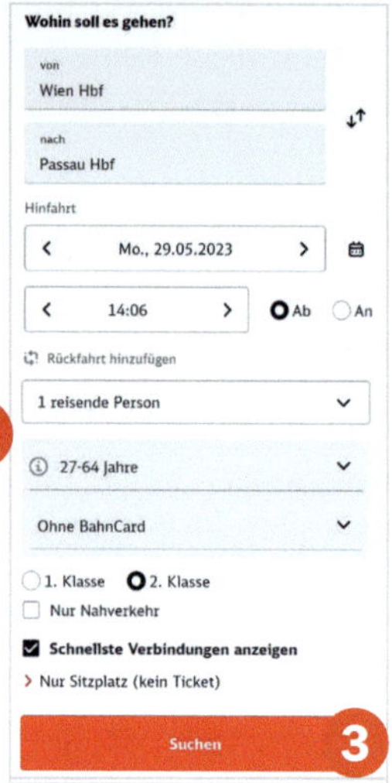

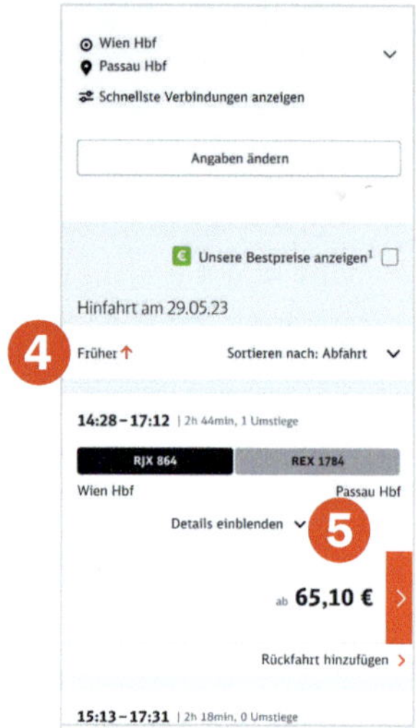

11.3 Das Wetter im Blick haben

Das Widget *Wetter* haben Sie ja bereits kennengelernt und eingerichtet (siehe Seite 77). Wenn Sie dem Wetterwidget bei Einrichtung den Zugriff auf den Standort erlaubt haben und die Standorterkennung aktiv ist (*Standort* in den Schnelleinstellungen), dann wird das Urlaubswetter im Widget angezeigt, sobald Sie am Urlaubsort angekommen sind. Sie benötigen dazu natürlich eine Verbindung zu den mobilen Daten bzw. einem WLAN.

Wer dem Widget die Standortfreigabe nicht erteilt hat oder sich nur gerne über das Wetter an einem anderen Ort informieren möchte, kann dem Widget weitere Orte hinzufügen.

So fügen Sie dem Widget weitere Orte hinzu:

- Tippen Sie das Wetter-Widgets auf dem Startbildschirm an, gehen Sie anschließend auf ≡ ❶ und wählen Sie *Standort verwalten* ❷ aus.
- Tippen Sie auf das + ❸ rechts oben und geben Sie einen Ort ein. Wählen Sie den gewünschten Ort in der Trefferliste durch Antippen ❹ aus.
- Wenn Sie einen Standort entfernen wollen, tippen unter *Standort verwalten* etwas länger auf den Ort und wählen Sie anschließend *Löschen*.

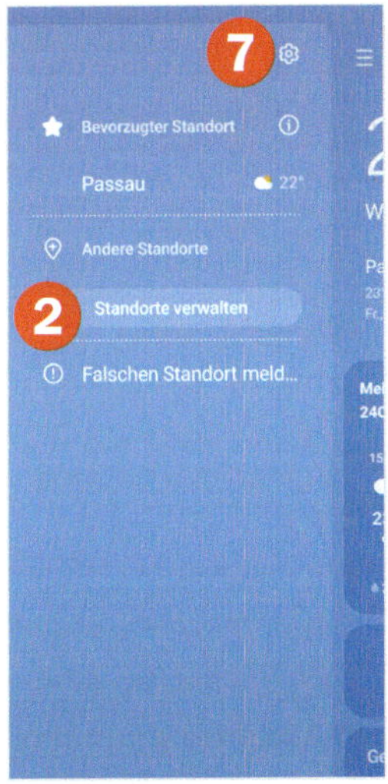

Durch Antippen des Wetter-Widgets erhalten Sie eine stündliche Tageswettervorhersage 5 und wenn Sie etwas weiter vertikal nach unten wischen, eine Vorschau auf die nächsten 6 Tage 6. Noch weiter unten finden Sie Informationen, z. B. zu UV-Index, Windgeschwindigkeit, Sonnenaufgang etc.

In den Einstellungen der Wetter-App 7 finden Sie weitere nützliche Optionen. Hier können Sie beispielsweise festlegen, ob die App Ihren aktuellen Standort 8 verwenden darf oder die Wetteranzeige automatisch aktualisiert werden soll.

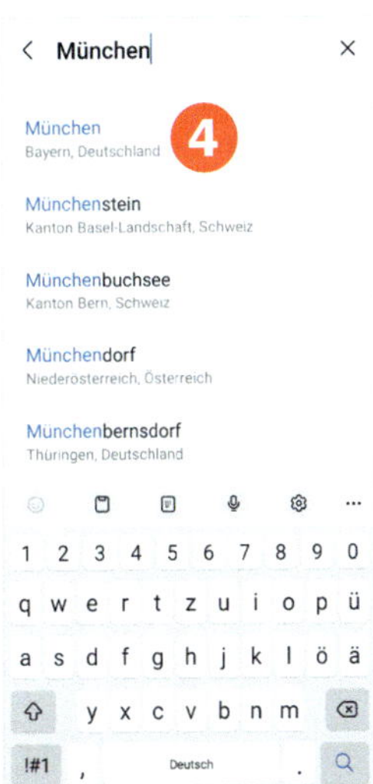

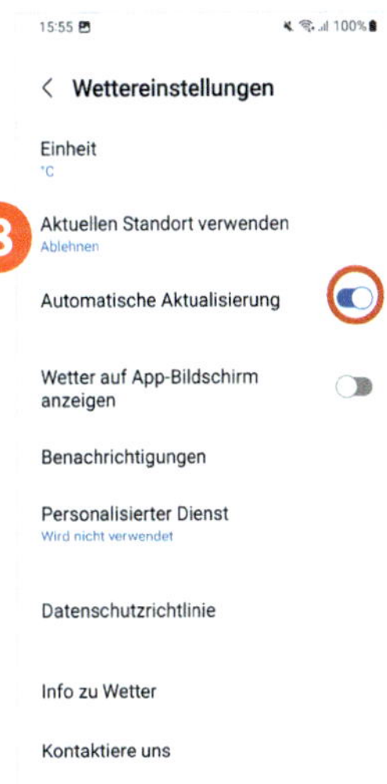

11.4 Was sollten Sie im Ausland beachten

Das Smartphone ist natürlich auch im Urlaub ein wertvoller Begleiter. Allerdings kann es, wenn Sie Ihr Smartphone im Ausland (im Besonderen außerhalb der EU) so verwenden wie Zuhause, schnell teuer werden. Hier gibt es einiges zu beachten.

Überlegen Sie sich vor Reiseantritt, über Google-Maps eine Offline-Karte der Region herunterzuladen. Stöbern Sie im Play Store, ob es für das Urlaubsziel Apps zu Sehenswürdigkeiten, Wanderwegen oder Busnetzen gibt. Vielleicht benötigen Sie auch einen Währungsumrechner. Apps, die Sie für den Urlaub herunterladen, sollten nach Möglichkeit auch offline, also ohne Verbindung zum Internet, verwendbar sein. Das ist natürlich nicht immer möglich.

Was ist mit Roaming oder Daten-Roaming gemeint?

Wenn Sie ins Ausland reisen, verbindet sich Ihr Smartphone mit dem ausländischen Mobilfunknetz. Da Sie auf der Grundlage Ihres Vertrags in der Regel nur für die Nutzung des Mobilfunknetzes Ihres Anbieters bezahlen, fallen für die Verwendung des fremden Netzes zusätzliche Gebühren an, z. B. für Anrufe, die Sie erhalten oder tätigen, für das Surfen im Internet mit dem Smartphone oder für das Versenden von Nachrichten in WhatsApp.

Eine Möglichkeit, wie Sie diesen sogenannten Roaming-Gebühren im Ausland entgehen können, ist, das Smartphone nur zu nutzen, wenn dieses mit einem WLAN (z. B. das WLAN des Hotels) verbunden ist. Wie das geht, erfahren Sie auf Seite 156. Durch die EU-Roaming-Verordnung von 2017 soll mit diesen Zusatzkosten zumindest im EU-Ausland Schluss sein. Die Idee ist, dass Sie im EU-Ausland telefonieren, surfen oder Nachrichten verschicken und dabei nur den Tarif bezahlen, den Sie im Heimatland bezahlen würden.

Welche Regelung genau für Ihren Vertrag gelten, müssen Sie vor Reiseantritt mit Ihrem Anbieter oder durch Durchsicht Ihres Vertrags klären. Verlassen Sie sich nicht pauschal darauf, dass keine Roaming-Gebühren entstehen.

Die Mailbox - also der Anrufbeantworter Ihres Smartphones - sollte vor Reiseantritt ebenfalls deaktiviert werden. Auch das kann zusätzliche Kosten verursachen. Erkundigen Sie sich auch hier bei Ihrem Mobilfunkanbieter.

Eine Kreuzfahrt, die ist lustig Aber Achtung! Auf Schiffen oder in Flugzeugen gilt die EU-Roaming-Verordnung nicht. Hier können hohe Roaming-Gebühren anfallen. Auch das WLAN auf einem Kreuzfahrtschiff oder im Flugzeug kostet in der Regel extra.

Daten-Roaming aktivieren bzw. deaktivieren

Überprüfen Sie vor Antritt einer Auslandsreise ins Nicht-EU-Ausland, ob das Daten-Roaming ausgeschaltet ist. Bei ausgeschaltetem Daten-Roaming können Sie nicht im Internet surfen und erhalten auch keine WhatsApp-Nachrichten.

Im EU-Ausland können Sie das Daten-Roaming in der Regel aktivieren. Sie erhalten von Ihrem Anbieter eine entsprechende SMS, die Sie über die geltenden Regelungen informiert. Besonders aufmerksam sollten Sie bei Reisen nach Großbritannien sein. Nach dem Brexit gehört es nicht mehr zur EU, wird aber netterweise von manchen Anbietern noch so behandelt; von anderen allerdings nicht und es entstehen Zusatzkosten.

- Öffnen Sie die *Einstellungen* ⚙ und tippen Sie auf *Verbindungen* ❶.
- Wählen Sie dann *Mobile Netzwerke* ❷ aus.
- Ganz oben finden Sie nun Daten-Roaming. Im Bild rechts ist das Daten-Roaming ausgeschaltet ❸.

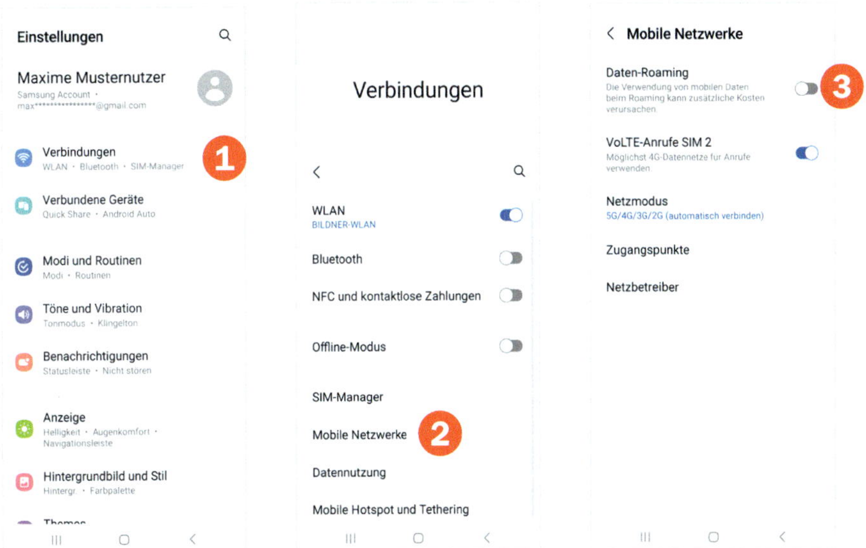

- Wenn Sie das Daten-Roaming einschalten möchten, ziehen Sie den Regler mit dem Finger nach rechts.

Offline-Modus

Im Offline-Modus, auch Flugmodus genannt, werden alle Funkverbindungen, wie mobile Daten, WLAN und Bluetooth ausgeschaltet. Sie sind telefonisch nicht erreichbar und erhalten auch keine SMS oder WhatsApp-Nachrichten. Natürlich können Sie auch nicht im Internet surfen.

- Öffnen Sie die Schnelleinstellungen Ihres Smartphones und tippen Sie auf Offline-Modus ❶.
- Das Feld wird blau und ist somit aktiv ❷.
- Sie sehen auch, dass der Flugmodus aktiv ist, am Flugzeugsymbol ❸ in der Statusleiste.
- Auf demselben Weg schalten Sie den Modus auch wieder aus.

> **Tipp!** Sie können nach Einschalten des Offline-Modus die Option *Bluetooth* ❹ durch Antippen wieder aktivieren, falls Sie mit einem Bluetooth-Kopfhörer Musik über das Smartphone hören möchten.

12 Daten übertragen

Vor dem Umzug auf ein neues Handy muss überlegt werden, wie man zuverlässig alle Daten von einem auf das andere Smartphone übertragen kann. Den einen Weg gibt es nicht, da zu viele Faktoren in den Übertragungsprozess hineinspielen, z. B. Handymodell, installierte Apps, welche Daten werden synchronisiert usw. Wir zeigen Ihnen, wie Sie die Daten mit Samsung Switch übertragen. Doch sollten Sie vorher einige Sicherungen einbauen:

Vorbereitung

- Jetzt ist ein guter Zeitpunkt, Ihr altes Smartphone aufzuräumen.
- Kopieren Sie nicht mehr ständig benötigte Daten, wie z. B. alte Fotos, via Datenkabel auf Ihren PC, wie auf Seite 154 beschrieben.
- Falls nicht vorhanden, erstellen Sie eine Liste aller verwendeten Konten mit E-Mail-Adresse und Kennwort: allen voran natürlich das Google-Konto und ggf. das Samsung-Konto, aber auch alle Cloud-Speicher, die Sie in Gebrauch haben, das Amazon-Konto etc.
- Erstellen Sie Back-ups wo möglich. Die Inhalte von WhatsApp können beispielsweise auf Google-Drive gesichert werden und so ganz leicht auf das neue Smartphone übertragen werden. Ihre Kontaktdaten werden wahrscheinlich mit dem Gmail-Konto synchronisiert usw.
- Erstellen Sie Screenshots von Ihren Start- und App-Bildschirmen und übertragen Sie diese ebenfalls auf Ihren PC. So haben Sie eine Vorlage, falls etwas schief geht.

Back-Up

Ein Back-Up, also die Sicherung Ihrer Daten auf einem externen Speicher, ist immer sinnvoll, nicht nur beim Wechsel des Smartphones. So haben Sie Zugriff auf Ihren Daten, auch wenn Sie Ihr Smartphone verlieren oder dieses kaputt geht. Am einfachsten ist die Nutzung eines Cloud-Speichers für die Sicherung, wie z. B. die Samsung-Cloud oder Google Drive. Dieser Online-Speicherplatz mit einer Größe von 15 GB wird Ihnen kostenlos zur Verfügung gestellt. Eine kostenpflichtige Erweiterung ist möglich. Für die Sicherung in Google Drive ist in den *Einstellungen* ▶ *Konten und Sicherung*

- *Sichern von Daten (Rubrik Google Drive)* ❶ bereits das Google-Konto hinterlegt. Die Sicherung auf Google Drive haben Sie vielleicht bei der Einrichtung des Handys schon erlaubt. Falls nicht ziehen Sie jetzt den Schalter bei *Google One-Back-up* ❷ nach rechts. Durch Antippen von *Jetzt sichern* ❸ können Sie jederzeit eine Sicherung anstoßen.

Darüber hinaus können Sie auch Fotos und Videos in der Cloud sichern. Dazu tippen Sie unten auf *Fotos und Videos* ❹, aktivieren dann *Back-up & Sync* und tippen dann auf *Sicherung aktivieren*. Danach entscheiden Sie ob die Fotos/Video in Originalqualität gesichert werden sollten. Tippen Sie dann auf *Bestätigen*.

Achten Sie darauf, dass der Schalter ❺ bei *Sicherung über mobile Daten* ausgeschaltet ist.

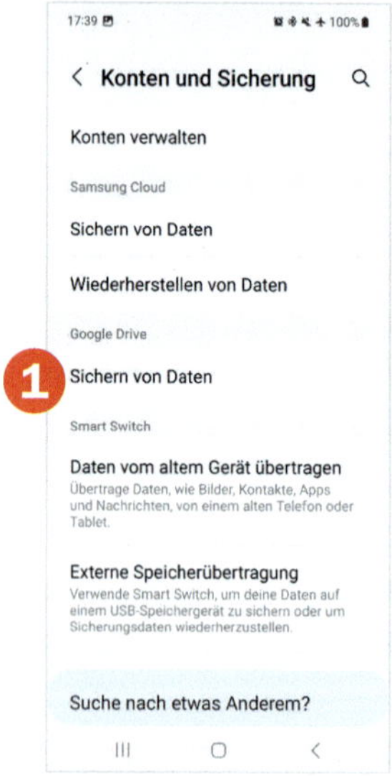

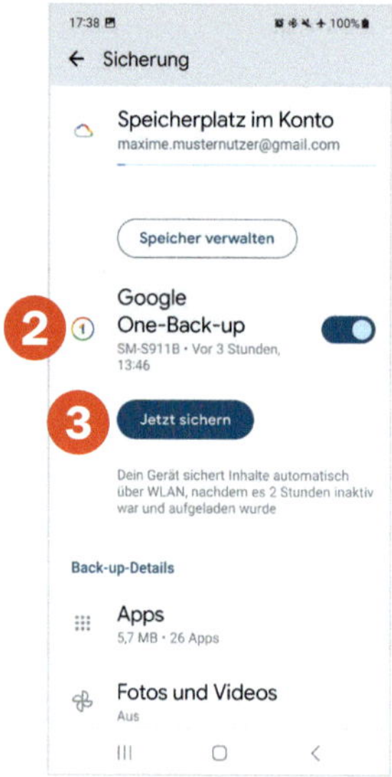

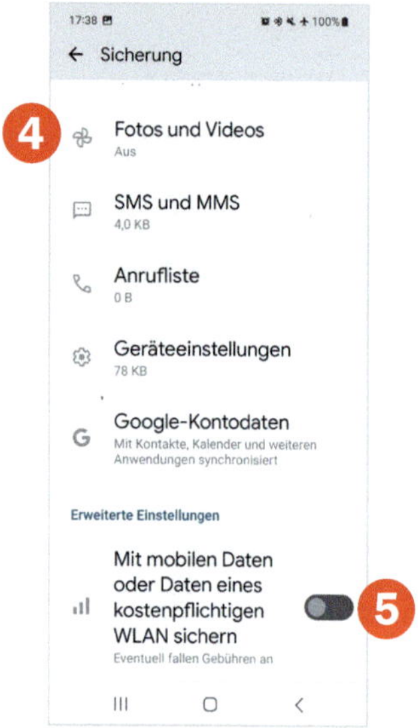

Smart Switch

Smart Switch ist eine kostenlose App von Samsung. Mit ihr werden nicht nur Fotos, sondern auch Kontaktdaten, Apps, Geräteeinstellungen und sogar das Hintergrundbild des Startmenüs übertragen.

- Achten Sie darauf, dass beide Smartphones aufgeladen sind. Für den Datenaustausch müssen beide Handys mit demselben WLAN verbunden sein. Für das alte Smartphone ist das schon der Fall und das neue Smartphone verbinden Sie im Einrichtungsprozess.

- Schalten Sie beim alten Smartphone *WLAN automatisch verbinden* aus, da das den Übertragungsprozess stören kann. Dazu wählen Sie *Einstellungen* ▶ *Verbindungen* und *WLAN*. Tippen Sie dann auf das Zahnrad-Symbol neben dem verbundenen WLAN und ziehen Sie den Regler bei *Automatisch erneut verbinden* auf *Aus*.
- **Neues Smartphone einrichten:** Beginnen Sie mit der Einrichtung Ihres neuen Smartphones. Tippen Sie entweder bei *Mit einem anderen Gerät einrichten* auf die zutreffende Auswahl (Android oder iPhone) oder bei *Apps & Daten kopieren* auf *Weiter* ❶ und im nächsten Schritt auf *Zulassen*.
- **Smart Switch auf dem alten Galaxy/Android-Handy:** Öffnen Sie *Einstellungen* ▶ *Konten und Sicherung* und tippen Sie auf *Daten vom alten Gerät übertragen*. Falls Smart Switch noch nicht installiert ist, wird eine Meldung angezeigt. Tippen Sie auf *Zulassen* ❷. Sie können auch einfach mit Ihrem alten Gerät den QR-Code ❸ am neuen Handy einscannen und auf den Link klicken. Ihre Geräte verbinden sich danach automatisch und es wird Ihnen die Smart Switch App zur Installation ❹ angeboten.
- Auf Ihrem **alten** Smartphone wählen Sie ggf. nun *Daten senden*. Falls Sie auf Ihrem **neuen** Smartphone aufgefordert werden anzugeben, ob Ihr altes Handy ein Android-Gerät, iPhone oder Windows Phone ist, wählen Sie entsprechend und akzeptieren Sie die anschließenden Datenschutzhinweise und AGB durch Antippen von *Zustimmen*.
- Entscheiden Sie sich nun auf beiden Geräten für eine Verbindung. Wir wählen hier *Drahtlos* aus ❺. Danach findet der Verbindungsaufbau statt, den Sie auf dem **alten** Gerät mit *Zulassen*/*Verbinden* bestätigen.

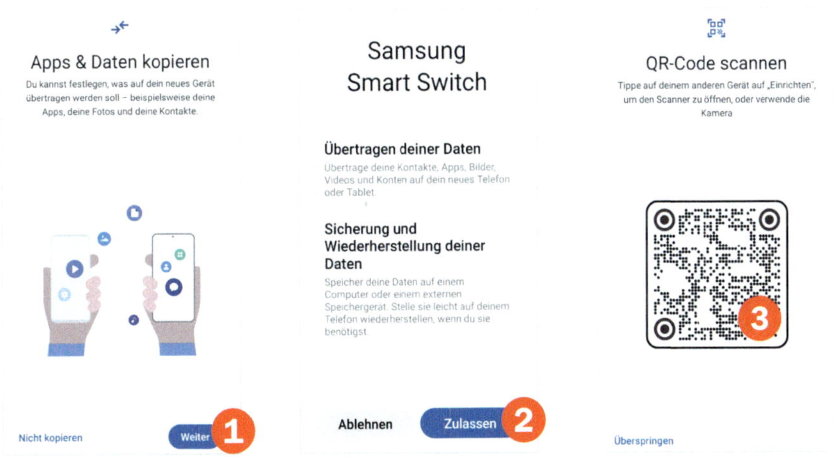

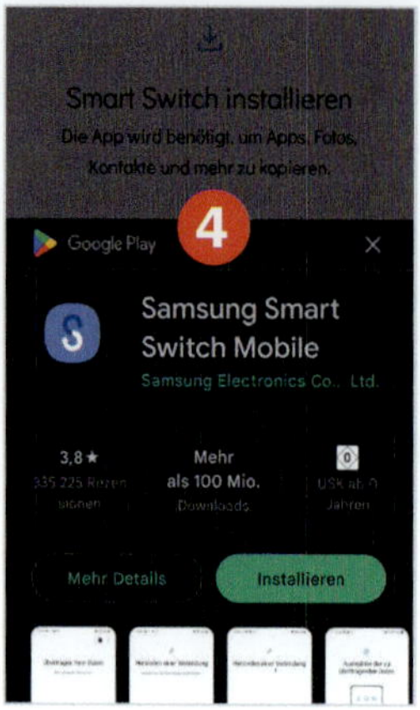

- Anschließend können Sie auf Ihrem **neuen** Gerät aussuchen, welche Daten übertragen werden sollen. Sie haben die Wahl zwischen *Alles*, *Nur Konten, Kontakte, Anrufe und Nachrichten* sowie *Individuell*. Möchten Sie mit Ihrem neuen Smartphone einen "sauberen" Neustart ohne unnötige Altlasten mitzunehmen, so wählen Sie die zweite Option. Dadurch werden nur Ihre Konten (Google, Samsung, WhatsApp etc.) sowie Ihre Kontakte und die entsprechenden Unterhaltungen auf das neue Gerät kopiert.

- Mit *Individuell Übertragen* werden nur die im nächsten Schritt 6 selbst ausgewählte Elemente auf das neue Handy kopiert.
- In diesem Prozess wird ebenfalls das Google-Konto übertragen. Dazu müssen Sie das Kennwort eingeben. Dann schließen Sie den Einrichtungsprozess ab.

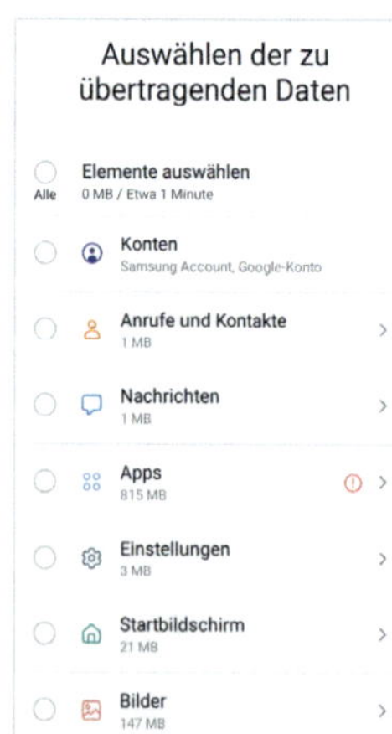

Der gesamte Prozess kann etwas dauern. Wenn die Daten übertragen und auf Ihrem neuen Handy organisiert sind, erhalten Sie eine Meldung.

Achtung! Kontrollieren Sie, ob alles kopiert wurde, bevor Sie das alte Handy zurücksetzen.

Smartphone zurücksetzen

Sie sollten Ihr Smartphone erst zurücksetzen, wenn Sie kontrolliert haben, dass Ihr neues Smartphone alle gewünschten Daten enthält. Das Zurücksetzen auf Werkseinstellungen bedeutet dass das Smartphone auf den Auslieferungszustand zurückgesetzt wird. Beim Einschalten des Smartphones muss dieses erneut eingerichtet werden.

Konto löschen: Löschen Sie zur Sicherheit zunächst die hinterlegten Konten. Dazu öffnen Sie die *Einstellungen* ▶ *Konten und Sicherung* und tippen auf *Konten verwalten* ❶. Hier wählen Sie dann das Google-Konto durch Antippen aus ❷ und wählen dann *Konto entfernen*. Analog verfahren Sie mit den weiteren Konten. Für das Samsung Konto benötigen Sie das Kennwort, um dieses vom Gerät zu löschen.

Das Konto wird selbstverständlich nur von diesem Gerät gelöscht. Für Ihr nächstes Smartphone können Sie dasselbe Google-Konto wiederverwenden. Wenn Sie Daten auf Google gesichert haben, müssen Sie sogar dasselbe Konto verwenden, sonst haben Sie keinen Zugriff auf die Sicherungen.

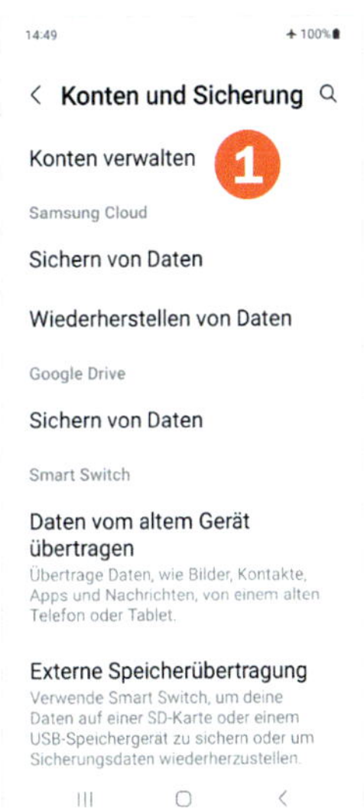

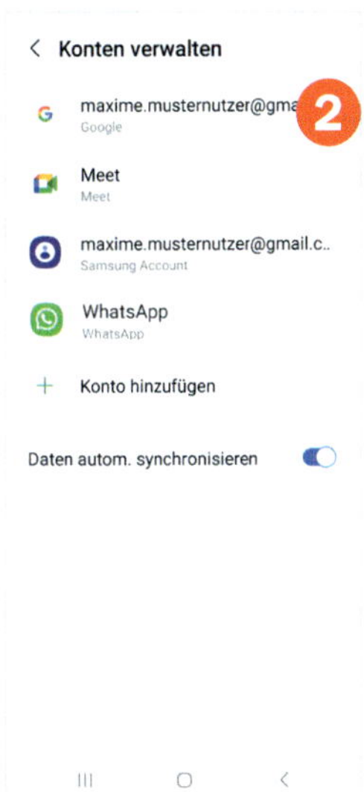

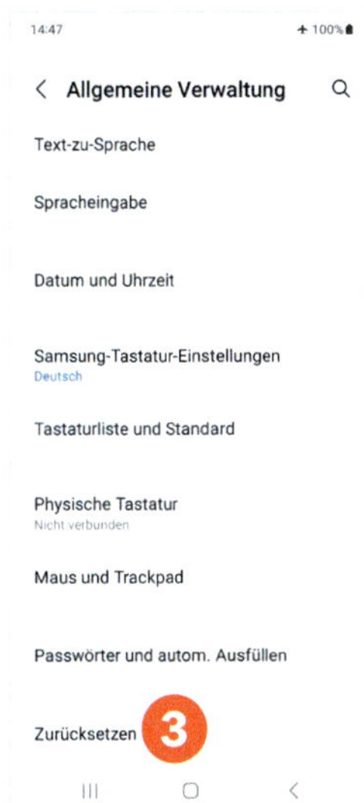

Auf Werkseinstellungen zurücksetzen: Öffnen Sie *Einstellungen* ▶ *Allgemeine Verwaltung* ▶ *Zurücksetzen* ❸ ▶ *Auf Werkseinstellungen zurücksetzen*. Sie erhalten eine Auflistung, mit welchen Konten Sie angemeldet sind. Wischen Sie nach unten und tippen Sie auf *Zurücksetzen* und im nächsten Schritt auf *Alles löschen*. Wenn Sie einen PIN etc. als Geräteschutz vereinbart haben, muss dieses eingegeben werden.

Glossar

Account: Englische Bezeichnung für ein Nutzerkonto, z. B. ein E-Mail-Konto.

App (Anwendung): Der Begriff App ist eine Abkürzung der englischen Bezeichnung Application, zu deutsch Anwendung oder Programm. Apps aus dem Google Play Store werden speziell für Endgeräte mit einem Android-Betriebssystem entwickelt und optimiert.

Back-up: Um dem Verlust Ihrer Daten (Fotos, Videos, Nachrichten, Musik etc.) vorzubeugen, kopieren Sie diese auf ein externes Speichermedium oder in die Cloud. Diese Kopien werden als Back-up oder Datensicherung bezeichnet. Bei einem Defekt des Smartphones oder falls dieses verloren geht, haben Sie zumindest noch Ihre Daten. Sie können Ihre Daten beispielsweise in die Google Cloud (siehe Google Drive) sichern oder beispielsweise Ihre Fotos auch auf den Computer kopieren.

Bildschirm-Timeout: Wenn Sie für kurze Zeit nichts am Smartphone machen, dann wird der Bildschirm ausgeschaltet und das Handy automatisch mit dem Sperrbildschirm geschützt. Diese Funktion nennt sich Bildschirm-Timeout.

Bluetooth: Bluetooth ist eine Methode zur Datenübertragung via Funk über eine Distanz von nicht mehr als 10 Meter. Damit können Sie verschiedene Geräte kabellos miteinander verbinden, beispielsweise Ihr Smartphone mit Bluetooth-Kopfhörern oder einem -Lautsprecher, um Musik vom Handy zu übertragen. Durch Bluetooth können Sie auch Ihr Smartphone mit der Freisprechanlage im Auto verbinden oder mit einem anderen Smartphone.

Browser: Als Browser (engl. to browse = durchsuchen) bezeichnet man Apps, mit denen Sie im Internet surfen, z. B. Chrome von Google oder Samsungs Internet Browser.

Chat: Als Chat (engl. to chat = plaudern) bezeichnet man eine Unterhaltung bzw. einen Austausch von kleinen Textnachrichten über das Internet. Synonym verwendet werden kann der Begriff Instant Messaging.

Chrome: Der Browser von Google, mit dem Sie Seiten im Internet anzeigen.

Cloud(-Speicher): In der Cloud speichern bedeutet, Daten nicht auf dem lokalen Speicher des eigenen Handys, sondern auf einem entfernten Server zu sichern und über das Internet auf diese zuzugreifen. Der Begriff „Cloud" (zu deutsch Wolke) rührt daher, dass für die Nutzer der genaue Speicherort nicht nachvollziehbar ist. Ein Cloudspeicher (bekannt sind z. B. GoogleDrive oder OneDrive) dient der Speicherung von Sicherungskopien und dem Austausch von Daten.

Datenvolumen: Als Teil Ihres Vertrags für Ihr Smartphone wird Ihnen ein bestimmtes Datenvolumen für den laufenden Monat zur Verfügung gestellt, z. B. 1 GB (ein Gigabyte). Dieses Datenvolumen verbrauchen Sie, wenn Sie nicht mit einem WLAN-Netzwerk verbunden sind und im Internet surfen oder z. B. WhatsApp verwenden.

Display: Der Display ist der digitale Anzeigebereich, also der Bildschirm. Auf einem Touchdisplay können Eingaben mittels Antippen erfolgen.

Download: Download ist der englische Begriff für das Herunterladen von Daten aus dem Internet.

Drag & Drop: Hierbei handelt es sich um die Funktionsbezeichnung, bestimmte Daten, Apps oder Ordner durch Antippen/Anklicken und über den Display zu ziehen, um diese zu Verschieben.

EDGE: Das kleine **E** in der Statusleiste des Smartphones steht für **E**nhanced **D**ata Rates for **G**SM **E**volution und bedeutet, dass Ihr Handy aktuell nur Empfang des Mobilfunknetzes der 2. Generation (GSM) hat. Anrufe und das Versenden von SMS sind noch möglich, die meisten Websiten laden mit EDGE-Empfang jedoch nur sehr langsam oder gar nicht.

E-Mail: Das ist ein „elektronischer" Brief, der über das Internet versendet wird.

Emoji: Ein Emoji (jap. für Bildschriftzeichen) ersetzt insbesondere in Kurznachrichten und Chats längere Begriffe. Emojis können Gesichter bzw. Gesichtsausdrücke darstellen, aber auch Herzen, Gesten, Objekte usw.

Emoticon: Als Emoticons (engl. Kofferwort aus emotion = Gefühl und icon = Symbol) werden bestimmten Zeichenfolgen bzw. Symbolkombinationen bezeichnet, die ähnlich wie Emojis Gefühle ausdrücken. Berühmtestes Beispiel ist der aus Doppelpunkt, Minus und schließender Klammer bestehende Smiley. :-)

Facebook: Facebook ist ein sogenanntes „soziales Netzwerk", in dem man sich ein Mitgliederprofil erstellen und damit Texte, Fotos, Videos etc. hochladen kann. Außerdem ist es möglich, Inhalte zu bewerten, zu kommentieren und sie mit anderen Nutzern zu teilen.

FAQs: Unter **F**requently **A**sked **Q**uestions findet man auf Webseiten und Shops im Internet einen Bereich mit häufig gestellten Fragen und deren Antworten.

Flatrate: Eine Flatrate ist ein Pauschaltarif, mit dem man zu einem monatlichen Fixpreis z. B. unbegrenzt telefonieren oder Daten aus dem Internet herunterladen kann.

Flugmodus: Aktivieren Sie den Flugmodus Ihres Smartphones werden alle Funkschnittstellen, wie die Telefonfunktion, Bluetooth, NFC oder WLAN, abgeschaltet.

Galaxy Store: Das ist das Samsung-Einkaufszentrum für Apps. Auch hier gibt es ein kostenloses Sortiment; ein Besuch lohnt sich, aber das umfangreichere Angebot finden Sie im Play Store.

Galerie: Dient der Anzeige und Bearbeitung Ihrer Fotos und Videos. Die Galerie ist eine Samsung-App.

Gmail: App zum Empfangen und Versenden von E-Mails. Die Gmail-Adresse, die Sie bei der Einrichtung des Smartphones verwendet haben, ist hier bereits hinterlegt.

Google (App): Die Google-App ist kein Browser im engeren Sinne, obwohl Sie auch mit dieser Suchanfragen stellen und das Internet durchsuchen können. Darüber hinaus bietet sie noch weitere Funktionen, z. B. Zusammenstellung aktueller Nachrichten.

Google Assistant: Mit diesem Dienst steuern Sie Ihr Smartphone via Sprachbefehl. Sie können sich einen Witz erzählen lasse, nach dem Wetter fragen oder Ihr Smartphone beauftragen eine Person anzurufen.

Google Drive: Cloud-Speicher von Google. 15 GB kostenloser Speicherplatz steht zur Verfügung.

Google Lens: Eine App zur Bilderkennung, die künstliche neuronale Netzwerke zur Identifizierung von Objekten, Pflanzen, Texten etc. verwendet.

GPS: Global Positioning System (Globales Positionsbestimmungssystem) bedeutet, dass Ihr aktueller Standort via Satellit ermittelt wird.

Hotspot: Als Hotspot bezeichnet man einen öffentlichen Internetzugang, meist kostenloses WLAN, in das man sich einloggen kann.

Icon: Ein grafisches Symbol, das auf dem Display die verschiednen Apps, Dateien usw. darstellt.

Instagram: Instagram ist ein werbefinanzierter Onlinedienst zum Teilen von Fotos und Videos. Nutzer können ihre Fotos und Videos bearbeiten und mit Filtern versehen.

Konto: Ein Konto wird im Internet zur Nutzung verschiedener Angebote benötigt, z. B. E-Mail oder in Form eines Kundenkontos beim Einkaufen im Internet. Zu einem Konto gehören immer E-Mail-Adresse und ein Kennwort. Die E-Mail-Adresse ist weltweit einzigartig und erfüllt eine ähnliche Funktion wie die Kontonummer eines Bankkontos.

LTE: LTE steht für Long Term Evolution und bezeichnet die vierte Generation des Mobilfunks, weshalb man auch häufig nur von 4G spricht. Die LTE-Technik ermöglicht schnellere mobile Internetverbindungen mit mehreren 100 Mbit/s im Download und 50 MB/s im Upload.

Link (Hyperlink): Als Link oder Hyperlink bezeichnet man einen Verweis auf eine Information, die sich an einem anderen Ort befindet. Ein Antippen eines Links genügt, um zu dieser Stelle zu gelangen. Auf diese Weise „surfen" Sie im Internet zwischen den unterschiedlichsten Seiten.

Malware: Als Malware, z. B. Viren, bezeichnet man eine Software, die entwickelt wurde, um in Systemen Schäden zu verursachen. Viren kann man sich unter anderem im Netz beim Surfen, beim Öffnen eines E-Mail-Anhangs etc. einfangen. Mit der nötigen Software kann man dem aber entgegenwirken.

Maps: Karten-App von Google, hier können Sie nach Adressen suchen und eine Navigation von Ort zu Ort durchführen.

Megabit: Einheit mit der die Datenübertragungsgeschwindigkeiten angegeben wird. Ab einer Downloadgeschwindigkeit von ungefähr 25 Megabits pro Sekunde (Mbit/s oder auch MBps) gilt eine Internetverbindung am Handy als sehr schnell. Mit LTE sind theoretisch bis zu max. 500 Mbit/s möglich. Übrigens: Acht Megabits ergeben ein Megabyte.

Megabyte: Einheit zur Messung von Datengrößen (kurz MB). 1024 Megabyte entsprechen 1 Gigabyte (1 GB), 1 MB entsprechen 1024 Kilobytes und 1 KB sind 1024 Bytes.

MicroSD-Karte: Eine microSD-Karte ist ein digitales Speichermedium, das aufgrund seiner geringen Größe häufig bei mobilen Endgeräten zum Einsatz kommt. Mit ihrer Hilfe lässt sich der Speicherplatz auf dem Handy vergrößern.

Online/Offline: Online bedeutet, dass Sie mit dem Internet verbunden sind. Offline hingegen ist das Gegenteil.

PDF: Ein Dateiformat für Text und Bild, das sich dadurch auszeichnet, Inhalte originalgetreu wiederzugeben und nicht versehentlich verändert werden kann.

Pixel (Megapixel): Als Pixel bezeichnet man die Bildpunkte, die zur Darstellung auf dem Bildschirm verwendet werden. Die Auflösung eines Bildschirms gibt die Anzahl der darstellbaren Pixel pro Zeile und Spalte an. Eine Million Pixel bilden zusammen ein Megapixel.

Play Store: Hier können Sie sowohl kostenlose als auch kostenpflichtige Apps, Spiele, Filme und Bücher herunterladen.

Podcast: Ein Podcast ist ähnlich einer Radioshow eine Serie von Medienbeiträgen, wie Interviews, Meldungen, Reportagen, Comedy-Beiträgen usw., welche in bestimmten Abständen regelmäßig über Apps wie Spotify oder Google Podcast bezogen werden können.

QR-Code: QR steht für Quick Response (schnelle Antwort). Ein QR-Code liefert Informationen, wenn man ihn mit dem Smartphone einscannt, z. B. Webadressen, Telefonnummern etc.

RAM: Bezeichnet den Arbeitsspeicher (engl. RAM = Random Access Memory) eines Gerätes. Dort werden alle aktuell ausgeführten Programme, Prozesse und verwendeten Daten zwischengespeichert. Die Größe des Arbeitsspeichers ist im Wesentlichen für die Leistungsfähigkeit eines Gerätes verantwortlich.

RCS: Rich **C**ommunication **S**ervices ist die Weiterentwicklung der SMS mit erweiterten Chat-Funktionen.

Roaming: Mobilfunknutzung im Ausland, umfasst Telefonie, SMS und mobiles Internet. Innerhalb der EU fallen für Roaming in der Regel keine zusätzlichen Gebühren mehr an.

Router: Router sind kleine Geräte, die in einem lokalen, d. h. räumlich begrenzten Netzwerk die korrekte Übermittlung der Daten regeln und das Netzwerk mit dem Internet verbinden. Aus Sicherheitsgründen sollte jeder Router mit einem Kennwort gesichert werden.

Samsung Notes: App zum Speichern von Notizen, wie z. B. einer Einkaufsliste. Es gibt Notizen-Apps wie Sand am Meer, wenn Ihnen diese nicht zusagt, installieren Sie einfach eine andere.

Screenshot: Wenn man einen Screenshot macht, wird der aktuelle Bildschirminhalt abfotografiert und automatisch abgespeichert.

Screen Mirroring: Auf deutsch Bildschirmspiegelung. Eine einfache Methode, um Inhalte von Smartphones, wie z.B. Videos, auf einen Fernseher zu projizieren. Auf Samsung Geräten wird die Funktion auch Smart View genannt.

Scrollen: Als Scrollen bezeichnet man das horizontale und/oder vertikale Verschieben des sichtbaren Bildschirmausschnitts. Sie streifen dazu mit dem Finger über den Bildschirm.

SIM-Karte: Eine SIM-Karte ist eine Chipkarte, die ins Handy eingelegt wird. Ohne SIM-Karte ist das Telefonieren und das Versenden von SMS nicht möglich.

Signal (Messenger): Signal ist ein freier und sicherer Messenger-Dienst, der von Sicherheitsexperten und Datenschützern empfohlen wird. Die Kommunikation erfolgt verschlüsselt. Zusätzlich haben die Betreiber der App keinerlei Zugriff auf Nutzerdaten.

SMS: **S**hort **M**essage **S**ervice ist ein Telekommunikationsdienst zur Übertragung von Textnachrichten, die meist Kurzmitteilungen oder SMS genannt werden. Das Verfassen von bzw. die Kommunikation via SMS wird umgangssprachlich als Simsen bezeichnet.

Spam: Nervige oder gar gefährliche Nachrichten, die Werbung oder sogar Viren auf Ihr Gerät zu schleusen versuchen. Meist wird mit billigen Produkten, Gewinnen oder dergleichen versucht, den Empfänger zu locken.

Standort: Wenn Sie die Standortermittlung zulassen, dann wird die Position Ihres Smartphones via GPS ermittelt. Viele Apps (Wetter, Google-Suche, Google-Maps, Fahrpläne etc.) nutzen diese Standortinformationen, um Ihnen passgenaue Informationen anzubieten.

Streaming: Als Streaming wird die Wiedergabe von Audio- und Video-Inhalten über das Internet bezeichnet. Die wiedergegebenen Inhalte müssen hierzu nicht heruntergeladen werden. Klassische Streamingdienste sind beispielsweise die ARD Audiothek, Spotify, Audible, die ZDF Mediathek, Netflix oder Disney+.

Update: Sowohl Ihre Apps als auch die Software Ihres Smartphones erhält von Zeit zu Zeit Aktualisierungen, um Sicherheitslücken zu schließen, Fehler zu beheben, bestehende Funktionen zu verbessern oder neue hinzuzufügen.

USB: Der Begriff USB steht für Universal Serial Bus (zu deutsch „Universelle serielle Datenleitung“) und bezeichnet ein Datenübertragungssystem zur Verbindung eines externen Gerätes. Neben dem USB-Stick ist die häufigste Verwendung der USB-Technik das USB-Kabel zur Verbindung eines Endgeräts mit dem PC. Früher gab es neben Micro-USB-, Mini-USB- und USB-C- noch viele weitere Arten von USB-Kabel. Glücklicherweise setzt sich mittlerweile USB-C durch und soll ab 2024 dank eines EU-Gesetzes der universale Standard für alle Endgeräte werden.

VoIP: Mit **V**oice **o**ver **I**nternet **P**rotocol wird zum Telefonieren nicht der traditionelle Mobilfunk genutzt, sondern die Internet-Verbindung.

WhatsApp: Mit WhatsApp schreiben Sie Nachrichten, versenden Fotos oder telefonieren mit der Familie mit Übertragung eines Videos. Diese App muss heruntergeladen und installiert werden.

Widget: Mit Widgets, kann man die wichtigsten Informationen einer App schnell anzeigen, z. B. aktuelle Termine der App Kalender. Widgets können in verschiedenen Größen auf dem Startbildschirm angeordnet werden und zeigen Inhalte, ohne dass man sie öffnen muss.

Wireless Charging: Englischer Ausdruck für Induktionsladung von Smartphones und anderen Endgeräten. Hierbei wird das Handy ohne Kabel aufgeladen. Voraussetzung dafür ist, dass das Smartphone mit dem Qi-Standard ausgestattet ist.

Wi-Fi: Steht für Wireless Fidelity und ist die Markenbezeichnung für einen drahtlosen Datenübertragungsstandard des Institute of Electrical and Electronics Engineers. Wi-Fi-gekennzeichnete Geräte sind fähig WLAN zu empfangen. Daher werden die Begriffe WLAN und Wi-Fi meist synonym gebraucht, obwohl Wi-Fi nicht die einzige Art von WLAN ist.

WLAN: Steht für Wireless Local Area Network, also ein kabelloses, lokales Netzwerk. Für Zuhause haben Sie wahrscheinlich einen Router (Internetzugang über die Telefonleitung) oder ein Kabelmodem (Internetzugang über eine TV-Kabelverbindung) erhalten und eingerichtet. Mit diesem Gerät verbinden Sie Ihr Smartphone, aber auch den Computer, Laptop oder das Tablet und erhalten dadurch eine Verbindung zum Internet. Außerhalb eines WLANs verbindet sich das Smartphone über das Mobilfunknetz mit dem Internet (mobile Datenverbindung).

YouTube: Portal mit Videos zu fast allen Themen, kann kostenlos verwendet werden.

Zwei-Wege-Authentifizierung: Das ist ein zusätzlicher Sicherheitsschutz. Ein Account wird nicht nur durch ein Passwort geschützt, sondern durch eine weitere Abfrage.

Index

A

Adressbuch ... 96
Akkustand ... 55
Alben ... 127
Alle-Apps-Taste ... 40
Android ... 8
Android-Systemupdate ... 92
App ... 85
aktualisieren ... 94
Einstellungen ... 43
erster Start ... 42
Gmail ... 108, 110
Google ... 144
Google Maps ... 160
installieren ... 88
Kalender ... 133
Kamera ... 119
löschen ... 89
öffnen ... 42
öffnen aus Ordner ... 41
Samsung Notes ... 140
Standardapp festlegen ... 91
suchen ... 90
Telefon ... 45, 102
Uhr ... 137
YouTube ... 147
Auf Werkseinstellungen zurücksetzen ... 173
Augenkomfort ... 73

B

Back-up ... 169
Bahn ... 163
Bedienelemente ... 27
Benachrichtigungen ... 54
Benachrichtigungsverlauf ... 82
Berechtigungen ... 82
Betriebssystem ... 8
Bild
bearbeiten ... 128
löschen ... 128
Bildschirm drehen ... 150
Bildschirmfoto ... 142
Bildschirmsperre ... 38
Bildschirmtastatur ... 47
Bildschirm-Timeout ... 66
Bildschirmwechsel ... 40
Blitz ... 124
Bluetooth ... 158

C

Chat
Messenger ... 106
Chrome ... 46, 145
Cloud-Speicher ... 34
Cookies ... 145
Cursor ... 48

D

DCIM ... 155
Displaysperre ... 59
Drehen, Bildschirm ... 150

E

Einfacher Modus ... 67
Einstellungen ... 43
Einzelansicht ... 128
E-Mail ... 110
Lesen ... 110
Löschen ... 112

Emoji ... 50
Entsperren, Handy ... 38

F

Find my Device ... 64
Find my Mobile ... 64, 65
Fingerabdruck ... 61
Fingerabdrucksensor ... 27
Flugmodus ... 168
Foto
  Alben ... 127
  Einzelansicht ... 128
  Geotagging ... 120
  knipsen ... 119
  löschen ... 132
  scharfstellen ... 119
  Seitenverhältnis ... 122
  Selfie ... 122
  Storys ... 127
  übertragen PC ... 154
  zuschneiden ... 129
Frontkamera ... 27, 122
Funktionstaste ... 27

G

Galaxy Store ... 45
Galerie-App ... 127
Geburtstag ... 98
Genauer Standort ... 84
Geotagging ... 120
Geschenkkarte ... 87
Gmail ... 108, 110
Google ... 144
Google Discover ... 41
Google Drive ... 34
Google-Konto ... 29, 33, 35
Google-Konto erstellen ... 33
Google Lens ... 146
Google Maps ... 160
Google, Startbildschirm ... 146
Google-Widget ... 146
Großbuchstaben ... 48
Grüner Punkt ... 117
Gutschein ... 87

H

Handynummer vergessen ... 105
Hauptkamera ... 120
Helligkeit ... 72
Hintergrundbild ... 73
Home-Taste ... 40

I

Identifikationsverfahren ... 9

K

Kalender-App ... 133
Kamera ... 119
Kameraeinstellungen ... 118
Kartenausschnitt ... 162
Klingelton ... 74
Kontakte ... 96
  abspeichern ... 96
  Anrufen ... 102
  Bearbeiten ... 98
  bevorzugte ... 69
  Löschen ... 98
Konto
  Google ... 33
  Samsung ... 36

L

Lautlos ... 152
Lautstärke ... 151
Lautstärketaste ... 27
Leerzeichen ... 48

M

Maps 160
Megapixel 120
Messages 107, 109
MMS 108
Mobile Daten 55

N

Navigation 161
Navigationsleiste 40
Navigationstasten 40
Netzabdeckung 11
Neustart, Smartphone 58
Notfall 100
Notfallkontakt hinterlegen 101
Notizen 140

O

Offline-Karte 163
Offline-Modus 168
Offline-Wegbeschreibung 162
öffnen, aus Ordner 41
Ordner 41
  anlegen 77
Orten, Smartphone 64

P

Passwort anzeigen 38
PIN
  Displaysperre 59
  eingeben 58
  SIM-Karte 57
Play Store 85
Post-Ident 10
Prepaid-Karte 9

Q

QR-Code scannen 126
Querformat 150

R

RCS 106
Roaming 166
Route 160

S

Samsung-Konto erstellen 36
Samsung Notes 46, 140
Scharfstellen, Foto 119
Schlummern, Uhr 138
Schnelleinstellungen 54
  Augenkomfort 73
  Helligkeit 72
  Standort# 56
  Taschenlampe 17
  Ton 152
  WLAN 56
Schriftgröße 67, 72
Schutz 63
Screenshot 142
Seitenbildschirm 70
Seitenverhältnis, Foto 122
Selfie 122
SIM-Karte 8, 10, 28, 32, 55
Smart Switch 170
SMS 106
Sonderzeichen 48
Sperrbildschirm 38
Spracheingabe 50
Sprachnachrichten 117
Sprach- und Videoanrufe 117
Standort 57
Standortermittlung 19

Standort, genau ... 84
Startbildschirm ... 75
Statusleiste ... 54
Storys ... 127, 132

T

Taschenlampe ... 17
Tastatur ausblenden ... 47
Tastatureinstellungen ... 52
Telefon ... 102
Telefonnummer vergessen ... 105
Termin
löschen ... 136
vereinbaren ... 134
Texterkennung ... 49
Timer ... 139
Ton ... 151

U

Uhr ... 79, 137
Ultra-Weitwinkel ... 120
Umschalt-Taste ... 48
Updates ... 92

V

Vergrößerung ... 69
Vibrieren ... 152
Video
aufnehmen ... 124
löschen ... 132
übertragen PC ... 154
Video-Ident ... 10

W

Wecker stellen ... 137
Werkseinstellungen ... 173
Wetter ... 77, 164
WhatsApp ... 113
einrichten ... 113
Nachricht senden ... 115
Sprachnachrichten ... 117
Sprach- und Videoanrufe ... 117
Widget ... 77
Uhr ... 79
Vergrößerung ... 79
Wetter ... 77
WLAN ... 13

Y

YouTube ... 147
YouTube Premium ... 148
YouTube-Video ... 148

Z

Zeilenschaltung ... 48, 52
Zoom ... 119
Zubehör ... 13
Zurücksetzen ... 173
Zurück-Taste ... 40